21世纪高职高专规划教材 ◆ 旅游与酒店管理系列

酒店营销实务

（第四版）

JIUDIAN YINGXIAO SHIWU

宿荣江 编著

中国人民大学出版社
·北京·

图书在版编目（CIP）数据

酒店营销实务/宿荣江编著．--4版．--北京：中国人民大学出版社，2020.3
21世纪高职高专规划教材．旅游与酒店管理系列
ISBN 978-7-300-27985-5

Ⅰ.①酒… Ⅱ.①宿… Ⅲ.①饭店-市场营销-高等职业教育-教材 Ⅳ.①F719.2

中国版本图书馆CIP数据核字（2020）第045464号

21世纪高职高专规划教材·旅游与酒店管理系列
酒店营销实务（第四版）
宿荣江　编著
Jiudian Yingxiao Shiwu

出版发行	中国人民大学出版社		
社　　址	北京中关村大街31号	**邮政编码**	100080
电　　话	010－62511242（总编室）		010－62511770（质管部）
	010－82501766（邮购部）		010－62514148（门市部）
	010－62515195（发行公司）		010－62515275（盗版举报）
网　　址	http://www.crup.com.cn		
经　　销	新华书店		
印　　刷	北京昌联印刷有限公司	**版　　次**	2008年6月第1版
规　　格	185 mm×260 mm　16开本		2020年3月第4版
印　　张	13.75	**印　　次**	2022年6月第3次印刷
字　　数	328 000	**定　　价**	39.00元

第四版前言

随着全球经济格局不断变化和住店客人需求的提升，酒店业及相关产业都在不断完善内部运营。随着互联网和手机应用程序的广泛应用，酒店的营销过程与客户对酒店服务的期待发生了根本性的转变。为应对这一新的态势，本教材在此次修订过程中融入了酒店营销运营过程的新操作和新认识；对案例分析模块更新了数据，学生可以在学习理论知识的基础上通过案例分析，加深理解，融会贯通，使所学的知识得到实践的验证；为应对当今网络预订和手机应用程序对酒店营销的影响，在“酒店电子营销”一章，从电子商务的角度讨论了提升酒店营销回报的途径和具体操作模式。

在本次修订过程中，齐冉更新了案例和知识链接的数据，陈麒卉和周雪清在案例分析模块以及问题解答部分给予了很大的支持，祁慧媛对全部案例进行了校对和修改。

本教材的编写得到了北京第二外国语学院商务英语专业商务翻译实践基地项目（项目号 2015XWJD0201）的资助和支持。

由于编者水平有限，本教材中难免存在不妥之处，恳请读者批评指正。

作者

2020年2月

目　录

第一章 酒店营销概述

学习内容

- 综述酒店业发展的新趋势。
- 区分市场运营与销售。
- 讨论市场的构成。
- 确定市场运行的高峰期、低谷期和平行期。
- 解释市场销售中管理者的角色。
- 描述酒店经营的特点。

一 当今酒店业的发展趋势

影响酒店业发展的因素很多，主要的因素有：全球化、产品的细分、分销模式、互联网的应用、媒体策划、环境意识、客户的倾向和市场运行中的关系网络。

这些众多的因素中，全球化对酒店业的影响最为重大。目前各国的酒店纷纷将联号推向世界。在美国，外来的酒店联号从未像现在这样声势浩大地建立起自己的经营范围。

这种全球化的发展带来了酒店业的兼并。从1990年起，相继出现一系列大规模的酒店企业兼并。如：1990年的美国精品国际饭店（Choice Hotels International）收购了罗德维（Rodeway）、依可洛奇（Econo Lodge）等联号。1992年，戴斯（Days Inn）出售给豪生（Howard Johnson）。在国际市场上，雅高集团收购了第6汽车旅馆（Motel 6），总部设在伦敦的巴斯酒店集团收购了假日酒店（Holiday Inn）。2017年，凯悦酒店集团宣布以3.75亿美元收购位于纽约的Miraval集团，该集团以康养休度假村而闻名。喜达屋宣布对迷你酒店品牌Yotel进行2.5亿美元的战略投资，同时收购后者30%的股权。喜达屋资本已经买下爱丁堡、格拉斯哥和阿姆斯特丹市中心的土地，2019年开始在这些地区开设一批新的Yotel酒店。洲际酒店及度假村宣布，已签署收购White Lodging的82家高级品牌、精选和全方位服务酒店以及一家餐厅的管理协议。万豪国际集团宣布于2018年8月启动整合旗下万豪礼赏、丽思·卡尔顿礼赏及SPG俱乐部的会员计划和统一会员礼遇，新规则下会员可以更快升级、更容易获取积分和兑换积分，移动终端体验也更丰富。2018年，美诺国际以31亿美元的价格收购了西班牙酒店NH Hotel；温德姆以26.8亿美元完成了对美国酒店品牌La Quinta的收购；雅高以5.6亿瑞士法郎收购了瑞享酒店及度假村；凯悦以5.013亿美元收购了生活方式酒店管理集团Two Roads Hospitality。业界的人士预言：未来的酒店业将被五六个知名联号把持。

产品的细分是指针对某一特定的市场来进行相对应的产品的设计、制造和营销策略。酒店业在传统的发展过程中营建了三大产品分类，或称之为产品细分：豪华型、适中型和经济型。社会经济的发展促使酒店业在这三大分类中又进一步细分，各家酒店联号纷纷推出更为详细的产品，从而建立起与众不同的品牌和形象。目前，酒店产品的细分市场呈现出多种新的形式：市场的层次化、店中店模式、全套房型酒店以及针对目标客户群体的个性化酒店或度假村。

在酒店的客房分销中，互联网起着极为重要的作用。酒店都采用了网络化的预订系统或手机应用程序预订方式，不少酒店还与其他的酒店和旅行社建立了网上的合作关系。这种新型的技术使客人足不出户就可以直接预订酒店的房间。互联网还促使酒店从营销的角度收集、整理和分发相关的客户资料和宣传促销材料。

媒体在酒店的销售过程中扮演着重要的角色，其表现形式是多种多样的。随着技术的更新，接受媒体宣传的“听众”人数越来越少。这就需要媒体的设计者更为细致地分解自己的工作程序，使宣传更具有针对性。伴随着酒店业的全球化，对于国际总体形势的了解和对象国家经济文化的理解是成功媒体宣传的必备条件。

消费者越来越关注对环境的保护，这就催生了行业的新型操作——“生态旅游”。所谓的“生态旅游”，不仅提供对自然风景的欣赏，还促使游客担负起保护景区环境的责任。

人口结构的变化也极大地影响着酒店业的发展。如：更多的人为寻求自己职业的发展，导致婚龄推后和离婚率上升，促使酒店业加大对单亲家庭市场的促销力度，因为这一市场更具有休闲的意向和经济实力；双职工家庭群体的特点是有较多的短暂假期。

随着客人对酒店产品服务挑选范围的扩大，酒店的运营重点应放在回头客上。这一措施的实行促进人们对“市场关系学”的关注和探讨，即加强与客户的关系，保护客源不流失，使之成为酒店运营的重要资产。

二　市场运营与销售的区别

市场运营是对酒店运营过程的分析研究和管理。它包括对目标市场的选择，刺激或引导客户对酒店产品或服务的要求。虽然市场运营过程包含销售，但这一过程还包含着其他因素，如：调研、行动策划、广告、公众形象、促销手段和活动。市场运营着眼于行业长期的发展趋势，并致力于将问题和机遇转化为新的产品和市场。

销售是指通过人际交往、互联网、手机应用程序及电话和邮寄方式直接向客户推销酒店的产品和服务。它由现场实地销售和办公室策划这两部分构成，销售主要着眼于数量的确定，关注短期情况，例如：当天的产品和服务销售情况或酒店目前的运营情况。

三　市场构成

市场构成是指产品、价格、促销和地点这四项对比变量的总和。对这些变量的研究分析能促进酒店的发展。四项变量涉及产品服务、产品分销、促销与沟通、价格分类。

（一）产品服务

酒店的产品服务包括向客户推出的客房服务、餐饮、快捷的入住和离店手续等一系列服务。一个酒店的产品服务构成必须针对自己的客户，适应并满足自己的客户要求。

（二）产品分销

产品分销是指酒店采用各种手段向客户分销自己的产品。酒店的分销渠道与其他行业有所不同：产品服务不会由厂商送货上门，而是客户上门来寻求产品服务。帮助客户上门寻求产品服务的手段包括：酒店的预订系统、客户与预订系统的网络连接、旅游部门人员、旅行社等。

（三）促销与沟通

促销是酒店向目标市场的宣传过程，它包括广告和直接销售技巧。沟通则与促销不同，它是一种双向的语言交流过程，在这个过程中，市场销售人员要与客户交流，从而了解客户的需求。

（四）价格分类

根据某种产品和服务确定其适宜的价格是市场运营过程中最应关注的因素之一，在制订产品和服务的价格时必须充分考虑客户的构成和需求。

四　高峰期、低谷期和平行期

（一）高峰期

高峰期又称为“旺季”，是指客户对酒店产品和服务处于高需求期。这时酒店往往会提高自己产品和服务的价格。类型各异的酒店，其高峰期是不一样的。

（二）低谷期

低谷期又被称为“淡季”，此时客户对酒店的产品和服务要求处于低位。酒店在这一时期常常推出低价位的产品和服务来吸引客户。

（三）平行期

在高峰期和低谷期之间是平行期，这时客户对酒店的产品和服务的需求适中，价格可随客户的要求略有上升。现在越来越多的酒店将目光投向这一时期，向客户提供高质量的服务，从而得到最大的回报。

五　市场营销中管理者的角色

根据各个酒店的经营特色不同，总经理参与市场营销的深度和广度都各具特点。但从总体上看，总经理要关注五项基本运营职能：指导销售工作、培养销售人员、参与营销工作、支持营销人员、评价销售业绩。总经理往往要亲自与市场总监和销售总监进行市场营销方面的沟通。

市场总监的工作由五个方面构成：计划、组织、人员安排、指导工作和检查工作。在这些工作中，计划是关键环节，如果没有正确适时的计划，其他工作都是无意义的。

销售总监与市场总监是不同的，两个职位有各自的工作重点：市场总监关注调研和运营策略，常考虑客户的需求；销售总监须贯彻市场策略并指导酒店的销售人员完成各项销售任务，并且要向客户推销酒店的具体产品和服务。

六　酒店经营的特点

酒店向客户销售产品和服务的过程，也是学习并逐步向新促销手段和态度转变的过程。所有的销售人员都必须了解酒店经营过程中的特点，从而更圆满地完成自己的销售目标。

（一）无形性

销售人员出售的不仅仅是客房或宴会厅，他们应向客人出售这些房间的使用性。因为酒店并非向客人出售一些他们可带回家的商品，而是酒店能给他们带来的服务。而客人在付费之前难以通过感觉来体会这些服务，他们只能通过销售人员的宣讲介绍来了解酒店的产品和相关的服务。因此，销售人员给客户留下的可信度是销售过程中的关键。

（二）易损性

未被使用的客房或未坐满的餐厅席位是永远得不到补偿的。与消费品不同，酒店的产品不存在保鲜期，它不能贮存以备后用。这种易损性给酒店业带来了巨大的压力，促使市场销售部门制订出全新的价格、促销手段和前期计划。

（三）非一致性

不同的酒店，其客房或餐饮部的工作人员所提供的服务是截然不同的，即使在同一家酒店，各部门的标准也会各异，这与其他消费品是完全不一样的。因此，保证并维持各部门相关的产品服务标准是对酒店业的挑战。

（四）不可分离性

在酒店业中，产品和服务的生产和消费大体上是同时发生的，客人在店内即时地享用酒店为他们提供的各项产品和服务。

关键词

全套房型酒店　　生态旅游　　高峰期　　平行期　　低谷期

练习

1. 以下哪项社会变化影响了酒店业的发展？______

A. 人们寿命的延长　　B. 郊区的发展

C. 航空出行的增加　　D. 以上三项都是

2. 四项对比变量是指______方面的变量。

A. 客户　　B. 市场构成　　C. 员工　　D. 酒店

3. 在酒店市场细分中，首先应考虑的因素是______。

A. 产品服务　　B. 产品分销

C. 促销与沟通　　D. 价格分类

4. ______在酒店运营中贯彻市场营销策略并指导销售人员向客户推销酒店的产品和服务。

A. 总经理　　B. 销售总监　　C. 市场总监　　D. 销售人员

5. 一间未入住的客房代表着酒店业中产品服务的______。

A. 无形性　　B. 易损性　　C. 非一致性　　D. 不可分离性

实务操作

● 某大城市的一家中型宾馆里住进了一个20来人的旅游团队，他们来自南美洲，团员都是退休的“蓝领”阶层。他们白天游览了几个著名景点之后，回到宾馆已是下午5点左右，各自进房梳洗了一番，因为离晚餐还有半个小时，于是结伴来到宾馆商场。

宾馆商场的面积不大，但布置十分豪华，颇具欧洲风格，商品种类不少，且大多有着精美的外包装。这种装饰风格引起了南美客人的兴趣，他们一个个柜台浏览过去。站在柜台内的服务员从他们快速移动脚步这一点判断出：他们没有发现可买的商品。客人很快便走遍了商场，正怏怏地朝门口走去时，一位口齿伶俐的服务员用英语询问客人是否需要帮助。一位太太说他们想带几套有关当地名胜的明信片回去，但走遍了商场也没有找到。服务员坦诚地告诉客人：“很对不起，商场里没有纸质明信片出售。但可以通过电子邮件给客人们发电子照片。”另一位头发已经花白、颇具绅士风度的客人告诉服务员，他想买几件具有浓郁地方特色的玩具送给孙子、孙女。服务员听后又是一副无可奈何的神色：“十分抱歉，我们商场主要出售新款玩具，还有一些进口的电动玩具。”“听说这儿木雕工艺水平很高，可是我在商场怎么找不到？”一位女士问道。“对不起，我们工艺品柜台只有油画、国画以及苏州刺绣、无锡泥娃娃、贵州蜡染服饰等。”服务员感到阵阵内疚。

南美客人怀着满肚子的无奈，离开了商场。

思考题：

1. 请问该宾馆商场有何不足之处？请根据本章所学知识阐述。

2. 如果你是该宾馆的销售总监，你会如何改进附属商场的营销方案？

● 炎炎的夏日，高温天气给酒店业带来不小的影响，但大批放暑假的学生也带来了大好商机。新燕春集团天府大酒店针对学生和家庭消费双向出击，一方面抓应季菜品，推出学生套餐、家庭套餐、夏季菜单；另一方面推出亲情促销，让顾客既享美味，又得实惠，收到了良好效果。天府大酒店推出50多个品种的夏季菜单，有香柠软熘鸡、风味豆酥鱼、水煮豉椒鸡、水果什锦沙拉等大众美食和时令蔬菜。为迎合大众消费需求，他们专为家庭设计了78元、108元、188元的家庭套餐，同时推出荤素搭配的凉菜什锦：30元2荤2素、50元3荤3素，价低物丰，很受欢迎。在此基础上，中餐部一楼还推出“暑假半价菜”，针对人们夏季食量减少的特点，半份菜半价，顾客可根据需求自行选择，减少浪费。

此外，天府大酒店还根据儿童的饮食特点，推出鲜果香芋、杏仁西米羹、蜜汁藕酿、鲜果锅巴等水果类甜品。冷饮部冰点新品迭出，且每周有一款甜品买一赠一，成为儿童消费热点。

学生聚会、携带儿童的家庭聚餐，还可以获赠一定数额的小吃券或精美礼品。双休日还开展了“趣味有奖猜谜”活动，在大厅内设谜语箱，就餐儿童可从中抽取谜题，回答正确即可获得益智类小玩具或印有就餐客人姓名的文具等奖品，边吃边拿奖品，在品尝美味的同时又开发了智力，受到了广大家长和儿童的欢迎。

思考题：

1. 本案例涉及本章内容中的哪些知识点？
2. 如果你是该酒店的经理，你会在冬季推出哪些促销活动？为什么？

要点回顾

1. 影响酒店业发展主要的因素有：全球化、产品服务的细分、分销模式、互联网的应用、媒体策划、环境意识、客户的倾向和市场运行中的关系网络。

2. 市场运营是对酒店运营过程的分析研究和管理。它包括对目标市场的选择，刺激或引导客户对酒店产品服务的要求。销售是指通过人际交往、互联网、手机应用程序及电话和邮寄方式直接向客户推销酒店的产品和服务。

3. 市场构成是指产品、价格、促销和地点这四项对比变量的总和。

4. 高峰期是指客户对酒店产品和服务处于高需求期。低谷期是指客户对酒店的产品和服务要求处于低价的时期。在高峰期和低谷期之间是平行期，这时客户对酒店产品服务的需求适中，价格可随客户的要求略有上升。

5. 市场总监的工作是计划、组织、人员安排、指导工作和检查工作，关注调研和运营策略，考虑客户的需求。销售总监的工作是贯彻市场策略并指导酒店的销售人员完成各项销售任务，并且向客户推销酒店的具体产品和服务。

6. 酒店经营的特点：无形性、易损性、非一致性和不可分离性。

知识链接

一、CS 营销战略走向市场

CS 是 customer satisfaction 的缩写，中文意思是“顾客满意”。CS 营销战略是 20 世纪 90 年代初在国外一些先进的企业开展的以顾客为中心、围绕顾客而进行的崭新的营销战略，它包括五大满意系统：(1) 理念满意系统（MS）；(2) 行为满意系统（BS）；(3) 视听满意系统（VS）；(4) 产品满意系统（PS）；(5) 服务满意系统（SS）。CS 战略的指导思想是把顾客需求作为企业开发产品的源头，在产品功能、价格设定、分销与促销环节的建立以及完善售后服务系统等方面以有利于顾客的原则，最大限度地使顾客感到满意。它的目的是提高顾客对企业的满意程度，营造一种适合企业生存发展的良好内外部环境。企业要及时跟踪研究顾客的满意程度，并依此设立和改造目标，调整企业营销环节，树立良好的企业形象，增强竞争能力。顾客既指企业外部顾客，也包括企业内部产、供、销及其他职能部门之间，生产线上下工序之间的服务对象。

二、营销组合理论简表

营销组合	主要特点
4Ps 营销组合	它出现于 20 世纪 60 年代，营销组合要素为：产品（product）、价格（price）、渠道（place）、促销（promotion）。4Ps 营销组合是最为传统的营销理念，它集中关注商家与目标市场顾客之间的关系，曾被营销经理们奉为营销理论中的经典。这一理论认为，如果一个营销组合中包括合适的产品、合适的价格、合适的分销策略和合适的促销策略，那么这将是一个成功的营销组合，企业的营销目标也可以借以实现。
7Ps 服务营销组合	20 世纪 80 年代早期，布姆斯和比特纳在 4Ps 的基础上增加了三个服务性要素：参与者（participants）、物质环境（physical environment）及过程（process），形成了服务营销的 7Ps 框架。这一理论针对服务行业的独特之处，阐述了在企业与员工、企业与顾客之间建立忠诚交易关系的方式与意义。该理论在服务行业的具体环境中强调忠诚交易关系的重要性。
6Ps 营销组合	科特勒在 4Ps 的基础上增加了政治权力（political power）与公共关系（public relation）两个要素，提出了 6Ps 理论，该理论强调了企业利益相关环境的作用，提醒企业将政府力量与公众力量作为完成交易的营销要素。在 6Ps 理论的指导下，企业开始注重自身社会形象的树立。
10Ps 营销组合	随着企业对营销战略计划重视程度的加强，科特勒又在 6Ps 的基础上提出了 10Ps 理论。新增加的要素为：探查（probing）、分割（partitioning）、优先（prioritizing）、定位（positioning），强调了营销战略计划的重要性。10Ps 涵盖了从营销战略计划到战术组合的内容，构成了基本完整的营销理论框架。这一理论的实质在于强调从长远角度处理企业与外部利益相关者的关系，通过制订战略计划减少不断变化的外部经济环境对企业产生的不利影响。
4Cs 顾客营销组合	1990 年，罗伯特·劳特伯恩提出了与 4Ps 相对应的 4Cs 理论。这一理论在顾客交易控制权不断增大的背景下提出，强调对顾客实施关系营销，与顾客建立长久关系。该理论的四项要素包括：顾客（customer）、成本（cost）、便利（convenience）及传播（communication）。

三、销售总监成功宝典

1. 形成一个共识

销售总监是方针制定、战术运用的指挥者和实践者。在公司的发展战略和品牌规划上应有自身独到的见解，同时要与公司总经理在市场理念和管理办法上保持一致。由于销售总监经常置身市场，对产品的定位、创新、推广有着敏锐感觉和独到见解，这些都将具体体现在制定经营方针、明确营销策略以及落实团队管理上。对上要及时和总经理沟通，以求得支持和帮助，对下要善于求得团队理解并为之努力。

2. 带领一支团队

销售总监是整个营销团队的灵魂，除了自身的责任外，还要具有全局和整体观念，要站在一个高度来严格要求自己。作为团队的领导人，要有包容、宽阔的胸襟，即便自身能力很强，也要讲究团结互助、共同奋斗。在对待员工的态度上，既要有鞭策，更要有鼓励。有成绩不张扬，因为市场变数很大；遭遇挫折不气馁，而应该在具体工作中想方设法凝聚人心，找出市场突破口。作为销售总监，应该深刻了解营销的本质和洞察市场形势的变化，从长远角度规划好营销人员的职业生涯，站在企业价值观的角度实行“优者上，平者让，庸者下”的选拔措施，科学量化人才标准，报酬与绩效紧密结合，多做帮教说服工作，加强培训，创新思维，放下包袱，轻装上阵。

3. 制订一套计划

压任务、压指标，对于一线的营销人员来说，已是司空见惯了，基本上每年的业绩指标都要求递增或翻番，而指标的合理性常常考验销售总监的真功夫。定得太高，违背客观规律，虽然能满足领导暂时的虚荣，但市场营销人员明知道完不成就会不配合，到头来损害的还是自身的威信，今后要想再有话语权就难了；定得太低，对上级无法解释，滋长营销人员的惰性。因此，如何合理制订分解任务计划就显得格外重要。

4. 设定一个目标

俗话说，有压力才有动力。产品上市，除了要有清晰的定位，更要有一个远景目标。营销工作中的每个步骤、每个细节，都要根据目标任务进行科学规划、合理分解。因为有了目标，我们的事业才有发展的方向；有了目标，各项任务的运作才不会偏离航向，并能随时随地加以修正和改进。因此，根据目标对每个阶段、每个时期的业务进行掌控和对人员进行管理就非常重要，一旦弄不好，就会耽误市场进程。

5. 寻求特定方法

成功，一定有方法。为什么有的产品在市场上风生水起，有的却来也匆匆、去也匆匆，不久就销声匿迹，这就是方法的魅力。销售总监作为整个营销团队的灵魂，应该站得高、看得远，面临同质化的竞争对手，产品如何规避风险，团队如何提高积极性，需要找对、找准方法，尤其是在面临强大的竞争对手时，销售总监需要在产品概念、定位、包装等方面大胆突出其差异化、创新性。比如：就医药保健品来说，许多产品都强调补钙，对消费者很难产生吸引力和新鲜感。相反，有个产品则突出了差异化和独创性，宣传中提醒补充“活的钙”，难道钙还有死活之分？它的精明就在于充分利用了消费者信息不对称，打了擦边球。就补肾产品来说，大多针对男性，而某制药厂生产的补肾丸专门针对女性细分市场，宣传补充“女性三虚”：肾虚、血虚、气虚，这就是超越竞争对手的独特方法。这就好比在汽车市场上，奔驰汽车拥有“尊贵”的定位，宝马汽车拥有“驾驶表现好”的定位，现代汽车拥有“价格低廉”的定位，而沃尔沃汽车则具有“安全”的定位一样。

6. 总结一套模式

在“经济过剩”时代，销售总监肩上扛着沉重的压力：越来越高的渠道费用、广告宣传费用、人员劳动成本费用和越来越低的产品销售价格。面对市场这“三高一低”的现状，到底是采用“大广告十大通路”的传统营销模式，或是走“技术十服务”的数据库营销模式，在精益化上大做文章，还是其他诸如直销、会务营销等？是跟对手针锋相对，还是“曲线救国”？这些都是需要销售总监经过深思熟虑做出决定的，比如：美国超市连锁Costco、Target和国际知名手机等品牌产品某一阶段的市场销售火爆，是因为它们的销售运用了特定的具有较强针对性的营销模式来推广其消费品，从会员制到产品升级，从而成为成功的典范。

7. 完善一套制度

没有规矩难成方圆，在市场运作中，要将规矩演变为可执行的制度。在一个团队中，上下级之间如何沟通、不同职能部门如何携手做事、团队成员如何管理和如何进行绩效考核等都需要制度来保障。作为一名销售总监，千万不能以个人喜好、经验主义、本本主义来替代制度管理。没有一个合理的流程，就没有一个好的做事准则；没有一个完善的制度，公司的各个层级就会相互拆台、能量内耗，这又如何能够做好执行工作呢？

8. 建立品牌忠实度

营销的艺术也是建立品牌的艺术。销售总监要把做产品上升到做品牌的高度上来。众所周知，当接受产品市场推广时，它所具有的价值最多只是一个产品名称。事实上，一个产品光有品牌名称还不够，重要的是此品牌名称所代表的意义是什么？它会唤起何种联想、表现、期望？它可创造出何种程度的偏好？若只是徒具品牌名称，它终将成为过眼云烟。因此，品牌的建立不只是建立品牌的形象而已，必须管理好顾客每一次和品牌的接触。作为销售总监，应深刻体会到：当团队在运作一个品牌时，它就暗含着产品与顾客之间的关系，暗示着顾客所期望的服务，品牌忠诚度是靠符合甚至超出顾客的期望，也就是靠传递顾客愉悦感建立起来的。由于所有公司员工、经销商、代理商都可能对品牌造成影响，品牌管理的挑战便在于保证品牌的品质。

四、生态旅游知识

世界旅游组织秘书长弗朗加利早在2002年世界生态旅游峰会的致辞中指出：生态旅游及其可持续发展肩负着三个方面的迫在眉睫的使命：经济方面要刺激经济活力、减少贫困；社会方面要为弱势人群创造就业岗位；环境方面要为保护自然和文化资源提供必要的财力。生态旅游的所有参与者都必须为这三个重要目标齐心协力地工作。

1. 国际生态旅游的主要区域

非洲是世界生态旅游的重要发源地之一，野生动物资源为世人瞩目，尤其是南部非洲已经成为当今国际生态旅游的热点地区，具有代表性的有肯尼亚、坦桑尼亚、南非、博茨瓦纳、加纳等国。美洲生态旅游较发达的地区是亚马孙河流域，代表国家有哥斯达黎加、洪都拉斯、阿根廷、巴西、秘鲁、智利、美国、加拿大等。亚洲最早开展生态旅游活动的有印度、尼泊尔、印度尼西亚以及马来西亚等国。此外，英国、德国、日本、澳大利亚的生态旅游也有所发展。这些国家和地区开展的生态旅游活动主要有：野生动物参观、原始部落之旅、生态观察、河流巡航、森林徒步、动物生态教育以及当地民居参观等。

2. 国际生态旅游发展的主要经验

在生态旅游发展的过程中，以上国家和地区都采取了一系列行之有效的措施，主要做法有：

(1) 立法保护生态环境。

例如：1916年，美国通过了关于成立国家公园管理局的法案，将国家公园的管理纳入了法制化的轨道。1923年，芬兰颁布了《自然保护法》。1993年英国通过了新的《国家公园保护法》，旨在加强对自然景观、生态环境的保护。里约会议以后，日本制定了《环境基本法》。

(2) 制定发展规划和战略。

美国在1994年就制定了生态旅游发展规划，以适应游客对生态旅游日益增长的需求。澳大利亚斥资1 000万澳元实施国家生态发展战略。墨西哥政府制定了“旅游面向21世纪规划”，生态旅游是该规划的重点推介项目。肯尼亚政府制定了许多重要的国家发展策略，其中将生态旅游视为重点项目。

(3) 进行旅游环保宣传。

在发展生态旅游的过程中，很多国家都提出了不同的口号和倡议，例如：英国发起了“绿色旅游业”运动；日本旅游业协会多次召开旨在保护生态的研讨会，并发表了《游客保护地球宣言》。

(4) 重视当地人利益。

生态旅游发展较早的肯尼亚在生态旅游发展的过程中，提出了“野生动物发展与利益分享计划”。菲律宾通过改变传统的捕鱼方式，不仅发展了生态旅游业，同时也为当地人提供了替代型的收入来源。

(5) 多种技术手段加强管理。

进行生态旅游开发的许多国家都对进入生态旅游区的游客量进行严格的控制，并不断监测人类行为对自然生态的影响，通过利用专业技术处理废弃物、节约利用水资源等手段，达到加强生态旅游区管理的目的。澳大利亚联合旅游部、澳大利亚旅游协会等机构还出台了一系列有关生态旅游的指导手册。此外，很多国家都实行经营和管理分离的制度，实施许可制度加强管理。

3. 中国生态旅游的主要区域

在国内，开放的生态旅游区主要有森林公园、风景名胜区、自然保护区等。生态旅游开发较早、较为成熟的地区主要有香格里拉、西双版纳、长白山、澜沧江流域、鼎湖山、广东肇庆、新疆喀纳斯等。按开展生态旅游的类型划分，我国目前著名的生态旅游景区可以分为以下九大类：

(1) 山岳生态景区：以五岳、佛教名山、道教名山等为代表。

(2) 湖泊生态景区：以长白山天池、肇庆星湖、青海湖等为代表。

(3) 森林生态景区：以吉林长白山、湖北神农架、云南西双版纳热带雨林等为代表。

(4) 草原生态景区：以内蒙古呼伦贝尔草原等为代表。

(5) 海洋生态景区：以广西北海、海南文昌的红树林海岸等为代表。

(6) 观鸟生态景区：以江西鄱阳湖越冬候鸟自然保护区、青海湖鸟岛等为代表。

(7) 冰雪生态景区：以云南丽江玉龙雪山、吉林长白山和黑龙江漠河等为代表。

（8）漂流生态景区：以湖北神农架等为代表。

（9）徒步探险生态景区：以珠穆朗玛峰、罗布泊沙漠、雅鲁藏布大峡谷等为代表。

案例分析

我们错了吗？

来自美国的四名游客入住某著名宾馆。在一天的游玩过后，四人商议第二天上午去爬长城，中午回到宾馆，在宾馆的餐厅用餐，但是令他们苦恼的是，他们不确定第二天什么时间能回到宾馆，因此打电话到餐厅的服务台咨询，最终确定在下午两点用餐，并预订了座位。同时，服务台的工作人员在电话中称不会催促他们，尽管时间会临近午餐结束。第二天，四名游客来到装饰华丽的餐厅并入座，他们点了两瓶红酒和西餐。在这里，他们感受到了亲切而专业的服务。在整个就餐过程中，他们感觉不到有人催促，而且服务人员还主动为他们斟酒，四位客人都觉得选择回宾馆的餐厅用餐是一个非常正确的决定。当他们接到账单时，发现服务人员只算了一瓶红酒和西餐的费用，少了一瓶红酒的费用。

但是，餐厅的服务人员这个时候已经下班，要等到晚上五点半才有另外一批工作人员来继续工作。所以当他们去找服务员纠错时，找不到任何负责人。于是，他们决定放弃下午的游玩，耐心地等到五点半，去找服务员纠错。但是，迎接他们的服务员非但没有感谢他们，反而对他们非常不友好。在等待了很久之后，账单才送到他们的手里，当时已是晚上九点，他们晚上的出游计划也不得不取消了。一次美好的就餐经历就这样被这名服务员搞坏了。事后，他们把自己的这段经历告诉了许多朋友，而且每次都提到这家宾馆的名字。这几位客人恐怕再也不会向任何人推荐这家宾馆了。

阅读材料，请回答以下问题：

1. 当四位客人找到服务员请他改正账单的错误时，他们希望得到服务员怎样的回应？

A. 为客人的取闹恼火

B. 同情他们牺牲了下午出游的时间

C. 及时更正错误，并为造成的影响道歉

D. 赔偿他们出游计划泡汤的经济损失

2. 本案例中涉及酒店营销哪方面的知识？

A. 产品服务　　　　B. 产品分销

C. 促销与沟通　　　D. 价格分类

3. 请分析：该宾馆丧失回头客的主要原因是什么？从下面几个角度思考。

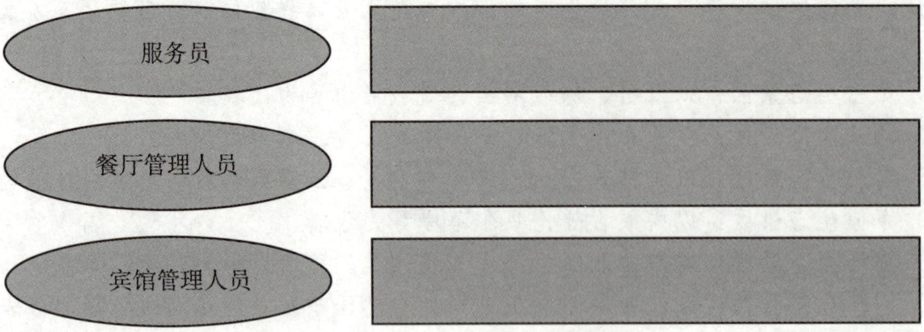

4. 如果你是该宾馆的销售总监，在今后的餐厅服务员培训过程中，你会做哪些改进？请结合本章内容予以回答。

酒店概览

凯宾斯基饭店

凯宾斯基饭店（Kempinski Hotel）是来自德国的全球著名酒店品牌。20 世纪 80 年代，凯宾斯基集团管理公司在北京建立了第一家中国连锁分店，捷足先登地占据了东三环黄金地段的一角。

在中国，也许很少有人知道这一世界上最古老的豪华酒店的“家史”——1843 年 10 月 10 日，Berthold Kempinski 出生于 Posen Raschkow（当时是普鲁士的一个省，现波兰）。1862 年，他的兄弟开了一家酒家，叫 M. Kempinski & Co.，Berthold 于两年后加盟，他们共同努力开创事业。1872 年，Berthold 和他的妻子 Helene 移居到柏林并开了家同名酒家，不久就发展成带客房的餐厅。1889 年，他在 Leipziger Strasse 开了家有几间餐厅的餐馆，是当时柏林最大的一家餐馆。后来 Berthold 的女婿 Richard Unger 加入了这个公司。Richard 为人精明，对公司持续的成功起到了重要作用。1897 年，Hotelbetriebs-Aktiengesellschaft 酒店管理公司成立，这是凯宾斯基酒店的历史性起点。1928 年，M. Kempinski & Co. 接管了 Potsdamer Platz 的 Haus Vaterland，并提出了在当年引起轰动的新理念——娱乐美食。1952 年，凯宾斯基酒店成为当时最现代和最受欢迎的大酒店。凯宾斯基酒店修建了室内游泳池，是柏林的第一家五星级酒店，并因为其一系列的创新而举世闻名。

从 1977 年起，公司更名为 Kempinski A. G.。1985 年，汉莎航空公司购买了凯宾斯基的股份，使传统的酒店集团得以在海外经营酒店。如今，凯宾斯基酒店已是欧洲最古老的豪华酒店管理公司。凯宾斯基酒店颇具声望的投资中有 70 多处国际性酒店，遍布欧洲、中东、非洲、亚洲和南美。每家酒店都提供优良的服务，保留历史悠久或极其新式的酒店特色，并将能够反映酒店个性的当地独特风格融入其中。凯宾斯基集团管理经验成为全球服务业的经典模式之一。截至 2019 年 6 月，该集团在中国的 18 个城市拥有 22 家酒店。

精品国际饭店

精品国际饭店（Choice Hotels International，又译作“选择国际饭店”）公司成立于 1939 年，总部位于美国的马里兰州银泉市，主要经营大型城市的 2～4 星级酒店。该集团起源于优质（Quality Inn）连锁集团，这是一家以中等价格贯彻高质量服务的饭店业先驱。1981 年，随着凯富（Comfort Inn）的开设和发展，精品国际饭店开始快速发展。在相继收购了号角（Clarion）、罗德维（Rodeway）和依可洛奇（Econo Lodge）之后，精品国际饭店又对斯里普（Sleep Inn）和门斯特（Mainstay Suites）进行了革命性的改造，使自身的业务范围得到全面拓展，从经济型消费到高消费，从基本服务到高档次的娱乐享受，各种服务无所不包，能够满足社会各阶层人士的需求。旗下品牌有：凯富、优质、号角、斯里普、罗德维、依可洛奇、门斯特。

威斯汀酒店

威斯汀酒店（Westin）是美国的一个国际连锁品牌，属于喜达屋（Starwood）集团。威斯汀是喜达屋集团中历史最悠久的酒店品牌，酒店数量仅次于集团中另一个国际连锁品牌——喜来登。威斯汀的总部在纽约的 White Plains。1930 年，华盛顿州的两家旅馆业者决议合并，并将新旅馆的名称定为威士腾（Western），这是今日威斯汀品牌的前身。1980 年威士腾改名为威斯汀。1991 年，威斯汀进入中国，管理上海威斯汀太平洋大饭店。此饭店于 21 世纪初期改为由同属喜达屋集团公司的喜来登酒店管理集团管理，更名为上海喜来登太平洋大饭店。因为喜达屋将它的伙伴公司买下，所以顺势接手威斯汀。而就在喜达屋购入威斯汀前不久，喜来登才刚成为喜达屋的一员，喜达屋也因为有喜来登与威斯汀的加盟而成为世界上最大的酒店集团。

威斯汀对于酒店（不包含度假村）地点的选择偏好集中在城市的中心商业区。威斯汀在中国有诸多酒店，如：金茂北京威斯汀饭店、北京金融街威斯汀大酒店、上海威斯汀大饭店和天津君隆威斯汀酒店等。入住威斯汀的客人会感受到威斯汀是一个理想的住所，可以很方便地到达各旅游景点或者购物地点。

第二章　市场计划：销售的基石

学习内容

- 简述市场计划的益处。
- 讨论市场计划的组成和功能。
- 描述市场计划的六个步骤。
- 理解酒店定位的含义并确定酒店定位的两种选择方式。
- 描述市场营销的目标。
- 罗列市场营销中的预算选择。
- 描述酒店产品定位的概念、方法及步骤。
- 解释未完成销售目标的原因。

一　市场计划

一项前期的市场计划可以为酒店的销售打下坚实的基础。在制订市场计划的过程中，人们可以预见可能出现的问题和酒店可能会遇到的各种运营障碍。一项良好的市场计划能确定各部门的具体职责，并能协调销售的各项工作，还能在现有的层面和未来的市场细分中找到发展机会，从而防止指挥的失误。总之，一项良好的市场计划将为当前和未来的酒店运营提供信息。

一项良好的酒店市场计划包括六个关键步骤：市场调研审视、选择目标市场、酒店服务定位、确定市场目标、制订贯彻行动计划和监控评价计划。

二　市场销售团队

酒店建立市场销售团队是为了贯彻整个酒店的市场经营策略。一个市场销售团队应至少包括一名来自各一线部门的代表，当然还应包括非一线部门的人员。

一旦建立了市场销售团队，每名成员都要担负起自己所负责的区域的工作。团队的成员应将自己负责区域的策略汇总到酒店的整体运营中去。

通过这种团队的组合，保证了策略的全面性，防止了销售人员因忽视某些区域而造成失误。

三　市场调研审视

市场调研审视包含有四个主要部分：酒店分析、竞争对手分析、市场分析和入住率及相关活动的分析。

酒店分析是一份书面的、客观的自我评价，用来评估酒店自身的各项优势和劣势。评价应考虑一线部门和二线部门的运行，同时还要考虑到某些无形因素，如：酒店的声誉和品牌形象。

竞争对手分析的目的是要发现：能带来丰厚利润的客户在对手酒店内受到何种服务；竞争对手不具备，而本酒店具备的特色产品和服务；本酒店可利用的对手的弱点。这种分析调研可通过调研竞争对手的酒店、各类线上线下的宣传资料、广告等来完成。

市场分析主要是指通过市场的正确定位来寻求酒店发展的机遇。市场分析涉及环境和形势给酒店带来的影响，如：当地或外来客源的人员变化、资源成本、政府发布的各项规章制度等。

入住率及相关活动的分析集中于研究酒店的历史、现状和运营数据，从而找出运营机遇。分析报告应涵盖全酒店的各个部门。

四　酒店的定位

每个酒店在公众心目中都有一个特定的形象，在客户或潜在客户心目中的这种对酒店形象的感知即是酒店的定位。酒店应重视定位的战略地位，向目标市场阐述自己的特色。

酒店的定位绝不是简单的广告宣传。定位由酒店提供的产品服务、管理层的能力和市场销售人员的共同努力构成，而这一切又要基于酒店的地理位置、店内店外的特色以及全部服务人员的努力。只有以上各项因素协调一致，才能形成酒店的良好卖点。

酒店的定位有两种选择方式：

（1）酒店可以直接与对手竞争，争夺某一特定的市场。

（2）确认某一市场的需求，在对手到来之前首先占领这一市场，即建立一个全新的市场。

五　市场营销的目标

酒店应该确定每一个细分市场的营销目标。酒店内各个一线部门和二线支持部门也应该确定自己的营销目标。为了提高运营的效率，市场营销目标应该以简洁的文字进行表达和解释。目标应具有现实性和挑战性，而且必须能进行量化测评。例如：目标不应该定为“提高入住率”，而应该具体详细地指明“在六月和七月间将入住率提高10%”。

【相关链接】

市场营销目标的实现与酒店形象的关系

有这样一则寓言故事：乌鸦和喜鹊在争论谁最受人欢迎，双方争执不下。这时，一群人正在盖房子，乌鸦提议说：“我们比一比，看谁受盖房子人的欢迎，谁就赢了。”喜鹊欣然同意。乌鸦首先飞到一棵大树上对着盖房子的人喊：“高楼大厦！高楼大厦！”盖房人看到乌鸦在枝头，觉得晦气，不禁大怒，捡起石头朝乌鸦砸去，乌鸦落荒而逃。喜鹊说：“看我的。”它飞到枝头，高声叫道：“快要塌了！快要塌了！”盖房人看到喜鹊在枝头高叫，感到吉利，非常高兴，就赶忙扔些食物给它。喜鹊叼着一块食物飞走了，乌鸦甚为羞愧。

这则寓言说明了形象的重要性。良好的形象是酒店宝贵的财富。

酒店需要利用各种传播手段，在酒店与社会公众之间建立相互理解和信赖的关系，以树立起酒店良好的形象和信誉，赢得公众的信任和支持，从而为销售创造一个良好的外部环境。

在当前竞争激烈的市场上，酒店仅靠折扣、降价和提高服务质量，已无法满足市场的需要，还必须通过与消费者建立起广泛的信息沟通来培养与顾客之间的感情，实现酒店市场营销的目标，从而达到使酒店长盛不衰的目的。

六 市场营销的预算

市场营销的预算一般分为四大项：

（1）依据上一年每项销售的百分比。这种方法适用于拥有回头客源的酒店。

（2）与竞争对手相对照的预算。即根据对手的支出来确定本酒店的投入。

（3）基金预算法。使用酒店利润的百分比作为支出的基点。

（4）零基点预算。所有预算都必须具有合理性，这种预算方式被视为最佳的选择。

如同所有的工作一样，制定营销预算也有一个组织和流程。预算的组织通常是财务部门的预算小组，它要负责预算编制的表格制定、预算编制的假设、协调各部门的预算，并且要汇总预算进行平衡，与酒店的目标进行比较，同时承担预算的修订工作。除此之外，对营销预算的审批通常由高级管理人员进行，如 CEO、营销总监和财务总监。

制定市场营销预算通常包括以下步骤：

第一步是原始预算的提报。营销主管在酒店预算部门制定的预算原则之下，组织下属部门和人员开始制定预算。完全由下而上的预算经常会出现销售收入和市场份额定得过低，而相应的费用却定得很高的情况；而完全自上而下的预算也不行，一线经理会抵触，并且因为没有参与预算制定过程而抱怨，认为是强加给自己的目标。理想的做法是将两者有效结合。一般来说，制定营销预算的时候，本年度的预算业绩应该优于上一个年度的预算业绩。

第二步是协商。协商在两个层面上发生：首先发生在营销层面。高级营销经理就下属部门提出的预算进行审查复核，并提出意见，这些意见当然要与酒店的预算指导原则和追求的目标相吻合。值得注意的是，对预算的修改意见应该与下级部门协商并取得一致，让下级部门和人员理解修改的理由是充分的，双方交换的数据和信息是可靠的。然后是酒店层面的协商。酒店的 CEO、财务总监也许对营销总监制定的营销预算结果存有异议，同样的协商过程会再次发生。这样的协商过程经常不可能完美，无论如何，下级经理不情愿地接受上一级经理的预算目标时有发生，高明的预算批准者会在产生这种情况时保持合理的“度”，保证预算目标既有挑战性，又有可达到性，才能够发挥酒店的经营潜力。

第三步是复核和审批。在做出最终批准营销预算之前，酒店会对所有部门的预算总量进行检查和平衡，以便保证营销预算的可执行性。比如，财务部门是否可以提供相应的资源保证营销计划得以实行；营销部门提供的现金流量是否足以维持酒店的营运，如果不够，财务部门应该采取什么样的筹措资金的办法等。

第四步是对营销预算的修改。年度营销预算一经批准，一般情况下，酒店不会允许进行修改，但是也有例外。日本酒店为全年做预算，但是高级经理只批准前 6 个月的预算，后 6 个月的预算在开始之前的一个月会做出修改和正式审批。营销预算既然在审批之前经过了反复的修改和审查，那么以后就不应该被随便修改，除非经营环境发生了很大的变化，维持现有的预算已经没有任何意义，为了使营销预算进一步发挥控制功能，进行修改也是必要的。

七　酒店产品定位

（一）酒店产品定位的概念和意义

“定位”一词是由两位广告经理阿尔·里斯和杰克·特劳特于1972年率先提出的，他们对定位的定义是：定位是指为产品在潜在顾客的大脑中确定一个合适的位置。定位是以产品为出发点，但定位的对象不是产品，而是针对潜在顾客。通常情况下，无论酒店是否意识到产品的定位问题，在顾客的心目中，不同的产品会占据不同的位置。例如，希尔顿酒店在顾客认识中意味着“高效率的服务”，假日酒店则给人以“卫生、舒适、整洁”的印象。

由定位的概念可以看到，定位始于产品，然后扩展到一系列的商品、服务、某个企业、某个机构甚至是某位员工。对酒店而言，酒店的产品定位并不是酒店要为产品做些什么，而是指酒店的产品要给顾客留下些什么，即给顾客留下自己的产品有别于竞争对手的印象。实际上，产品定位就是要设法建立一种竞争优势，以使酒店在目标市场上吸引更多潜在顾客。

酒店产品定位从另一个角度看，是要突出酒店产品的个性，并借此塑造出独特的市场形象。一项产品是多个因素的综合反映，它包括性能、成分、形状、包装、质量等，产品定位就是要强化或放大某些产品因素，从而形成与众不同的特定形象。产品差异化是达成酒店产品定位的重要手段。在这里必须强调的是，此处所谓的产品差异化并不是单纯地追求已有产品的变异，而是在市场细分的基础上，寻求建立某种产品特色，是市场营销观念的具体体现。

酒店产品定位对酒店的经营具有重要的现实意义，主要体现在以下两个方面。

1. 有利于建立酒店和产品的市场特色

在现代酒店市场中，普遍存在着较为严重的供大于求的现象，使得同类型酒店使出浑身解数争夺有限的客源，市场充满了潜在竞争，竞争压力巨大。为了使自己的产品获得稳定的销路，避免竞争乏力而被其他酒店取代，酒店势必从各方面为其产品培养一定的特色，树立起鲜明的市场形象，以期使顾客对其形成一种特殊的偏爱。如同前文中提及的希尔顿酒店和假日酒店各自强调的酒店和产品特色一样，国内酒店中亦有个性鲜明的例子，如：南京市酒店业中长期以来流传着“住‘金陵’、食‘丁山’、玩‘玄武’”的说法，正是对这三家酒店及其产品特色的高度概括，这三家酒店也正是通过强化其各自的产品特征，进而形成一种产品优势，从而依靠这些特色在市场中取得竞争的主动权。

2. 为酒店制定市场营销组合策略奠定基础

酒店通过产品的市场交换，从中获取利益，这是酒店经营的基本出发点。换言之，酒店经营的基础是产品，没有产品，一切经营活动都将变成纸上谈兵。由此可以看出，酒店的市场营销组合受到酒店产品定位的限制。例如：某酒店决定在市场上销售豪华、优质、高价的组合产品，如此定位就决定了酒店产品必须是高水准的、有稳定质量保证的、能体现顾客身份的。由此，酒店在宣传上就必须以这些特质作为强化的重点，让目标市场的潜在顾客接受这样的产品特质；同时，要求酒店内部协调一致，通过严格执行操作程序和规范、强化技能培训等管理手段，保障产品的高品质。也就是说，酒店产品定位决定了酒店必须设计和实施与之相适应的市场营销组合。

（二）酒店产品定位的方法

酒店产品定位的方法可以归纳为以下几种。

1. 根据属性和利益定位

酒店产品本身的属性以及由此获得的利益能够使顾客体会到它的定位，如酒店的“豪华气派”“卫生和舒适”等。这种定位方法使酒店往往强调产品的一种属性，而这种属性常是竞争对手所没有的。

2. 根据质量和价格定位

价格与质量两者变化可以创造出产品的不同定位。在通常情况下，质量取决于产品的原材料或生产工艺及技术，而价格往往反映其定位，例如：人们常说的“优质优价”“劣质低价”正是反映了这样的一种产品定位思路。

3. 根据产品用途定位

开发同一个产品项目的各个用途并分析各种用途所适用的市场，是这种定位方法的基本出发点。同样是一个大厅，它可以作为大型宴会、自助餐的场地，也可以当成会议大厅，同时还可以成为各种展示、展览的场所。对于这样的一个酒店产品，酒店可以根据其不同的用途，在挑选出来的目标市场中，分别树立起不同的产品个性和形象。

4. 根据使用者定位

这是酒店常用的一种产品定位方式，即酒店将某些产品指引给适当的使用者或某个目标市场，以便根据这些使用者或目标市场的特点创建起这些产品恰当的形象。许多酒店针对当地居民“方便、经济、口味丰富”的用餐要求，开设集各地风味于一体的大排档餐厅，便是根据使用者对产品的需求而进行的定位。

5. 根据产品档次定位

这种定位方式是将某一产品定位为与其相类似的另一种类型产品的档次，以便使两者产生对比。例如：一些酒店将自己客房产品的档次设定为与某一家公众认可的高档酒店的客房档次相当，以求使顾客更易于接受其产品。这种做法的另一个方面是为某一产品寻找一个参照物，在同等档次的条件下通过比较来突出该产品的某种特性。如一些酒店推出的公寓客房，突出了在与标准间同等档次的前提下具备厨房设施，更加适合家庭旅游者使用，从而达到吸引家庭旅游者购买的目的。

6. 根据竞争定位

酒店产品可定位于与竞争直接有关的不同属性或利益。例如：酒店开设无烟餐厅，无烟意味着餐厅空气更加清新，这实际上等于间接地暗示顾客：在普通餐厅中用餐时其他人吸烟会影响到自己的身体健康。

7. 混合因素定位

酒店产品定位并不是绝对地突出产品的某一个属性或特征，顾客购买产品时不单只为获得产品的某一项功能，因此，酒店产品的定位可以使用上述多种方法的结合来创立其产品的地位。这样做有利于挖掘产品多方面的竞争优势，满足更多顾客的需求。

（三）酒店产品定位的步骤

酒店产品定位要达到的主要目的就是使顾客能够将本酒店与其他竞争对手区别开来。要实现这一目的，通常必须开展以下几方面的工作。

1. 确定竞争对手，分析竞争对手的产品

酒店的竞争对手实际上就是酒店产品的替代者，即所有与酒店有相同或近似的特点（如相同或相近的地区、酒店星级、顾客群、价格等）的酒店。

酒店在确定竞争对手的时候，常会出现这样的失误，即单纯地以星级或业务范围作为判定依据，将同星级的酒店或业务范围类似的其他酒店都视为自己的竞争者。同样的三星级酒店，有的以旅游团队作为目标市场，有的以会议为主要目标市场，还有的以商务散客为目标市场。分属于不同目标市场的酒店相互间不能成为直接竞争者，同样以会议市场作为目标市场，五星级酒店的会议市场与三星级酒店的会议市场因为划分标准的差异而使目标市场有所不同。因此酒店产品的竞争对手范围应限定在同一或相近的目标市场中。

判断某一酒店的产品是否和本酒店的同类产品存在竞争，有一个简单的方法：在酒店降低产品价格时，观察对方的顾客是否转移过来，如果有，则说明对方是酒店的竞争对手，顾客转移得越多，说明竞争程度越高，反之则越低。

2. 收集竞争对手信息

在确定竞争对手之后，酒店必须采取多种渠道收集竞争对手产品的有关信息，了解目标市场上的竞争对手向顾客提供何种产品，其质量、数量、价格、特色等方面与本酒店同类产品比较有哪些优势和不足，从而明确竞争对手的产品定位情况。

对竞争对手产品的调查可以通过多种渠道。例如：向曾经购买过竞争对手产品的顾客进行调查，了解他们的购买经历、对产品的评价等信息；也可以派人到竞争对手那里实地消费和观察，以获取准确的竞争对手产品的有关资料。可以记录对各个竞争对手的调查数据，汇总目标市场内的总体竞争情况，并与本酒店进行优劣势对比。

八　未完成销售目标的原因

如果酒店没有能够达到销售目标，其原因可能是：

（1）缺乏责任感：销售人员或领导未能贯彻本部门的营销策略。

（2）缺少沟通：销售人员或其他员工不理解他们在整个营销计划中的角色和作用。

（3）缺少时间：销售人员没有充分的时间去店外做销售访问，或缺少足够的时间策划广告宣传。

（4）缺少权力：销售人员不具备酒店的授权来使用营销的具体预算。

（5）缺乏吸引力：客人的付出相对于得到的服务显得过高或酒店制定的价格缺乏竞争性。

（6）不可抗拒的外部因素：如经济形势、能源危机、天气原因等，造成酒店运营困难。

（7）目标不具现实性：错误地判断了客源的购买能力或销售目标制定得过高。

关键词

定位　零基点预算　基金预算法　与竞争对手相对照的预算　酒店分析　市场营销目标

练习

1. 酒店销售团队应包括________的代表。

A. 客房部　B. 市场销售部　C. 餐饮部　D. 以上所有部门

2. 制订市场计划的第一个步骤是________。

A. 确定市场目标　B. 选择目标市场

C. 确认酒店定位　D. 进行市场调研审视

3. 在审视一个酒店的优势和劣势时，以下哪一项是书面、客观的自我评估？________

A. 形势分析　B. 市场分析　C. 酒店分析　D. 活动分析

4. 对竞争对手的分析应________。

A. 至少一年进行四次　B. 每年一次

C. 每五年一次　D. 每三年一次

5. 以下哪一种措施被认为是市场预算的最佳选择？________

A. 销售比例法　B. 竞争对手对比法

C. 可用基金法　D. 零基点法

实务操作

● 在许多城市，一些地处繁华地段的大酒店同时也是城市人群的主要集散地和交通枢纽，这使得许多酒店在争夺客源时有了独有的“地利”优势，如果都能像休斯敦马里奥特酒店那样精心运作的话，就一定能化优势为胜势。

从休斯敦马里奥特酒店到飞机场之间有一条地铁，是人们进出航空港的主要通道。地铁站就设在酒店的地下二层，客人从地铁站出来可以直接入住酒店。

酒店工程技术部专门为这部分客人设计了一种能快速办理入住手续的手提电脑。客人亲切地称之为“移动总台”。

酒店在地铁出口处设置3～5名接待员，在大堂再设一两名登记员。接待员每人配发一台重量1千克左右的手提电脑，直接为已预订客房的客人办理入住登记手续。

接待员只需要将客人的信用卡在电脑上轻轻一刷，预订就被正式确认了，然后将早已预备好的房间卡交给客人，客人便可以乘坐联通地铁站的电梯直接抵达楼层了。整个过程简单迅捷、极为方便，客人们无须穿越大厅，也不必再到酒店总台去办理任何手续了。

保证这个登记系统正常工作的关键有两个：一是在客人抵达以前必须尽可能地掌握有关信息，比如：客人的付款方式、所需房型以及预计抵达时间等；二是手提电脑的信息能被迅速准确地接收，在酒店总台有一个无线电接收器，它专门接收由手提电脑传送来的客

情资料，并进一步予以确认。

自从这套系统启用以来，每天约有60%的客人通过这种方式登记入住。

思考题：

1. 该酒店的优势在哪里？请根据本章所学知识加以阐述。
2. 该酒店是如何定位的？
3. 如何利用该酒店的特点推出相应的营销策略？

● 走进以接待上层名流而著称的巴黎科里伦大酒店的大堂，顿时就感觉到其富丽堂皇，而典雅高贵的装饰中又透露出些许亲切。大厅的顶棚是玻璃天花板，四周均是通透明亮的橱窗，一切都将自然风光的神韵发挥到了极致。

除了"全玻璃大堂"外，"来电显示电话"和"集约式早餐"也是科里伦大酒店的特色。"来电显示电话"指的是在酒店总台、大堂副理和订餐中心等服务岗位上的电话均采用了"来电显示功能"，铃声一响，电脑屏幕上马上显示出来电房间的号码、顾客姓名以及一些简单的相关资料，于是服务员马上可以自信地说："早上好，约翰先生，有什么可以为您效劳的吗？"客人们听了无不啧啧称奇，还以为科里伦大酒店的员工个个有"特异功能"。"集约式早餐"则是酒店一项延续多年的老传统。客人们每晚临睡前，从服务指南中抽出"早餐预订卡"填好，既可以在酒店的建议菜单上打钩或画叉，也可以自行填写，甚至还可以将自己的特殊喜好与烹饪要求也写上。填好以后，将餐卡挂在门外的把手上。每天凌晨一点和五点，酒店的巡店经理都会准时来收集餐卡，然后送到膳食部。第二天清早，经过精心制作的早点就会按客人餐卡上的要求准时送到客房，一切都是在悄然进行着。

思考题：

1. 本案例涉及本章内容中的哪些知识点？
2. 该酒店的优势在哪里？为什么？

要点回顾

1. 一项良好的市场计划能制定出各部门的具体职责，并协调销售的各项工作。它还能在现有的层面和未来的市场细分中找到发展机会，从而防止指挥的失误。

2. 一项良好的市场计划包括六个关键步骤：市场调研审视、选择目标市场、酒店服务定位、确定市场目标、制订贯彻行动计划、监控评价市场计划。

3. 每个酒店在公众心目中都有一个特定的形象，在客户或潜在客户心目中这种对酒店形象的感知即是酒店的定位。酒店的基本定位有两种方式：酒店可以直接与对手竞争，争夺某一特定的市场；确认某一市场的需求，在对手到来之前首先占领这一市场，即建立一个全新的市场。

4. 酒店应该确定每一个细分市场的营销目标，包括店内各个一线部门和二线支持部门也应该确定自己的营销目标。为了提高运营的效率，市场营销目标应该以简洁的文字进行表达和解释。目标应具有现实性和挑战性，而且必须能进行量化测评。

5. 市场营销的预算一般分为四大项：根据上一年每项销售的百分比；与竞争对手相对照的预算；基金预算法；零基点预算。

6. 如果酒店没有能够达到销售目标，其原因可能是：缺乏责任感、缺少沟通、缺少时间、缺少权力、缺乏吸引力、不可抗拒的外部因素、目标不具现实性。

知识链接

一、从市场计划到酒店开业的工作步骤

(1) 成立酒店筹建小组，确定筹建班子及酒店各部门负责人。
(2) 开始着手制定员工手册、规章制度、服务程序、岗位职责等。
(3) 编排各部门工作计划（根据实际需要进行修正）。
(4) 确定培训计划、人员、时间、地点。
(5) 对当地餐饮进行考察，确定经营方式及菜系。
(6) 对酒店的特殊岗位人才列出需求表，并开始招聘专业岗位人才。
(7) 列出采购清单。
(8) 培训经理到位。
(9) 确定餐厅、包间等服务场所名称（中英文）。
(10) 进行市场调查，了解本地酒店员工工资待遇，制定人员福利方案报批。
(11) 拿出各部门具体的培训计划、方案及安排。
(12) 酒店管理层和美术总监策划制作 VI 设计手册。
(13) 招聘厨师长及炉灶大厨，并陆续开始试菜。
(14) 与员工签订培训合同。
(15) 员工培训。
(16) 确定厨师长及大厨人选，并安排到岗日期。
(17) 确认供应商，进行全面采购，并与供应商签订采购合同。
(18) 确定各餐厅特色菜单、团队餐价格，并形成完整资料送到销售部。

（19）酒店各部门管理人员熟悉掌握程序。

（20）完成员工食堂厨房设备及物品采购工作。

（21）举办一连串公关活动，以提高酒店对外知名度。

（22）建立酒店消防安全控制体系，收集安全通道和疏散路线图。

（23）确定家具物品安放位置。

（24）编写各种菜式、分量、构成标准，制作成本卡，送财务部成本控制组。

（25）配合各部门培训进度安排计划，确定各部门实地操作、培训日期及地点。

（26）设计酒店运转所必需的表格，交财务汇总印刷。

（27）考察周边市场情况，调查了解市场客源，了解主要竞争对手的销售策略，销售策略报批。

（28）印刷所有对客表格。

（29）验收酒店电梯，进行测试。

（30）确认各部各级员工制服款式。

（31）制定酒店销售预算，送总经理审批。

（32）办理酒店开业所必需的各种营业执照、许可证等。

（33）综合布线情况的跟踪及测试。

（34）审核申购合同价格，送总经理审批。

（35）确定酒店各级员工工资明细项目。

（36）确定菜肴定价、宴会包桌价格及餐饮毛利，送总经理审批。

（37）与花卉供应商联系，确定酒店所需布置面积，并尽快签订合同。

（38）将菜肴拍成照片，制作菜谱。

（39）成立消防委员会。

（40）配合工程部，验收酒店的消防及安保系统。

（41）后厨及其他人员招聘工作陆续展开。

（42）后厨人员到位，展开后厨培训。

（43）安排各部门员工接受相关的培训。

（44）制定购买物品接收入库工作规范。

（45）配合电脑供应商完成电脑系统的安装。

（46）消防主机、湿式消防系统、烟感消防系统及排烟机等的测试。

（47）对培训工作考核验收。

（48）确定霓虹灯方案，并着手制作。

（49）验收广播、背景音乐等系统并进行测试。

（50）发放酒店制服。

（51）联系公安、消防等相关部门人员对酒店全体员工进行安全知识培训。

（52）验收酒店监控系统，进行测试。

（53）卫生大扫除陆续展开。

（54）验收供电系统并进行测试。

（55）验收酒店整套空调系统并进行测试。

（56）酒水、原材料陆续到位。

（57）召开全体员工大会。

（58）着手策划开业庆典方案，确认开业宴请人员。

（59）各部门各岗位人员全面上岗，酒店进入试营业状态。

二、建立一支有竞争力的销售团队

建立一支有竞争力的销售团队，要设计销售人员的胜任能力模型。把销售人员的素质要求上升到胜任能力模型并非易事，必须切合酒店经营战略和业界关于胜任能力研究的最新成果。销售人员胜任能力模型可以由以下九个方面组成：产品、市场及业务知识；客户关系；沟通能力；分析解决问题能力；销售目标的达成；可信赖感；谈判技巧与影响力；灵活性；行动力。要得到更为科学实际的指标，可以请优秀的销售人员和营销管理专家参与培训，提升销售人员的能力、素质和行为方式。同时必须注意以下三个问题：

（1）设计胜任能力模型，必须胸怀现在、放眼未来，否则胜任能力很快就会被淘汰。

（2）要充分了解最前沿的销售管理研究成果，用新理论武装头脑。

（3）胜任能力模型不能只看技能，必须把与销售有关的知识、心态和个性素质也考虑进去。

“做事先做人”，确定销售人员的素质所包含的因素，并把它上升到胜任能力模型的高度。

三、调查问卷设计的格式

一份完整的调查问卷通常包括标题、问卷说明、被调查者基本情况、调查主题内容、编码、调查者情况等内容。

1. 标题

问卷的标题是概括说明调查研究主题，使被调查者对所要回答什么方面的问题有一个大致的了解。确定标题应简明扼要，易于引起被调查者的兴趣。

2. 问卷说明

问卷说明旨在向被调查者说明调查的目的、意义。有些问卷还有填表须知，交表时间、地点及其他事项说明等。问卷说明一般放在问卷开头，通过它可以使被调查者了解调查目的、消除顾虑，并按一定的要求填写问卷。问卷说明可采取比较简洁、开门见山的方式，也可在问卷说明中进行一定的宣传，以引起调查对象对问卷的重视。

3. 被调查者基本情况

这是指被调查者的一些主要特征，如在酒店消费者调查中，消费者的性别、年龄、民族、家庭人口、婚姻状况、文化程度、职业、所在地区等。通过这些基本情况，便于对调查资料进行统计分组、分析。在实际调查中，列入哪些项目、列入多少项目，应根据调查目的、要求而定，并非多多益善。

4. 调查主题内容

调查的主题内容是调查者所要了解的基本内容，也是调查问卷中最重要的部分。它主要是以提问的形式提供给被调查者，这部分内容设计的好坏会直接影响整个调查的价值。

5. 编码

编码是将问卷中的调查项目变成数字的工作过程，大多数市场调查问卷均须加以编码，以便分类整理，易于进行计算机处理和统计分析。所以，在问卷设计时，应确定每一个调查项目的编号，为相应的编码做准备。通常是在每一个调查项目的最左边按顺序编号，而在调查项目的最右边，根据每一调查项目允许选择的数目，在其下方画上相应的若干短线，以便编码时填上相应的数字代号。

6. 调查者情况

在调查表的最后，附上调查员的姓名、访问日期、时间等，以明确调查人员完成任务的性质。如有必要，还可写上被调查者的姓名、单位或家庭住址、电话等，以便于审核和进一步追踪调查。但对于一些涉及被调查者隐私的问卷，上述内容则不宜列入。

四、产权式酒店

产权式酒店起源于20世纪70年代的欧美国家，开发商将酒店的每间客房分割成独立产权出售给投资者，投资者将客房委托酒店统一出租经营，获取年度客房利润分红，同时获得酒店赠送的一定期限的免费入住权。它是一种投资与休闲度假相结合的旅游房产新模式。近年来，产权式酒店在中国的房产市场上也相当活跃，目前市场上已经有数十个此类酒店，不少投资者看中了它的风险小、投资收益丰厚等特点，纷纷下注，但是作为一项新颖的房产投资模式，利弊共存是难免的。正确面对产权式酒店的弊端，谨慎投资，规避风险，对于投资者而言无疑至关重要。

1. 优势

（1）委托经营，业主轻松。

产权式酒店的业主拥有一套星级酒店客房的产权之后，业主可以委托开发商或酒店经营者出租、打理，自己按时收取租金或年底的酒店分红。这样，对于业主来说，省去了不少不必要的管理麻烦。

（2）提供包租，收益稳定。

不少产权式酒店都提供相当诱人的包租服务，每年给予业主固定百分比的回报率，包租年限为5～10年。以一套总价30万元、10年包租、每年8%回报率的产权式酒店为例，对于投资者而言，若是一次性付款的话，10年后，扣除业主每年的固定回报率，其实只支付了6万元就得到了这套原价30万元的产权式酒店中的一套房。若按揭贷款的话，首付四成即12万元左右，每年稳定的租金收益也基本可以抵消贷款数额。这一优势条件是其他类型物业所无法比拟的。显然，相比投资住宅、公寓、商铺等，投资这类产权式酒店的风险要小得多。投资产权式酒店的业主一般都不会经常居住，往往是租赁出去，酒店的开发商会提供业主每年一定时间（10～30天）的免费入住权，对于异地置业者而言，这一条件相当吸引人。

2. 风险

产权式酒店存在着以上种种的优势，但是，作为一项新兴事物，它必然潜藏着一定的投资风险，所以要想真正将上述优势转化为自己的获益，投资者还需要谨慎考虑。这种风险主要来自开发商诚信与否。产权式酒店的开发商在出售酒店的过程中，其实已经在收回成本，如果开发商恶意欺诈或酒店经营不善，由于酒店经营成本较高，一旦产生经营风险，投资者的投资回报就没有任何保障。

3. 应对方式

（1）选房先看开发商。

化解风险的办法只有一个：选择一些真正高品质、有稳定收益保障的产权式酒店。产权式酒店品质高低与否，起决定作用的是开发商与酒店的实力与经验。选择产权式酒店实际就是在选择开发商与酒店，只要开发商实力强大、经验丰富，酒店选址、建筑品质、服务质量、酒店管理等都将得到有力的保证，这一切又都会帮助产品在市场上获得较高的租金和稳定的出租率，这也是对业主投资回报的有力保障。所以，开发商是推动项目良好运作的源泉。

（2）产权式公寓酒店的经营管理。

公寓式酒店作为酒店业的一个创新品种，是近几年在我国出现的新事物。但无论是酒店业还是房地产业，对它并不感到陌生，因为它与国内在 20 世纪 90 年代中期出现的酒店式公寓在产品设计、服务模式和功能配套等方面都极其相似，两者只有从经营角度上分析才能看出区别。酒店式公寓面向的是长期租赁客户，而公寓式酒店主要是针对中短期旅游者市场。近几年，随着酒店式公寓的长期租赁客户的租金不断下降，一些拥有整体产权的酒店式公寓开始提出了以按天或按月进行短期租赁的酒店经营模式。这种经营方式的演变实际上就是国外公寓式酒店的经营模式。虽然目前酒店式公寓楼很多，但在此之前，酒店式公寓楼盘大都将每个单元出售给个体购房者，购房者拥有产权，或自住或对外出租，因此，能按照以公寓式酒店方式经营的酒店式公寓并不多。由此可见，从市场供求关系来看，国内公寓式酒店的市场前景极其广阔。随着中国加入 WTO，以及北京奥运会、上海世博会、北京园博会的成功举办，预计未来国内主要大中城市的商务和度假旅游市场将大幅增长，房地产开发商也适时地推出了产权式公寓酒店品种。

案例分析

“真诚”得来长期信任

茹欣是湖畔饭店的一名宴会销售部的销售经理。这家饭店有 200 间客房、一个咖啡厅和一个名为蜂鸣鸟的餐厅。由于地理位置很好，客户在宴会部举行的活动都要提前两个月至六个月预订。尽管业务量充足，茹欣向客户报的门市价和团队价却都与附近的三家酒店相似。由于茹欣工作成果显著，总经理向她推荐了两个助理，想让她尽快培养新人，准备提升她任餐饮部总监。

新来的两位助理都有宴会销售的经历，在接手工作后立即提出应该提高旺季宴会活动和餐饮的价位。同时正式撰写并提交了提高销售价位的报告。这一做法没有得到茹欣的同意。两位助理非常不解，认为应该趁旺季提高价格，以此来弥补淡季的营业额。同时她们也对茹欣的宴会活动安排感到意外，总觉得茹欣在旺季和淡季的处理上有些与众不同。

两位助理在晨会后约了茹欣谈及价格问题，下面是茹欣的回答：

“一项活动项目选择举办的时机通常与季节或天气有关。例如：一个饮食和葡萄酒节最好选择在早秋而不应放在仲夏期间。道理很简单，客人和供应商都难以忍受夏季的酷暑。而寒冬之际当然也不适合推出花卉展。这些道理看似简单，但令人惊讶的是，众多活动却挑选了不合时宜的日子来举办。体育比赛活动的举办受到赛季和传统的影响，赛事的国际转播也应予以考虑。因此不能简单地根据本地区的旺季和淡季向客户报价，应该首先考虑该活动项目的性质、参加活动项目的人员特点和相关展品的特色。在此基础上再考虑价格的浮动。尽管目前我们的价格稍低，但只要真心为客户着想，就能够培养客户的忠实度，最终通过口碑增加酒店的业务量。”

除此之外，茹欣还认为，对活动项目理念的评测应考虑到以下四个与时间相关的因素，即季节、每周中的日期、每天的时间段、持续时间。一般来说，对于冬季的活动，参与者不会太多，而对于春天的活动，却又常常人满为患。掌握了这些规律，就可以把它运用到酒店营销理念的制定中。

阅读材料，请完成以下问题：

1. 成功的酒店活动项目营销应考虑的因素是什么？

A. 只要是旺季就一定要提价

B. 报价要永远比邻近的酒店稍低

C. 从客户、产品和季节的角度考虑

D. 永远在旺季多举办活动并以此来提升业绩

2. 根据茹欣的解释，有些酒店活动项目效果不佳，影响利润，其原因是什么？

A. 价格定得过高

B. 价格定得过低

C. 酒店的竞争对手太强

D. 活动举办的时间和季节欠佳

3. 酒店宴会活动报价过程中应考虑哪些因素？

酒店概览

喜来登

欧内斯特·亨德森（Ernest Henderson）于1887年3月7日生于离美国波士顿不远的栗树山镇，病逝于1967年9月6日。他于1937年创建喜来登酒店（Sheraton）。到目前，喜来登酒店总数已超过1 000家，客房超过15.4万间，遍及全球100多个国家和地区，是世界上最大的国际酒店之一。

不少人认为，像希尔顿酒店一样，喜来登就是该酒店老板的名字，其实不然。亨德森曾于1965年出版一本自传，名叫《喜来登先生的身世》，书中亨德森将自己称为“喜来登先生”。

几十年来，喜来登酒店的友好待客之道一直享有鼎鼎盛名，在市场竞争中始终独占鳌头。如今，喜来登已成为喜达屋酒店集团中的知名品牌。

喜来登酒店与度假村集团（Sheraton Hotels and Resorts）是喜达屋酒店集团中最大的连锁旅馆品牌，而它也是集团中第二老的酒店品牌（最老牌的是威斯汀）。

喜达屋酒店及度假村国际集团原名为喜达屋住宿设施投资酒店或喜达屋膳宿酒店（Starwood Lodging Trust/Starwood Lodging Corp.），拥有 100 家酒店、26 483 间客房，年收入为 3.853 亿美元。1998 年，喜达屋完成了更名、对 ITT 集团和威斯汀酒店的购并三件大事，这在其发展历程中具有相当大的影响。

总部设在美国的喜达屋集团拥有九个品牌，不同的品牌为适应不同客人的需要而提供不同的服务。这九个著名的酒店品牌是：瑞吉、豪华精选、喜来登、威斯汀、福朋、W 酒店、艾美、雅乐轩和源宿。喜达屋集团在中国拥有 100 多家酒店。另外还有 70 家在建酒店项目。2018 年 12 月，世界品牌实验室发布《2018 世界品牌 500 强》榜单，喜达屋排名第 354。

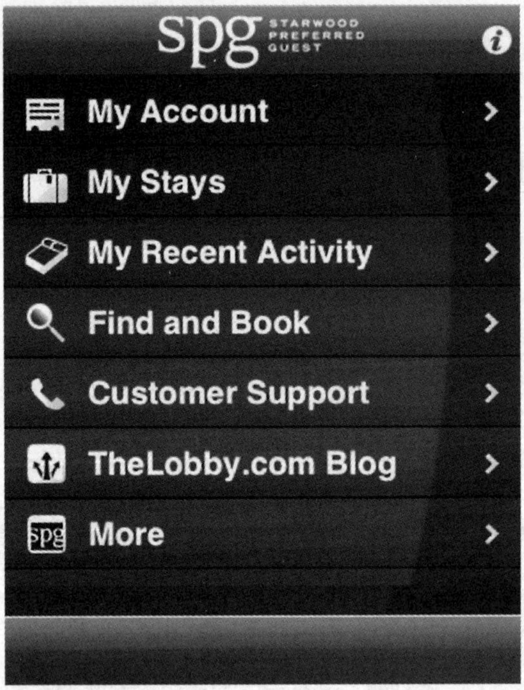

喜达屋

资料来源：http：//www. starwood hotels. com.

第三章　市场销售部门与人员

学习内容

- 列举市场销售部门的关键职位和责任。
- 综述销售办公室的关键职位。
- 确定三项经典的行业组织原则。
- 讨论成功的销售人士所具有的特性。
- 确定培训销售人员的专业培训模式。
- 确定销售部会议的类别。
- 描述酒店活动安排日志。
- 描述客房部房态日志。
- 解释销售办公室的三种归档系统。
- 陈述互联网给销售办公室带来的好处。

一　市场销售部

因酒店的规模和运营不同，各个市场销售部的运营和职责也各具特色，以下是各酒店具有共性的市场销售部关键人员和职位的描述。

（一）副总裁或市场销售部总监

副总裁或市场销售部总监被视为大型酒店市场销售方面的领导，他们常任职于酒店执行委员会。

（二）会议服务总监或会议服务经理

此职位的负责人要监管团队的服务过程。会议服务总监要与客户和销售人员一起讨论成功举办会议的细节。

（三）广告与公关部总监

广告与公关部总监的责任是协调所有的促销材料，并为树立酒店在公众中的积极形象而努力。

（四）电子销售总监

这个职位要求管理电子销售中心，并要与电子销售中心的其他员工紧密配合。

（五）市场调研协调员

许多大型酒店都会雇用一名市场专家来监控酒店完成的每一项服务和相关信息。市场调研协调员要调研目前的市场发展趋势、竞争对手所采取的策略和客户的基本要求等。

【相关链接】

销售部的角色转换

传统上，销售部一直被归为员工支持部门。但是那些针对会议市场的酒店发现，销售部必须在日常一线部门的经营中拥有更多的发言权，对会议团体的所有承诺必须兑现。如果销售部无权履行其应尽的义务，必然会产生问题。因此，在提供会议服务时，现今的酒店赋予销售部门优于前厅部、餐饮部和客房部的功能性权力。

酒店高层管理者对于组织有效率的销售工作起着关键的作用，销售部的机构设置在酒店内所产生的影响基于高层管理部门对销售额的承诺。对于销售总监应当位于组织机构图的哪个位置，人们有着不同的看法。决策必须由总经理做出，他可以在确定营销目标并决定如何实现后做出决断。

二　销售办公室

销售办公室主要由销售总监、销售经理、助理销售总监、销售部员工或销售代表、销售部文员等组成。

（一）销售总监

销售总监通常主管销售办公室的工作，同时监管销售人员的工作。除了日常的行政工作之外，销售总监可能要负责关键的业务往来，向销售人员提供必要的帮助，并向高级管理层提供销售报告。

（二）销售经理

销售经理通常向销售人员分配销售区域和具体的销售工作量，监控每名销售人员的工作过程并完成他们自己的销售额，因为酒店的经营模式不同，其管理的模式也有各自的特点。

（三）助理销售总监

此职位主要协助销售总监的工作。其负责的工作范围包括：管理销售办公室、监管销售人员的工作、完成自己的销售额。如果销售办公室由一名销售经理负责，这个职位就会成为助理销售经理。

（四）销售部员工或销售代表

销售部员工是销售部门的骨干力量，他们的责任是接触客户，争取生意并为客户提供后续服务支持。

（五）销售部文员

销售部文员的工作是管理销售部日常的文档工作，使销售人员能有更多的时间去会见客户。合格的销售部文员对于销售的程序管理十分重要，并且可以为销售人员准备相关的客户材料。

三　三项经典的组织原则

酒店的销售办公室必须组织合理，每名人员都应清楚自己的职责、权力和应完成的工作。销售办公室都应该执行三项经典的组织原则：

（1）指令发出的一致性——保证每名员工只有一名直接上司。

（2）权力与责任的共存——向员工发出工作指令的同时，也应当相应地授权。

（3）管理范围的调控——督导监管销售人员的人数不应超出其力所能及的范围。

四　成功的销售人员所具有的特性

成功的销售人员具有如下特性：

（1）专业性——仪表着装专业化，体现出诚实、可靠和积极的姿态。

（2）沟通技巧——成功的销售人士应能进行熟练的沟通。

（3）智慧——成功的销售人士应博学并善于学习。

（4）分析能力——能够客观地分析自己酒店的优劣势并对客户进行正确的分析评测。

（5）工作动力——具有积极的工作态度，致力于目标的完成，具有自律意识并能灵活处理难题。

（6）高效率——合理使用和管理时间及销售区域。

（7）持续性——成功的销售人员应保持工作的持续性和一致性，争取各项潜在的机会。

五 培训技巧

销售部门常用的培训技巧包括以下方面：

（1）模拟销售拜访——角色扮演的客户拜访。

（2）双人拜访——新员工在老员工的陪同下拜访客户。

（3）案例练习——利用经典案例制定销售策略。

六 销售部会议

销售部的会议有以下几类：

（1）每日的总结讨论会——总结一天的销售额，制定第二天的工作细则。

（2）周会——总经理参与，并有相关部门的总监、经理参加，主要讨论新的客源、临时和新的预订、促销活动和未完成的营业额。

（3）月会——全体销售人员参加，讨论制定下一个月的关键客源和要完成的业务额。总经理及各部门负责人参加。

（4）年会或半年工作会——制定策略。总经理和各部门负责人参加。

七 酒店活动安排日志

酒店餐饮和宴会活动的关键环节是建立活动安排日志。日志主要记载了各个功能厅的预订和人员参加情况，详细记录每一天的活动安排细节和报价、场地情况及客户的一切具体信息。为了避免信息的冲突，酒店的活动安排日志只有一本，而且由一个人管理。

八 客房部房态日志

客房部房态日志主要记录房间的分配情况和细节。由于前台、预订部和销售部的人员都负责客房的销售，因此客房部的房态日志是非常重要的房态参考资料。通过此日志，可以清楚地查阅酒店当天的已售房间、空余房间和维修中的房间。

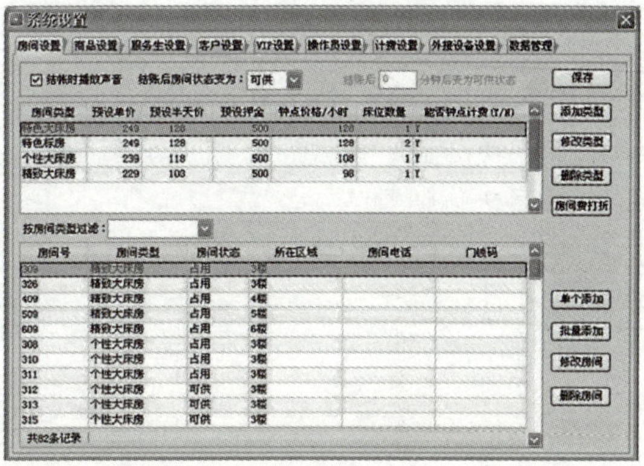

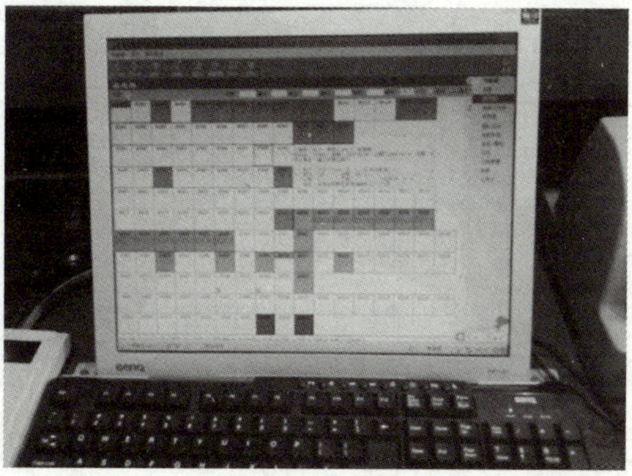

九　归档系统

酒店通常使用三种归档系统，即主档案、客户档案和追踪档案。

（1）主档案——内容包括各项销售活动细节，如：客源的公司名称、职位、姓名、地址、联系方式等。通过对主档案的查询能够获取客户的各项信息，以备未来促销使用。

（2）客户档案——客户档案始建于与客户的第一次接触，它记录了客户的具体活动情况。该档案还附有酒店得到的各个客户所发出的各种纸质材料、电邮和电传。

（3）追踪档案——追踪档案是用来进一步完成相关活动的备忘录，上面记有相关的日期以及已完成或未完成的活动，它能提醒销售部的人员与客户进行后续的书面、电邮或电话联系。

十　销售办公室的自动化

互联网给销售办公室的工作带来了极大的便利，主要体现在以下方面：

（1）使工作迅捷高效。

（2）便于信息的获取（包括团队和散客及店内设施情况）。

（3）减少人工操作出现的错误。

（4）减少培训的成本。

（5）存贮相关的客户信息，销售人员可根据客户居住地的代码、入住的时间和个人爱好整理和检索信息。

（6）加强酒店集团内部各个酒店间的横向联系。

关键词

市场总监　销售总监　销售经理　销售部文员　销售办公室　酒店活动安排日志　客房部房态日志　归档系统　销售办公室自动化

练习

1. 协调所有促销材料并为酒店建立良好的公众形象是________的工作。

A. 市场销售部总监　　B. 电子市场总监

C. 广告和公关部总监　　D. 市场调研协调员

2. 负责联系客户、签订合同并为客户提供后续服务支持的人员是________。

A. 销售人员　　B. 销售总监

C. 销售办公室的文员　　D. 总经理

3. 一名督导能够有效管理的员工的人数要取决于________。

A. 权力与责任的共存　　B. 目标管理

C. 管理范围的调控　　D. 指令的一致性

4. 销售部日常文档和客户材料应由________负责管理。

A. 销售部经理　　B. 销售部文员　　C. 销售代表　　D. 销售部总监

5. 如要了解酒店餐饮活动，应该查阅________。

A. 酒店活动安排日志　　B. 客房部房态日志

C. 会议记录　　D. 以上各项都是

实务操作

● 企业家李先生到泰国出差，下榻于曼谷东方饭店，这是他第二次入住该饭店。次日早上，李先生走出房门准备去餐厅，楼层服务生恭敬地问道："李先生，您是要用早餐吗?"李先生感到奇怪，反问道："你怎么知道我姓李?"服务生回答："我们饭店规定，要背熟所有客人的姓名。"这令李先生大吃一惊，尽管他频繁往返于世界各地，也入住过无数高级酒店，但这种情况还是第一次碰到。

李先生愉快地乘电梯下至餐厅所在楼层，刚出电梯，餐厅服务生忙迎上前："李先生，里面请。"李先生十分疑惑，又问道："你怎么知道我姓李?"服务生微笑着答道："我刚接到楼层服务生电话，说您已经下楼了。"

李先生走进餐厅，服务员殷勤地问："李先生还要老位子吗?"李先生的惊诧再度升级，心中暗忖："上一次在这里吃饭已经是一年前的事了，难道这里的服务员依然记得?"服务员主动解释："我刚刚查过记录，您去年6月9日在靠近第二个窗口的位子上用过早餐。"李先生听后有些激动了，忙说："老位子！对，老位子！"于是服务员接着问："还要老菜单吗？一个三明治、一杯咖啡、一个鸡蛋?"此时，李先生已经极为感动了，忙说："老菜单，就要老菜单！"

给李先生上菜时，服务员每次回话都退后两步，以免自己说话时唾沫不小心飞溅到客人的食物上，李先生在美国最好的饭店里都没有见过这样的服务。

一顿早餐，就这样给李先生留下了终生难忘的印象。

此后三年多，李先生因业务调整没再去过泰国，可是在李先生生日的那一天，竟然收到了一封曼谷东方饭店寄来的生日贺卡，上面写着："亲爱的李先生，您已经三年没有来过我们这里了，我们全体人员都非常想念您，希望能再次见到您！今天是您的生日，祝您生日愉快！”李先生热泪盈眶，激动不已……

思考题：

1. 案例中曼谷东方饭店几近完美的客户服务是如何实现的？

2. 客户档案系统在饭店营销中有何重要性？

● 现代社会分工越来越细，最适合从事电子商务、网上订房的不是单个酒店，而是拥有大量酒店管理权或经营权的连锁酒店集团，它们可以有效地建立 CRM（客户关系管理）系统，为客户提供个性化的服务，让客人在全球的任何一间酒店都能享受一致的服务。酒店的经营能否获得成功，靠的是酒店整体的经营管理和营销策略。互联网不是包治百病的良药，它只是一个手段，能解决一些人工操作不能解决的问题，比如：大量的财务统计数据、顾客资料的管理。目前，中国酒店业对互联网的应用还处于摸索阶段。

万豪国际酒店集团堪称全球酒店业中应用高新科技的“领头羊”。它旗下的酒店在客房和商务中心里提供 24 小时的高速互联网服务，还提供酒店设施、服务项目、餐饮特色、旅游景点、购物指南等详尽资料。同时客人还可方便地访问自家公司的网站、收发电子邮件、使用相关软件，从而使酒店真正成为客人旅行在外的办公室。这些高科技设施的采用，通过有形或无形的服务，为酒店产生了良好的经济效益和社会效益。

思考题：

1. 先进的计算机系统在酒店的销售和管理中有何功能？

2. 如何开发互联网，使其在现代酒店营销中发挥出最大的作用，并为酒店带来盈利？

要点回顾

1. 各酒店都具有的市场销售部关键人员和职位：副总裁或市场销售部总监、会议服务总监或会议服务经理、广告与公关部总监、电子销售总监、市场调研协调员。

2. 销售办公室的主要成员：销售总监、销售经理、助理销售总监、销售部员工或销售代表、销售部文员。

3. 每个销售办公室都应该执行三项经典的组织原则：指令发出的一致性、权力与责任的共存、管理范围的调控。

4. 成功的销售人员所具有的特性：专业性、沟通技巧、智慧、分析能力、工作动力、高效率、持续性。

5. 销售部门常用的培训技巧包括：模拟销售拜访、双人拜访、案例练习。

6. 销售部的会议有：每日的总结讨论会、周会、月会、年会或半年工作会。

7. 建立活动安排日志是酒店餐饮和宴会活动的关键环节。酒店的活动安排日志只有一本，而且由一个人管理。

8. 客房部房态日志主要记录房间的分配情况和细节，是非常重要的房态参考资料。

9. 大多数酒店使用三种归档系统：主档案、客户档案、追踪档案。

10. 互联网给销售办公室带来了极大的便利，使销售办公室逐步实现自动化。

知识链接

一、大型酒店和小型酒店销售部的差异

每个酒店，无论规模大小，都需要某种形式的销售部从事各种促销工作。在小型酒店中，销售人员通常处理各种类型的业务，包括拜访会议策划人、旅行代理商、旅游承包商以及其他潜在的客户。更小的酒店可能要将销售业务并到其他部门之内，或是干脆由总经理直接指导销售工作，通常是由总经理每周特别安排一天做销售访问。任何规模的酒店都会安排一些非销售人员来协助销售工作。例如：一个餐饮服务员和两个前台员工每人每周向目标客户进行5次访问，那么每周将有15次访问，一年共计有750次访问。

大规模运营的酒店通常会有专业的销售人员和独立的销售部。如果可能的话，最好有专职人员从事会议销售工作。在大型酒店中，专业分工更为细致，有针对不同细分市场的销售人员。有人专注于协会业务，有人专门负责公司业务，有人则集中于促销奖励旅行市场。当然，成功的销售并不一定非要进行如此细的分割，但是这种组织形式所显示的是每个细分市场都有独特的需求。

二、销售部的功能

销售部的建立和运作必须符合酒店市场营销计划的总体目标。酒店经理必须以争取团体生意为目的来设置销售部机构，并使工作易于得到控制以获得利润。无论销售部的机构设置是何种类型，至关重要的是让所有员工了解他们在实现市场营销计划目标中的作用。酒店销售人员应当专业、知识面广，而且具有服务意识。所有的酒店员工，无论销售人员还是销售部接待员，都应了解自己在市场营销活动中的重要性。比如，接待员或者秘书应当及时招呼未预约的客户，令其有宾至如归之感，并且能够解答客户可能问到的任何问题。在小型酒店，接待客人的职责可以由前台员工来承担，他们在回答问题方面应该训练有素；大型酒店则要依赖受过专门培训的接待员、秘书或销售助理来接待客人。

1. 销售部的有形配置

销售部办公室的位置和外观同等重要。销售办公室绝不应当设在不为人知的地下室或闲置不用的客房内，也不能放在远离大堂的“金鱼缸”般的狭小空间里。对经营会议和宴会服务的酒店而言，理想的做法是将办公室设立在邻近多功能厅的位置。销售部办公室看上去要有品位、专业性强，不能杂乱无序，照明和通风良好，有舒适的坐椅和可读物。办公室摆放物中要有酒店的宣传页或宣传册、菜单样本，可能的话，还应有承办过的会议活动图片或是关于酒店的新闻剪报，这些都能提供大量信息，并且是很好的预售工具。销售部办公室的装饰物除了酒店以往所获奖励或荣誉外，还可以配有客房和宴会厅的照片以及销售人员和酒店管理人员的照片。这种类型的布置有助于客户熟悉酒店所提供的种种服务和设施，同时也有助于提升酒店的形象。

2. 销售部与其他部门的协调

在酒店行业开始重视市场营销之前，销售部通常是作为独立实体存在的，它仅仅负责客房和会议室的销售。然而，如今的销售总监及其下属必须成为酒店日常经营中的主体。罗纳德·休斯是芝加哥帕尔玛希尔顿酒店的前任总经理，他强调了以下观点：“我们有责任使我们的销售人员更多地深入到酒店的日常业务中，这不仅具有培训意义，更重要的是经营活动能够得到他们的参与和建议。具有市场导向的酒店往往大大领先于其竞争对手。

为了贯穿营销概念，高级销售人员，尤其是销售总监必须参与长期预算工作、短期预测工作以及其他一些基础性的计划工作。”

换句话说，管理层必须表明销售工作具有较高的优先性，并且确保销售总监被给予充分的自主权。为使工作卓有成效，销售经理必须对宴会部、会议服务人员、广告及销售促销、辅助性办公室职员，当然还包括本部的销售人员拥有充分的权威。销售部员工与客户之间的谈判通常形成承诺，这种承诺必须言出必行。拥有大量回头客的、成功的酒店与不太成功的酒店相比，其区别就在于是否真心履行承诺。除了保证提供客房外，销售总监及其下属还必须与其他部门特别是会议服务部、宴会部或餐饮部密切配合。

三、销售部员工和文员

酒店的销售人员是销售成功的关键。他们寻找客户，安排约会，向潜在客户进行推销访问。他们必须十分专业，必须对本酒店、竞争对手以及各自的市场有充分的了解；他们必须有极好的组织能力和沟通能力。销售人员还要接受培训，学习如何对待特殊的客户，如：本地的公司或地区协会。除了日常的办公室工作外，他们可能还会花费大量的时间外出开展业务，如：通过对老客户进行追踪联络来争取回头客。

如果将团体会议确定为酒店的目标，优秀的会议销售人员则是成功的关键。通常要求销售人员具备销售经验，在校的学生常常通过参加会议酒店组织的销售访问得以参与到销售工作中来。根据调查：在酒店行业中，大多数销售培训是在内部进行的，重点进行岗位培训。然后，在其获得一定的经验之后，就可以参加更多的课堂培训。会议销售人员按等级发展，以便最终能够对酒店产品有更深入的了解。但是，针对个人的销售培训多是在职培训，在严密的指导下与一些小客户进行协调。大多数酒店在聘用会议销售人员时会要求其具备销售经验。

为了辅助销售人员完成他们工作中最重要的部分——销售，酒店必须聘用优秀的文员，来妥善保存详细的档案，并且精于运用这些数据，协助事后查询。虽然各个酒店的职责会有所不同，文员的主要职责却是一样的，那就是在店内提供支持，并在销售人员外出时接待未经预约的客户。

如果以节省办公室的辅助性开支为代价来支付增设销售人员所需的大笔开支，则不能不说是一种“小事精明、大事糊涂”的行为。在真正拿到一个会议之前，销售工作很可能需要一个漫长的过程，而且销售人员必须不断地与会议策划人进行接触。面对现今销售拜访的高额成本，由受过良好训练的文员进行一系列信函和电话追踪是至关重要的。文员还要妥善保留客户的会议记录、人员变动以及其他有助于销售的信息。

四、地区销售办公室

酒店连锁经营在会议市场中是很有效率的一种机构类型，而且它们在这方面的作用会越来越明显。取得成功的原因之一，便是除了安排专人负责饭店外，还在地方销售办公室中设置公司销售员这一职位。公司销售员可以为集团内任何一家酒店招揽生意，这样的经营方法有很多的优势。

首先，如果顾客在连锁集团内的一家酒店享受到优质服务并且办会成功，那么在筹备下一次会议时，他可能还会选择这家连锁集团的酒店。即使会议组织者为了吸引与会人员而在全国转换会址，他们还是可能会选择这家连锁酒店。其次，对于打算在全国各地安排数个类似会议的策划人而言，与单独一位销售员预订所有的会议要简单容易得多。一旦销售人员与客户成交，选择其他会址就不成问题了。还有一个优势，当会议策划人无法在一家酒店订到某日的会议室时，连锁酒店可能会提供另一家酒店供会议使用，而独家酒店则会因无法满足这一条件而失去生意。

地区办公室在会议策划人和各酒店之间充当媒介机构，以其信息中枢的作用指导策划人去发现最能满足其需求的酒店。除了向会议策划人提供本地区酒店连锁集团的信息外，大多数地区办公室都有区域团体业务数据库。

目前，世界各大酒店连锁集团如喜来登、凯悦酒店集团、红狮酒店集团和假日酒店集团都使用互联网系统进行集团的中心预订，将各自的会议酒店与它们的地区性和全国性销售办公室相连接。这些系统可以提供快速的团体预订数据的查询，包括供房情况、房价、日期。该系统同时还会在集团范围内追踪顾客记录和客户的活动。在信息查询如此便捷的情况下，很多地区销售代理得以预留出会议室、为本系统内任何一家酒店打印出计划书，还能现场预订，通过电子邮件将协议书传给酒店销售总监。地区销售办公室还向连锁集团区域内的酒店提供促销材料和公共关系类的服务。

五、独立酒店代理人

很多酒店并不认为它们单凭内部销售人员便能充分顾及自己所有的市场。它们常常借助独立酒店代理人来补充自己员工的工作。这些外部的个人或公司是销售部的延伸，对外代表着酒店。

由于各酒店的需求不一，独立酒店代理人所提供的服务也各不相同。某些代理人可能仅仅受雇作为实地销售员来招揽酒店员工无法接触到的客户。其他一些酒店可能使用大型代理公司，这类公司的服务范围除了销售以外，还包括咨询、市场分析、广告以及公共关系。

由于经济上的原因，独立酒店代理人通常不止为一家酒店服务，这就使得很多酒店对这类公司心存顾虑——它们怀疑同一家公司也在为自己的竞争对手作代理。酒店代理们对这类质疑的回答是：他们所代理的酒店具有不同规模和不同的市场侧重点，而不是替相似的酒店寻找同样的客户。

酒店是否应该聘用独立酒店代理人呢？如果酒店有经济实力派出自己的销售人员并且任务完成得令人满意，那当然不错。如果酒店的销售经费有限，那么独立酒店代理人会开辟出另一个市场。酒店应该对独立酒店代理人所提供的利益进行调研。这类公司通常专注于某个特定的市场，同时兼顾其他市场。如果酒店的目标市场是会展业，就要仔细挑选，毕竟专攻这一领域的公司并不多。

另外，还有这几个因素需要在做决定时加以考虑：一是要咨询正在聘用同一代理公司的同等规模酒店，调查一下这家代理的工作成效。二是如果酒店选择与一家独立酒店代理合作，切记要签订聘用合同。除了收取一般费用外，它还按为酒店预订的生意量收取固定比例的提成。三是酒店必须明确交代所需争取的生意类型以及能够接受的房价。换言之，酒店代理人应该在酒店市场营销计划的框架之内进行工作。四是酒店应该鼓励代理公司的管理人员前来访问和巡视，应该为代理人配备饭店组织机构图、经营手册以及会议室、客房和其他设施的详细价目表。最重要的是，代理人应该有一份酒店的市场营销计划书，内有明确、详细的指标要求。

六、对销售工作的管理

招聘优秀的销售人员（无论是内部员工还是独立酒店代理人）是完成销售目标的重要

环节，销售工作本身同样必须分工明确、管理得当，以获得最大效益。对销售工作的管理涉及以下几个方面：为销售人员和会议服务员工确定标准工作程序、定期召开销售会议、讨论达标情况和面临的问题、确定客户的等级、准确的存档工作，最重要的内容是调整和评估整体销售进度。

有效的销售工作始于销售和服务程序中每一个步骤的标准化。销售人员都应该熟知销售部的标准工作程序。这些程序规定如何处理周期性业务活动。手册上的标准工作程序为销售人员和宴会员工提供了参照依据，标准工作程序也是培训新员工的必要工具。标准工作程序手册中有可能包含如下内容：会议活动簿的管理和程序、客房控制簿使用程序、预订政策、淡旺季房价政策、信用政策、押金政策、取消政策、贵宾政策和免费房政策、会议场租和租用程序、宴会和客房预订截止日期、会议服务标准和程序、销售部的组织机构图和详细的工作岗位职责。销售部的标准工作程序在需要时可以进行增添和修正，而且参与销售工作的每个员工都应当了解这些变化。这类标准工作程序能够使销售人员在为团体进行预订和提供服务时遵循同一标准。

七、酒店档案系统

对任何销售部而言，唯一重要的人工劳动是保障档案系统的准确性并及时更新。没有精细准确的档案记录，销售部便没有弹药。在销售时，特别是针对团体的销售，销售人员需要随时获取相关信息。酒店的档案方法分为三种类型：

第一种归档方法是按机构、公司或协会的名称使用联系人的姓名，按字母顺序存档，酒店常使用这种方法。许多企业发现这是最简易的归档方法。

第二种归档方法是按名称的关键字归档。当不清楚机构的确切名称时，这类归档法便体现了优势。第二种归档还可以有三级分类法，例如：客户被归在“贸易—制造—鞋”、“贸易—零售—服装”或者“教育—教师—高中”档案中。

第三种归档方法是数字法。每个档案都有一个指定的客户号码，然后相应的一组档案卡片按客户号码和名称被归入档案。这种方法常常被用于大型档案系统，而且很有效率，酒店越来越倾向于利用计算机技术来储存客户记录，这种方法会越来越流行。

一些酒店偏向于其中一种方法，还有酒店使用不止一种方法，比较简单的系统通常要比复杂的优越。

八、销售部办公自动化的优势

近年来酒店营销方式发生了巨大的变化。当今先进的技术已经免除了销售工作自身大量的“苦差事”，过去要花几个小时绘制、更新和分析报表，现在靠计算机很容易就可以完成。

酒店行业的专业人士认同这样的说法，即销售人员在过去用在非销售活动上的时间占比高达70%，如查询供租房、预留客房和会场，以及来来回回到档案柜查找信息。现在，计算机改变了这一切，销售人员再也不用手工寻找丢失的档案或准备报表了，这些数据就储存在个人的计算机终端内。除此之外，计算机把销售人员从办公室中解放了出来。当一位销售员外出拜访客户而又恰逢紧急情况时，其他销售人员或文员可以调出所需信息，其他部门（宴会部或者餐饮部、预订部等）可以立即获得相关信息。

计算机很容易就能使合同和信函这样的重要文件具有不同风格。它们简化了大宗邮寄的过程，用计算机可以制作邮寄标签（经常按邮政编码或团体类型分类），而秘书则要从档案中进行筛选，将某些目标客户的标签打印出来，所用时间是计算机的几倍之多。销售管理人员可以用计算机对个人和部门的考绩进行评估——计算机可以提供以往拜访客户的详细报告、预订的数量以及未来工作的潜力区域。

九、酒店计算机系统的最新发展

酒店在使用计算机系统进行预订的基础上还开发了手机应用程序，客人可以根据自己的具体安排进行预订。自动化办公为销售员和销售部管理人员提供最新的信息。许多酒店已经将会议活动簿和客房控制簿输入计算机系统中，虽然这种方法仍旧受到控制（只有使用特别的密码才可以添加或者更改信息），但是对那些想要确认供租场地或供租房的销售人员来说，它提供了现成的信息。

除了可以调用这些信息外，计算机还被用来处理销售部大量的文书工作。以主档案为例，为了更好地向不同类型的团体进行销售和提供服务，要求当今的销售人员广集信息，非自动化的主档案很难承载这样的信息量，然而计算机主档案却没有这种限制。销售人员可以输入尽可能多的信息而不必担心超载。备忘录档案也被电子化了。销售人员可以在显示屏上调出每日跟踪报表，而不是到档案抽屉中逐个查寻不同日期的活动情况。这个报表可以被分解成不同的类别，销售人员因此可以按优先次序安排各自的时间。

凯悦酒店集团对会议活动簿进行了自动化处理，集团高级副总裁格顿·克尔说，在采用自动化系统之前，每家酒店都有这种庞大的日记体系，会议室的预订靠手工登记。比如，一位客人打电话给集团位于芝加哥的总部，要求预订在旧金山的会议室，总部要给旧金山的凯悦酒店经理打电话查询有没有场地，预订的客户要等待几个小时或是几天才能得到答复。有时不等答复过来，本应到手的客户已经另寻他处了。而新的系统使得凯悦能够在任何一家联网酒店向网上任何一家异地酒店进行场地查询，并且预订会议室。

西雅图喜来登酒店的营销总监温迪·邦维休说，自动化对他们的业务非常重要，客户已经看到了巨大的变化，办公自动化与其他的高科技通信技术共同促进着酒店的发展。利用移动通信，销售人员可以联络客户并与总部保持联系，把等待时间减到了最少。还有一些销售人员用语音邮件（或录音电话）与本部和客户联系。语音邮件提供的是“私用”电话号码，可以随时查看来电情况，这种邮件有24小时运行的优势（即使在销售部下班的情况下）。

还有其他先进技术，使当今的酒店销售人员能够把大量时间用在销售上。计算机前沿技术可以提高工作效率，为销售人员节省了更多的时间去做他们的本职工作，即到有客源的地区去销售客房和会议场地，以及将注意力集中在其潜在客户的需求上。

案例分析

酒店销售部培训计划

一、店内了解

（1）熟知酒店员工手册的各项内容，了解酒店文化和仪容仪表要求。

（2）了解酒店的产品知识，包括参观客房、餐厅及相关设施。

（3）了解销售部的各项规章制度，并在日常工作中以此为纪律准则。

（4）了解销售部组织结构，了解办公室的管理知识。

（5）了解价格体系，尤其是房间的价格和会议室租金等。

(6) 熟知酒店各种房型的配置及布局。
(7) 掌握与同事合作和与其他部门沟通的技巧。
(8) 了解销售部的主要任务和销售理念，掌握与客户沟通的注意事项。
(9) 了解相关的计算机知识，使用电脑终端掌握入住客人的信息等。
(10) 掌握制定公司合同、会议书面报价格式等。
(11) 明白做销售时拜访客户的目的及如何与客户预约和介绍自己和酒店。
(12) 熟知每日客房报表及每日公司销售分析报表。
(13) 熟知不同价格体系的商务合同及各种不同类型的长住合同。
(14) 掌握与客户洽谈业务的沟通能力。
…………

阅读材料，请回答以下问题：

1. 材料中指出要求销售人员了解相关的计算机知识，使用电脑终端掌握入住客人的信息等，这样对于酒店销售有哪些好处？

A. 使工作迅捷高效
B. 获取信息快捷
C. 加强酒店集团内部各个酒店间的横向联系
D. 减少人工操作的失误

2. 对于掌握与客户洽谈业务的沟通能力，可以采取哪些方式进行培训？

A. 模拟销售拜访　　B. 新员工在老员工的陪同下拜访客户
C. 案例学习　　D. 直接接待客户，在业务中学习

3. 如果你是该酒店的培训总监，请你结合所学知识尝试制订一份销售培训计划。

酒店概览

万豪国际酒店集团

万豪国际酒店集团，是全球首屈一指的国际酒店管理公司，总部位于美国马里兰州的贝塞斯达，拥有遍布全球130个国家和地区的超过6 500家酒店和30个品牌，雇用约30万名员工，曾被《财富》杂志评为酒店业中最值得敬仰企业和最理想工作酒店集团之一。

万豪所拥有的酒店品牌包括：万豪酒店（全面服务酒店，包括会议中心及JW万豪酒店）、丽思·卡尔顿酒店（豪华酒店）、万丽酒店（优质酒店）、万怡酒店（高中档酒店）、Residence Inn（长租酒店）、Fairfield Inn（经济型酒店）、Spring Hill Suites（高中档套房酒店）、Towne Place Suites（中等价位长租酒店）、华美达国际（经济型酒店）、万豪行政公寓（高级酒店式公寓），以及包括Marriott Vacation Club、Horizons、Ritz-Carlton Club及Marriott Grand Residence Club等品牌在内的度假式酒店。此外，万豪Execu Stay在主要市场管理配备家具的公寓单间。万豪高尔夫球场管理公司在全球管理26个高尔夫球场。

万豪国际酒店集团于1989年在香港开设拥有602间客房的香港JW万豪酒店，这是万豪在亚太地区的第一家酒店。

目前，万豪国际在中国通过JW万豪酒店及度假酒店、万丽酒店及度假酒店、新世界酒店、万怡酒店和万豪行政公寓等多个品牌管理着20多家酒店，提供超过8 000间客房。此外，万豪国际还通过华美达国际酒店及度假酒店这个品牌在中国管理着10多家酒店，提供超过3 000间客房。

资料来源：http：//www. marriott. com. cn.

第四章　客户拜访

学习内容

- 描述客户拜访的类型。
- 解释如何确认潜在客户。
- 确定四类谈话距离。
- 讨论销售工作中的非语言沟通的重要性。
- 列举销售演示的步骤。
- 确认销售人员应使用的两种提问方式。
- 识别客户的三种反驳意见并讨论如何解决处理。
- 列举成功的销售演示的三种技巧。
- 解释如何使用有效的时间管理和关键客户管理来改进销售业绩。

一　客户拜访的类型

结识性或初次拜访常在较小的区域内进行，而且应尽量减少时间的投入，其目的是收集信息以便建立销售策略，为将来的拜访做准备。

对于酒店已有的客户，销售人员应采用公关性或服务性的拜访。这类拜访能促进相互间的关系，为未来的客户服务打下坚实的基础。

预约的拜访用来向潜在的客户介绍酒店的特色和服务。通过此类拜访可以确定客户是否使用酒店的产品和服务，或商定进一步接洽的日期。

经过几轮的前期拜访后，可向客户推出演示性拜访，其目的是通过演示相关的酒店产品和服务，使客户决定购买或使用酒店的产品和服务。在演示过程中应充满自信，充分陈述本酒店的优势，解答客户的疑问并完成销售。

酒店内的客户拜访主要解答进酒店询问酒店产品服务的客户的问题。

【相关链接】

拜访客户有技巧

拜访客户前要设定拜访目标，对客户进行分析，确定客户属于重点客户还是一般客户，从而制定拜访策略。要充分掌握公司的销售政策、价格政策、促销政策，尤其是在公司推出新的销售政策、价格政策、促销政策时，更要了解新政策的详细内涵。另外，销售人员还要掌握社交礼仪的常识，包括自己的穿着打扮是否得体，从微笑、握手到坐姿，都有许多细节要注意。

拜访客户时要有明确的拜访目的，在与客户交谈时，谈话要结合客户实际，要具体。最好尽量让客户说话，自己做一个忠实的聆听者。总之，不要让客户产生反感。另外，销售人员要善于听“弦外之音”，做到心有灵犀一点通。

在与客户交谈时，还要善于营造融洽的会谈气氛，谈论客户感兴趣的话题，对客户的情绪进行引导、强化。也就是说，要想办法把与客户关系转化为朋友关系，强化与客户的关系。

要用眼睛去观察，用心去思考。只有勤奋上进，多思多想，学会在复杂的情形中抓住事物的本质，才能提高销售能力。要赞美客户，每个人都喜欢得到别人的赞美，客户也不例外。通过赞美拉近彼此之间的距离，销售就能收获意料之外的成果。

要做好客户拜访工作，销售人员还要苦练内功，致力于能力的提高，可总结为：成于态度，源于实践，敏于观察，勤于学习，善于总结。

二　确认潜在客户

确认潜在客户的影响因素包括：潜在客户的财务支付情况、对酒店产品或服务的需求和购买的能力。建议从以下方面确认潜在客户：

（1）国家和地方银行发布的信誉报告和年度报告都会提供客户的财务支付情况，根据此项报告，销售人员可能筛选出特定的潜在客户。

（2）可以根据对客户以往的购买记录，来确定客户对酒店产品或服务的需求情况。电话调查潜在客户的其他相关的业务联系，也是得到重要信息的途径。

（3）潜在客户的购买能力可能会受到预算、公司对酒店的特殊要求、行政命令或公司稳定性的影响。

三 与客户谈话的距离

人们在日常的谈话中可保持四种身体间的距离：公开距离、社交距离、私人距离、亲密距离。如果不了解这些距离的重要性和各自的含义，就会“冒犯”他人，使客户感到不快。因为他们会感到个人的“领地”受到了“侵犯”。因此，销售部门的员工就需要根据不同的情况，正确地使用四种谈话距离。

（一）公开距离

这一距离为 2.5 米以上，给客户以安全的感觉。销售人员在向团队进行促销时常常使用这一距离。但面对个体的客户进行销售演示时，这个距离就显得不适合。

（二）社交距离

这一距离为 0.8～2.5 米。这是向个体的客户进行销售演示的合适距离。

（三）私人距离

这一距离为 0.5～0.8 米。这是销售人员与客户保持近距离的最低限度。即使客户可能与你关系密切，这一距离也显得过于“亲近”，有些客户会使用办公桌等物体作为“屏障”来“保护”自己。

（四）亲密距离

这一距离在 0.5 米之内，只能用在非常亲密的亲友间。如果销售人员“入侵”到客户的这一距离之内，就会使客户感觉受到了“威胁”，进而引发反感情绪。

四 体语

非语言沟通中的有趣一环是体语，它包括面部、双臂、双手、腿部和体态。对于一名销售人员来说，体语是与客户交流的重要组成部分，应使客户从销售人员的体态上感觉到自信。销售人员应通过微笑向客户表示自己对他们的关注，而体态应与销售演示协调一致，不应分散客户的注意力。

销售人员还应随时关注客户通过体语发出的消极信息：谨慎和分歧的表现为缺乏目光接触、迷惑的面部表情、双臂交叉、双手紧握、双腿交叉、把脸转向一边等。销售人员一旦发现上述表现，应立即着手解决相关的问题。可使用提问题的方式征询客户的意向。通过仔细倾听客户的要求和关注的问题，销售人员应随时调整自己的演示，从而与客户建立起良好的关系。

五　演示性拜访的步骤

演示性拜访有如下五个步骤：

（1）拜访的开场白。

（2）获取客户的参与。

（3）向客户演示。

（4）消除客户的疑虑。

（5）完成演示并讨论下一步的工作。

六　封闭式和开放式的提问

一名成功的销售人士需要掌握向客户提出问题的两种方式：封闭式的提问和开放式的提问。封闭式的提问一般要求对方给予一个明确的答复，通常只是一两个词语。“去年你举办了多少次培训会?”就是一个封闭式的问题。而开放式的提问可以向客户提供表达他们感受和掌握信息的机会。例如：“通过对贵公司的了解，我注意到贵公司去年年会的出席人员很多，您认为去年的会议成功的原因是什么?”通过客户的回答你能了解到他们的工作重点。

七　客户反驳意见的分类

客户的反驳意见可分为三个类别：

（1）价格。

（2）产品或服务。

（3）缺乏兴趣或紧迫感。

销售人员应该将有关价格的讨论事项放置在演示的最后阶段，在演示的前面部分应主要讨论和解释此报价能给客户带来的各种实惠。

对于后两类客户反驳意见，销售人员可以采取不同的方式来解决。比如重述客户的反对意见，然后提出解决问题的积极方案。

八 成功的销售演示的三项技巧

一次成功的销售演示需要三项技巧的支持：缜密的组织、有效的宣讲、巧妙的视觉辅助工具。

（一）缜密的组织

销售人员提前准备好演示的材料，并将关键的章节按照逻辑划分层次。销售人员不妨起草一份备忘录来提醒演示人员。

（二）有效的宣讲

热情是成功演示的重要组成部分。销售人员的语言和演示方式都应该体现出为客户着想的愿望。因为销售的全部过程都需要客户的参与，因此在演示的过程中，销售人员应该随时向客户提出问题并征求意见。除了注意自己的语言和演示方式之外，销售人员还要防止自己的某些体语给客户造成误解。

（三）巧妙的视觉辅助工具

人们虽然只能记住所听到的25%的信息，但却能记住所见到的50%的信息，这使得巧妙使用视觉辅助工具成为演示过程中极为重要的一环。视觉辅助工具包括图片、表格等，它们能增强销售的可信度。只是简单地陈述酒店的产品或服务的实惠是远远不够的，而视觉辅助工具能达到事半功倍的效果。因此，演示之前就应准备好一切与客户相关的视觉辅助工具，这要求销售人员掌握并熟练使用各类演示软件、硬件。

九 时间管理和关键客户管理

时间管理起始于对时间重要性的意识。每名销售人员都应准备一个工作日志，安排未来两周的时间分配。在这份工作日志上，销售人员可以根据工作的轻重缓急来调整自己的工作重点或将某些责任委派给他人，使自己能有更多的时间与客户交往。

在绝大多数情况下，80%的生意来自20%的客户。对关键客户的管理有助于销售人员进行正确的客户层次划分，从而为自己的酒店创造出最大的盈利机会。

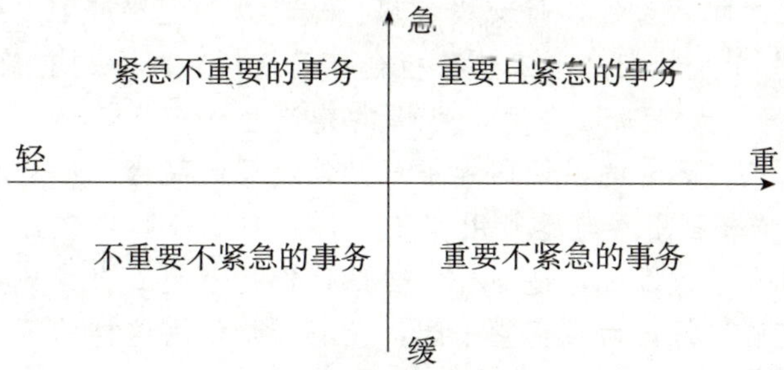

时间管理坐标体系

关键词

体语　开放式提问　封闭式提问　关键客户管理　销售资料　酒店情况介绍

练习

1. 调研或解释性客户拜访被称为________。

A. 演示性拜访　B. 初次拜访　C. 内部拜访　D. 服务拜访

2. 通过以下哪一过程能识别未来能成为酒店潜在客户的个人或团队？________

A. 面谈　B. 客户拜访

C. 确认潜在客户　D. 封闭式问题

3. 销售人员与客户保持的最近距离是________。

A. 亲密距离　B. 私人距离　C. 社交距离　D. 公开距离

4. 在销售演示过程中，销售人员使用视觉辅助工具的原则是________。

A. 不应使用　B. 简单并有效

C. 针对所有的目标市场　D. 只有客户要求才提供

5. 为了有效地利用时间，一名销售人员应尽量减少以下哪种时间花费？________

A. 个人的销售拜访　B. 电话销售

C. 日常工作　D. 结识性拜访

实务操作

● 一天，住在某酒店的来自日本的母女二人到酒店商场部选购货品。她们来到针织品柜台，目光停留在毛衣上面。营业员小刘微笑着用日语向她们打招呼，接着热情地把不同款式的毛衣从货架上取下来让她们挑选。当小刘发现客人对选购什么颜色犹豫不决时，便先把一件灰色的毛衣袖子搭在那位中年母亲的肩上，说："这件淡雅的毛衣穿起来显得文静苗条。"接着拉过镜子请她欣赏。然后她又拣出一件红色的毛衣对女儿说："这件毛衣鲜艳而高雅，很适合你。"母女二人高兴地买下了这两件毛衣，另外还挑选了六件男女式羊毛衫准备带回日本给家人和朋友。

随后那位母亲把小刘拉出柜台，让她陪着一起到其他柜台看看，小刘与旁边柜台的同事打了声招呼，便欣然同意为她们母女当参谋。这时那位母亲说："我想买两方砚台送给我热爱书法的丈夫。"于是她们来到工艺品柜台，母亲指着两方刻有荷花的砚台对小刘说："这两方砚台石质很好，大小也正合适，可惜的是造型……"客人的话立刻使小刘想到，在日本，荷花是用来祭奠死者的，便向她推荐其他造型的砚台。小刘和工艺品柜台的服务员小张商量以后说："书画用砚与鉴赏用砚不一样，对石质和砚堂都十分讲究，一般以实用为主。您看，这方鱼子纹歙砚，造型朴实自然，保持着砚石自身应有的特征，石质又极为细腻，比那方荷花砚要好，而且砚堂平阔，没有雕饰，用这样的砚台研墨一定能得心应手。"小张将清水滴在三方砚台上，让客人自己亲自体验这三方砚台在手感上的差异，最后客人高兴地买下了鱼子纹歙砚，并连声向小刘和小张道谢，还拉着小刘的手说："你将永久留在我难忘的记忆之中。”

思考题：

1. 小刘成功地向客人进行了销售，她使用的技巧中有哪些是本章所涉及的？

2. 语言与非语言的艺术在销售中的地位同等重要，分析本例中二者各自发挥的作用。

● 小陈和小李是某酒店的销售代表，负责酒店的会议销售业务。一天，小陈被派去和本市一个商业协会的负责人接洽，该协会计划在下个月召开一次为期半个月的招商会议，届时将会邀请不少大型企业的代表前来参加，因此，需要寻找一家豪华高档的酒店，以显示出对与会代表的诚意。在开始与客户谈话时，小陈就不停地介绍该酒店的设施如何齐全、价格如何优惠，力劝客户将该酒店定为会址。小陈滔滔不绝地讲了半天，丝毫没有想到客户是否有问题要提问，也没有注意到客户脸上不耐烦的表情。他讲完以后，客户对他说要考虑一下，就礼貌地请他离开了，没有表示是否将会议定在该酒店。

由于没有得到明确的回复，酒店又派出小李再次拜访这位客户。行前，小李不仅仔细研究了该协会和会议的资料，准备了大量的酒店图片资料，制作了精美的幻灯片，还研究了该客户的喜好。与客户谈话时，小李选择了客户喜欢的方式和话题作为开场白，引起了客户的兴趣。接着小李介绍了酒店的情况，展示了图片，并向客户详细比较了该酒店相对于本市其他酒店的优势，获得客户首肯后演示了幻灯片，并承诺给予客户优惠。经过这一番努力，小李揽到了招商会议这笔生意，为酒店带来了盈利。

思考题：

1. 第一个销售代表小陈为什么会销售失败？拜访客户时要注意哪些细节？

2. 如何有效地向客户进行会议销售？销售时如何将会议与酒店的设施联系起来，并最大限度地展示出酒店的优势？

要点回顾

1. 客户拜访的类型主要有以下几种：结识性或初次拜访、公关性或服务性拜访、预定的拜访、演示性拜访、酒店内的销售访问。

2. 确认潜在客户的影响因素包括潜在客户的财务支付情况、对酒店产品或服务的需求和购买的能力。

3. 与客户谈话的距离有四种：公开距离、社交距离、私人距离、亲密距离。

4. 对于销售人员来说，体语是与客户交流的重要组成部分。销售人员应保持微笑，体态也应与销售演示协调一致。另外，销售人员还应随时关注客户通过体语发出的消极信息。

5. 演示性拜访的五个步骤：拜访的开场白；获取客户的参与；向客人演示；消除客户的疑虑；完成演示并讨论下一步的工作。

6. 成功的销售人士需要掌握向客户提出问题的两种方式：封闭式的提问和开放式的提问。

7. 客户的反驳意见可分为三个类别：价格、产品或服务、缺乏兴趣或紧迫感。

8. 一次成功的销售演示需要三项技巧的支持：缜密的组织、有效的宣讲、巧妙的视觉辅助工具。

9. 销售人员都应准备工作日志，决定未来两周的时间分配，并根据工作的轻重缓急来调整工作的重点。关键客户的管理有助于销售人员划分客户层次，为酒店赢得最大的利益。

知识链接

一、拜访会议策划人的步骤

第一步：访前计划。

许多酒店，甚至那些利用发送清单来发展新的销售渠道的酒店，也会利用发送调查表或打电话的方式来收集潜在客户的信息。一旦确定某个潜在主顾确实有希望成为你的客户，就一定要与其接触，尝试进行销售。主动与对此毫无兴趣的潜在主顾接触而进行的销售访问称作初探，其预期的成功率要远远低于与老客户或者别人推荐的客户打交道的成功率。

如果你为访问提前做一些准备工作，就能够提高工作效率。你可以给接触的人寄去关于会议设施介绍的小册子，附带一封私人信件。几星期之内没有回音就再寄一封信，然后打电话约见面时间，如果没有约到，就再试一次。不要拘泥于通电话前必须预约的常规。当你为另一个约见来到该地区时，初探是值得一试的。按照地理位置做出你的客户名单索引，把初探和约见结合起来增加你销售访问的次数。初探有时会奏效，不过即使你当时没能见到要见的人，你损失的也不过是几分钟的时间罢了。用棒球运动打个比方来说，销售成功来自于“轮到上场击球”的总次数，而不是达到很高的“击球平均数”。更多的“轮到上场击球”（即销售访问）的次数提供了更多“击球”（即销售）的机会。

一旦完成了访前计划的调查阶段以后，你应汇集信息，做出有效介绍所需要的材料，销售人员应设计专业化的电子演示文件。一套组织完善的专业销售资料应当仅包括客户需要的有关信息。在太多的销售资料中乱翻，结果可能会让你丢掉阐述的要点。大多数销售资料套装都包含一些基本信息，如：一页酒店情况综述，一页会议和宴会房间情况介绍，一本会议宣传手册以及其他视觉材料，包括彩色照片、饭店地图等。如果你计划把第三方的认可信也放进去，就一定要确保这些信与你的客户有关。例如：一封由一个协会的会议策划人写的表扬你们主题晚会的信，对一个准备组织一场培训会的公司会议策划人来说几乎毫无意义。

第二步：开始销售访问。

销售实质上就是帮人购买。开始销售访问的方式要使客户感到放松，这样会建立起他对你的信任。访问的开场白应当依据电子演示文稿进行介绍、陈述访问目的（以及给潜在客户带来的利益）、一段能使你切入主题的过渡性陈述。你一开始可以介绍自己和酒店，同时主动和对方握手，握手要短暂而有力。你还可以在此时说一些表示你对潜在客户非常感兴趣的言辞，例如：“我听到过许多关于贵公司在微芯片领域的进展情况，我希望能更多了解贵公司微芯片的新用途。”但是要注意不要过于深入讨论该公司而忘了自己的目的。

介绍结束后，应立刻说明你访问的目的。你是能给该潜在客户提供额外的会议空间，还是来这里要赢回以前的生意。说明目的之后，你就应当向潜在客户展示一两个对其有利的条件，使之有理由听你说下去。讲完本酒店的好处后，就用一个过渡句转入销售主题内容。这个过渡句的目的是请求客户允许你继续讲下去，常常以问题的形式出现：“您有兴趣了解其他团体是如何利用我们的主题晚会增加参会人数的吗?”或者“我给您展示一下我们精美的视听系统的一些样品好吗?”如果客户同意，就是给你开了“绿灯”，可以继续讲下去。如果客户不感兴趣，那就感谢客户给你的时间并请求将来能够再次约见。

第三步：争取潜在客户参与。

争取客户参与销售过程并确定他的需求，这一点可以通过询问来做到，询问一定要在销售介绍之前进行。人们使用的问题形式通常有两种：封闭式问题和开放式问题。

第四步：介绍自己酒店的情况。

每个销售人员都应当有一个准备就绪和演练完美的、能满足每个细分市场需求的销售介绍词，不过如果你针对具体客户对介绍词进行修改，你就增加了销售成功的机会。大多数客户只有当你的提议对他们有利时才会真正地对此感兴趣。你要做一个能解决问题的人，而不只是一个产品销售者，酒店的特色一定要展示对客户有利的方面。

你的介绍应当直截了当地满足客户的需求，应当包括视觉辅助工具，如：图片和图表，使策划人能够想象得出你们酒店会如何为他的会议运作。现在许多销售人员使用电脑制作ppt进行图片演示，不过最重要的因素还是怎样使这些材料满足客户的需要。

第五步：处理异议。

会议策划人几乎总是会提出各种问题或异议。因此，很重要的一点就是要预料到最有可能出现的问题或异议，并能够立刻对其做出反应。最常见的异议涉及价格或者产品本身，或者是客户缺乏兴趣。

解决价格异议（“你竞争对手的价格更便宜”）时，可以指出一些补偿性的好处（“也许是的，可是我们会议套餐不仅包括免费茶歇，还提供免费的高尔夫和网球设施)”。只要有可能，让讨论的焦点远离价格（“现在先把价格问题放在一边，您还有其他方面的问题吗?”）。如果你能够证明你们酒店非常符合客户的要求，这个策略可能会奏效，在这里价格就显得不重要了。

产品异议（“对我们参会人员来讲，你们酒店可能不如你们那个地区新开的旅游胜地更有吸引力”）可以用很多方法来解决，应试着重复这个异议然后给出一个肯定的答复（“我想您可能觉得我们酒店不够现代，虽然我们酒店老了点，可我们的房间和会议室已经彻底整修过了，我们能够提供本地区新酒店所能够提供的一切娱乐设施，客人们都说我们酒店很有特色，也很有魅力”）。

要解决缺乏兴趣这个问题（“我们和目前使用的那家酒店合作很愉快”），就要找出客户为何满足现状，然后给他提供与之匹敌甚至额外的好处。或者你可以指出更换场所可能使与会人员更有新鲜感，通过提出这样的建议，你可能已经达到了让策划人接受更换地点的目的，同时又没有任何暗示说原来的那家酒店如何不好。如果这时还无法动摇策划人的决心，那么请他将来再举行会议或者宴会时考虑你们的酒店，这也是一个不错的做法。有很多因素在将来的某个时间可能会起作用，从而使大门为你敞开。

在解决异议时，永远不要诋毁竞争对手，这一点至关重要。说到底，诋毁竞争对手不符合职业规范，会议策划人可能会感觉你的话在指摘他的判断力，而你可能就失去了现在或者将来签约的一切可能性。

第六步：结束访问和后续措施。

虽然许多销售人员都很乐意展示他们的产品，但当客户真正要购买他们的产品时往往会犹豫不决。然而，达成协议的技巧是可以学会的，如果销售人员意识到客户期望着你请求他在本酒店预订的话，他们可能会感觉更舒服一些。

结束语的形式有两种：尝试性结束语和主要结束语。尝试性结束语用来探得客户的反应，并且通常用来建立起通往主要结束语的“协议阶梯”。换句话说，销售人员要定期地问客户一些问题，如：“我们的视听设备肯定会大大增加你们培训会的吸引力的，您说对吗？”或者“难道您不认为我们的舞厅会为你们的颁奖宴会提供一个优雅的场所吗？”或者“难道您不觉得我们的高尔夫球场是本地区最好的高尔夫球场之一吗？”并请求客户给予回答。肯定的答复、客户对好处的重复以及积极的非语言的信号（如频繁的微笑、客户身体前倾等）都清楚地向销售人员表明他们可以继续进行主要结束语了。主要结束语是在请求对方购买时提的一个问题或说的一句话，当客户表示满意时就立刻尝试并且应当诱出对方的承诺。这种结束语应当尽可能直截了当（“我可以为您预留场地了，对吗？”），然后应当停止谈话，给客户一个反应的机会。要避免尝试继续谈话，你因为疏忽而说的一些话可能会引起客户注意到原本并没有注意到的问题。

一旦访问结束，无论你的销售是否成功，都要尽可能礼貌地离开。如果客户对你进行了委托，后续服务就显得更为重要了。你要通过售后联系的形式服务于你的客户，包括让他不断地了解工作的准备进程，在工作过程中要与策划人联系，工作结束后与客户联系以确保一切都是按计划完成的。这样的尽心尽职带来的结果可能会是客人的再次预订和口头推荐更多的业务。

二、销售人员的时间管理技巧

销售人员的收入百分之百地来源于他们和客户面对面接触的每一分钟。换句话说，时间就是金钱。一名成功的销售人员要懂得如何管理时间，学会利用有限的时间最有效地做好销售活动。以下是有悖于高效的时间管理的常见事例，销售人员应该充分注意，并多加预防或克服。

1. 迟到

通常迟到是由于害怕遭到拒绝或失败。克服这种恐惧的唯一办法就是每天都直面它，直到它消失。这种恐惧的最大特点就是：如果你能坦然面对它，它就退却了。

2. 未达成销售

销售未能达成，还要再打电话，这是最浪费时间的。通常这是由于销售人员准备不充分，落下了某样东西——正确的报价单、宣传册、库存数字或者别的。等再打电话回去，客户往往已失去了兴趣。拜访前应该做充分的准备，要尽可能多地了解客户的情况。在对客户一无所知的情况下就向客户销售产品，对客户来说，没有什么比这更令他们恼火的了。

3. 无知

当客户对产品或服务提出问题时，销售人员结结巴巴、绕来绕去或者现场编答案，这不仅会令客户对销售人员和酒店产生不信任，而且也会动摇销售人员自己的信心。

4. 拜访未经确认

很多时候，销售人员因为害怕客户会取消拜访而不敢打电话确认。当他到了客户那里时发现客户不在，这就很浪费时间。解决的方法是：在出发前给客户的办公室打电话问接线员客户在不在。如果在，就说“谢谢，请告诉他某某某打来电话，会在预约的时间拜访他”，然后挂断。

5. 不必要的完美主义

当一名销售人员发现自己在拜访前一遍又一遍地研究材料，坚持每样东西都清清楚楚，恐怕很难否认自己有些心虚。如果大胆前行，就会忘记害怕。

6. 注意力分散

控制自己，做到直视客户，身体前倾，当客户说话的时候专心地注视他。这能让你把注意力保持在客户身上，避免走神。

三、酒店营销观念

1. 选择正确的目标市场

酒店营销管理者必须明确酒店的市场定位，尽量避免接待与自身定位不相称的客源。倘若需要同时接待不同类型或档次的客源，就应预先规范好不同客源的行进路线，通过开设专梯、专人引导、区分排房楼层等方法，尽量避免造成两类客源的冲突。如：一些大型酒店针对团队的服务特点专门设立团队入住登记处，这样不仅会方便和加快入住登记的速度，而且能避免不同客源的服务矛盾。酒店只有根据自身条件，明确市场定位，才能更好地为每一个目标市场的客源制定适当的营销方案，提供规范的服务，提高顾客的满意度。

2. 不断了解顾客需要

顾客的需要是多样化的、不能轻易理解的，因为顾客并不会将他的需要明确告诉酒店，这可能是由于顾客缺乏消费经验、不善或不便表述。如：顾客向旅行社表明需要预订一间五星级酒店的客房，这是他用语言表明的需要，而他真正的需要是他有能力支付五星级酒店的房间费用，选择五星级是其身份的象征。顾客往往有未表明的需要，此例中他期望入住五星级酒店必然可以得到优质的服务，这可以减少他的时间花费、精力消耗和购买风险。同时顾客还希望得到令人愉悦的感官享受，如：酒店里有室内游泳池，晚上可以在酒吧消遣等。顾客还可能有一些不愿言明的需要，如：入住酒店可以获取积分奖励等。所以，酒店营销应当着力于不断研究顾客的需要，开发能够满足顾客需求的产品和服务，创造特色，要设法做得比同档竞争对手更加出色，这样才能长久吸引顾客。

对酒店营销管理来讲，获得顾客满意是十分重要的。设想营销人员通过各种方式不断招徕顾客，而酒店却因为服务问题造成顾客的不断流失。一锤子买卖必将使酒店走向衰落，因为招徕顾客越多，流失也越快。

有研究表明：吸引一位新顾客比保持老顾客常常要多花 5 倍的成本。要使顾客不流失，关键是使顾客满意。一位满意的顾客会有如下做法：

(1) 光临次数更多，对酒店忠诚度高。

(2) 愿意购买酒店推荐的新产品。

(3) 主动向周围的人说酒店的好话，帮助酒店介绍其他客人。

(4) 忽视竞争酒店的广告，对价格不敏感。

(5) 像老朋友一样乐意给酒店提一些好的建议。

(6) 与新顾客相比，降低了营销费用和服务成本。

顾客是最好的老师，酒店营销者要不断地主动收集顾客的意见或建议，因为一般情况下，顾客是不会主动诉说的，顾客往往只有在十分满意或十分气愤的情况下，才会表扬或投诉酒店。所以，营销管理者要设法通过多种渠道调查和预测顾客的需求，获取顾客的反馈。如：在顾客办理退房手续时，请顾客填写意见表；可以设立互动式的网站与顾客进行交流；经理主动拜访住店顾客；销售人员跟踪服务等。

顾客满意是酒店赖以生存的基础，营销管理者要统计顾客满意情况，测算顾客满意率，同时要将本酒店的顾客满意率与竞争对手相比较。只有保持较高的顾客满意率，酒店才能获得满意的收益，才能保持发展的后劲。

3. 创造良好的营销氛围

酒店产品是一个整体，顾客从入住到离店接受的是来自各个部门的共同服务。在对客服务中，任何一个部门都十分重要。但往往每一个部门都在不同程度上有着本位主义的观念：工程部为节约能源，会对空调的开关时间刻意控制，直到出现客人投诉时，酒店才知道空调不足；财务部为控制资金的回笼，不愿放宽信贷政策等。因此，应加强协调，制造良好营销氛围。

(1) 营销部门作为酒店和顾客的纽带，必须时常和酒店各部门沟通、协调，将顾客需求信息准确无误地传达给相关部门。

(2) 酒店从上到下要树立正确的服务意识，要视同事为内部顾客，营造人人都为下一道工序服务的氛围。

(3) 酒店各个部门间必须充分沟通，解决问题要站在满足顾客需求的角度来进行协调。

(4) 招聘和雇用合适的员工，培训员工的对客服务意识，激励员工用正确的方式服务，大胆有效授权，并通过事前、事中、事后的检查来避免服务差错的出现。

(5) 从总经理到员工都要与顾客广泛接触，听取顾客意见，并将顾客需求传递到相关部门，快捷响应，努力使顾客100%满意。

4. 获取满意的盈利率

营销人员不仅要通过各种方法创造顾客满意，而且要关注酒店的盈利率，兼顾平均房价和住房率，不能片面追求其一。目前，一些酒店的营销部不做市场调研，没有公关策划，不进行营业预算，营销部仅充当接待部的职能。酒店若一味通过简单的削价来赢得顾客的忠诚，这是很危险的，因为通过削价竞争只能赢得顾客短暂的忠诚。营销管理不仅要考虑顾客的满意，同时要兼顾酒店的满意（盈利）、业主的满意（回报）。

四、酒店如何赢得顾客的忠诚

酒店要在营销和服务中向顾客传递积极有效的信息，就需要采用个性化的服务措施，通过每位员工的努力令顾客感到满意，并达到超出顾客期望值的效果。以下就是七种能够让顾客感到满意并培养其忠诚度的个体行为。

1. 微笑

微笑向顾客传递的信息是真诚的欢迎和周到的服务。这可以使顾客感到来对了酒店，即将享受到优质的服务。

2. 多说“请”和“谢谢”

“请”和“谢谢”虽然是最普通的礼貌用语，但是经常挂在嘴边却能显示出服务的诚意和态度，可以和顾客建立起互相信任的关系，并由此赢得顾客的忠诚。

3. 称呼顾客的名字或姓氏

在适当的时候可以通过自我介绍得知顾客的名字，或从其他资料上获得他们的名字，在“先生”或“小姐”前面加上姓氏，会收到意想不到的效果。顾客会感到被关注，进而对酒店产生好感。

4. 多用目光接触与顾客交流

在很忙或无法大声说话的时候也不要冷落了在一旁的顾客。学会用眼神与他们交流，即使只有几秒钟的时间，也会让他们感到被重视，而不是遭遇冷落。

5. 赞扬顾客

人人都喜欢听到赞美的话，经常赞扬顾客，可以有效增强和顾客之间的友谊，建立起和谐、愉快的服务与被服务的关系。

6. 多听取顾客的意见

听取顾客的批评和意见，始终将顾客视为工作和注意的中心，让顾客阐明情况，这样就能明白他们的需求，以真诚的态度向他们提出问题，获取顾客的信息反馈，从而评估他们的期望值。

7. 欣赏顾客

善待顾客，让他们感受到友好，能够极大地增加顾客对酒店的忠诚度。

案例分析

一位营销员的自述

来销售部已经三个多月了，这是我接受任务的第一个月，打电话拜访客户是我每一天的必修课，所以打好每一个电话成为我与客户接触的关键一步。

打电话是销售的开始。虽然不用每天都把时间放在打电话上，但是有的时候必须要靠打电话才能接触陌生人，获得信息。不管当时自己的心情有多好或多糟糕，电话一接通，就应该投入所有的热情来迎接这一刻。

我记得曾经打过这样一个电话，对方是某保险公司的张小姐，其公司以往经常在本酒店举行会议，但最近一段时间会议的数量有所减少，故致电了解情况。

我（A）：您好，张小姐，我是××酒店营销部的×××，以前贵公司经常在我们酒店开会，不知道最近有没有开年度总结会议的意向呢？

张（B）：××酒店啊，哦，是这样子的，我们以后不会在你们那边开会了，我们已经换到别的地方了。

A：哦，这样呀？我们是不是哪里做得不够好？能问一下贵公司现在是选在哪里开会吗？

B：反正现在都不在你们那里开了，你问这些还有意义吗？

A：请您原谅，我只是觉得您没有选择我们肯定有您的道理，也说明我们还有不足，有需要改进的地方，麻烦您提一下建议，我们不胜感谢！要不您就记一下我的电话，生意不成情义在嘛，以后有事情需要我效劳的打电话就好了。

B：好啊，那就再联系吧。

事情的最后结果是该公司虽然没来我们酒店开会，但张小姐介绍了她的朋友到我们酒店来举办会议。

阅读材料，请回答以下问题：

1. “我”此次电话拜访客户张小姐的目的是什么？

A. 主动听取顾客意见，改进酒店服务

B. 劝说张小姐继续在本酒店举办会议

C. 礼节性顾客回访

D. 希望招徕更多生意

2. 张小姐对于该酒店来说是老顾客，材料中“我”作为营销人员重视老顾客的原因是什么？（多选）

A. 老顾客更愿意购买酒店推荐的新产品

B. 老顾客与新顾客相比，降低了营销费用和服务成本

C. 老顾客能像老朋友一样乐意给酒店提一些好的建议

D. 老顾客会主动向周围的人宣传酒店，帮助酒店介绍其他客人

E. 老顾客往往会忽视竞争酒店的广告而坚持选择本酒店

3. 角色模拟：如果你是酒店营销员，面对张小姐的反应，你会如何作答争取生意？试完成下列对话。

张小姐：我们公司已经选好别家酒店开会了，以后不会在你那边开了。

我：____

张小姐：好的，那再联系。

4. 从材料所描述的电话客户拜访中你学到了什么？

酒店概览

四季酒店

四季酒店（Four Seasons Hotels & Resorts）是一家世界性的豪华连锁酒店集团，在世界各地管理酒店及度假区。四季酒店被 *Travel and Leisure* 及 *Zagat* 杂志评为世界最佳酒店集团之一，并获得 AAA 5 颗钻石的评级。

1960 年，伊萨多·夏普（Isadore Sharp）创建了四季酒店集团并成为主席兼总经理。四季酒店集团总部位于多伦多，它拥有和管理着一些位于市区的中等规模、豪华型饭店。1992 年 8 月，四季酒店集团收购了丽晶国际饭店集团（Regent International Hotel），其中包括它所有的管理合同、品牌名称和商标。这一举措使得四季酒店集团成为当时世界上最大的经营豪华酒店的酒店集团之一。四季酒店集团主要使用的品牌是四季和丽晶，也使

用其他品牌，如：位于芝加哥的丽思·卡尔顿（Ritz-Carlton）和纽约的皮艾尔（Pierre）饭店。

四季酒店集团在全球30多个国家有80多家酒店，是单一高端品牌。在全球有名的酒店分别位于美国、加拿大、澳大利亚、日本等地。2007年2月12日，四季酒店宣布，同意董事会主席兼执行长伊萨多·夏普价值33.7亿美元的管理层收购报价。该集团得到了沙特阿拉伯王子阿瓦利德的王国酒店国际公司和微软主席盖茨麾下的卡斯凯德投资公司（Cascade Investment LLC）的支持，以每股支付82美元现金的方式实现四季酒店的私营化。

上海第一家四季酒店位于浦西威海路上，步行5分钟即可到达南京路，2002年2月18日开业，楼高37层，共有客房443间。上海第二家四季酒店靠近香格里拉和金茂君悦酒店，在上海证券交易所的对面，与环球金融中心相邻，有190间酒店客房和60套豪华公寓。香港四季酒店位于中环海边，是国际金融中心的一部分，酒店于2005年9月开业。

四季酒店集团的目标是将其所有分支酒店都运作成为世界上最好的城市酒店或度假酒店。集团的目标市场是那些商务或休闲旅游者中的富贵阶层。目前，四季酒店在中国北京、上海、杭州、广州、深圳、天津、澳门和香港开有9家酒店。

资料来源：http：//www.fourseasons.com.

第五章　电话销售

学习内容

- 描述良好的电话沟通的基本要素。
- 解释确认潜在客户的目的。
- 总结电话约定后的跟进措施。
- 讨论电话销售的结束技巧。
- 解释促销、服务和公关形式的电话拜访。
- 识别三种能带来业务的来电。
- 描述一种电话突击销售手段。
- 讨论电子销售运营。

一　电话沟通的基本要素

销售人员要想通过电话给客户留下良好的印象，就必须提前组织自己的思维，收集所有相关信息并确保电话不被打断，然后就应亲自拨打电话或礼貌地对待传话的人士。通话时应简洁到位，而且要尊重客户的作息时间。

与谈话占有同等重要地位的是要学会倾听他人。良好的倾听意味着缩减你自己的谈话来更多地关注客户的意向。向客户表示同情之心，并通过提问来增加客户的参与度，这样有利于与客户建立密切的关系。

销售人员在回复客户的电话时应该迅速报出自己酒店的名称、自己的姓名，并使用礼貌用语，如："我能帮助您吗?"如果需要客户等待，应该告知客户等待的原因。

二 通过电话确定潜在客户

给潜在客户打电话的目的是收集信息。许多电话以寻找客户为起点，而以赢得客户为结局。这类电话能决定未来的客户是否有业务的要求和对酒店产品的需求，还能决定未来的客户是否能够负担得起酒店提供的各项服务。此类电话不属于销售电话，但却被用来确认客户个人或公司是否需要进一步与酒店进行合作。

【相关链接】

筛选潜在客户

电话使在确定访问前先筛选潜在客户这件事变得很容易。许多酒店利用销售通报（通常指内情通报）来分析那些频繁策划会议活动的策划人的信息，不是所有的这些人的名字都会被列入最优先考虑的潜在客户范围之内，销售人员必须仔细浏览这些名单，以确定哪些人员最应纳入营销计划之内。但是其他的酒店也会收到同样的内情通报，所以销售人员必须在首次筛选之后立刻采取行动。掌握了关于每个通报的基本信息以后，就可以制订对这些潜在客户的电话访问计划了。销售人员可以和潜在客户直接面谈。销售人员会把有助于销售陈述的信息写入访问报告。在有些情况下，市场调查是由酒店的文员来做的，不过一些大酒店和连锁酒店可能会有一个部门专门对潜在客户进行调查。

三 电话约定

电话约定的目的在于完成约定而并非进行销售。如同面对面的销售一样，电话约定由以下的步骤组成：

（1）联系到决策者。

（2）接通电话。

（3）进行演示。

（4）解决客户的异议。

（5）确定约会见面的日期。

在通常情况下，销售人员应去掉中间环节与决策者直接联系。如果决策者临时外出，就应让中间人建议另一个合适的时间，销售人员再找机会约见，而不是简单地留信。

一旦你接触到决策者，就应介绍自己和自己工作的酒店。在谈话过程中，如有可能，应该经常使用本酒店的名称，而且还应该使用第三方对酒店的赞许和认可来增强自己所陈述情况的可信度。在演示过程中，应该经常使用“强力度性词汇”，如“优秀”、“质量”和“成功”来引起客户的兴趣。同时可使用人称代词“您”来建立并增强与客户之间的关系。

销售人员应提前准备回复客户常见的询问。如果在客户拜访过程中难以与客户确认签订合同的具体时间，一定要确定日后与客户商谈的具体时间。如果签订了相关的合同，就应制定并遵守相关的规定和步骤。

四　电话销售的结束技巧

销售人员可以使用以下几种技巧来结束电话销售：

（1）征询业务的方式。可以是简单的“询问”，例如：“我是否能为您的地区经理们预订 7 月 12 日周一的会议室?”然而，这种问题使得回答只局限于“是”或“否”，因而销售人员受到了很大的局限。

（2）强迫选择问题方式。使客户只能从销售人员所提供的选择中挑选，这种方式更具有控制性，因为销售人员所问的不只是“是”或“否”，而且是“哪一个”。

（3）等待选择方式。每项演示结束后，销售人员可稍事停顿，然后征询业务的可能并等待客户的答复。这种方式在电话销售中尤其有效，因为在电话交流中，人们往往难以忍受沉默，沉默后第一个开口发言的人被视为“弱者”。如果销售人员先开口，客户就避开了做决定的选择；如果客户先开口，那就必须做出决定。

对于客户的反驳，销售人员首先应该正视事实，然后使用酒店所提供的优惠来回复，最终取得合同的签订。不妨首先引用客户所提出的积极建议，然后使用一系列的总结性建议来征询客户的业务要求。

五　促销、服务和公关形式的电话拜访

销售人员或以电话作为销售工具的员工可以使用电话向客户推出特别的报价。例如：广告中写的“热线”电话可为酒店带来实质性的业务。

在销售或活动结束后主动与客户联系，可以增强客户的满意度并可以获得回头客，而公关形式的电话拜访，如总经理以电话或信件（包括电子邮件）方式感谢客户，可以创建友好的关系和客户的忠诚度。

六　能带来销售业务的来电

能够带来销售业务的来电分为三种类型：预订电话、回复广告的电话和咨询电话。

（一）预订电话

在较小规模的酒店，预订是由一小部分预订员工或前台员工处理的，而在大规模经营的酒店，则由专门的预订部门的员工来完成。许多酒店都为专门从事预订工作的员工提供相关的预订培训。连锁酒店和一些独立经营的酒店还依靠中央预订系统来获得客房的生意。

（二）回复广告的电话

许多酒店都在广告中注明了免费咨询电话，它可以带来业务机会或客户的直接预订。免费电话常由一名电话销售员工来处理，其目的是要得到预订的确认或者将相关的信息传送到酒店的相关部门。

（三）咨询电话

有的客户得到了朋友或商业伙伴的推荐，或看到了有关酒店的广告，也可能直接从电话簿中查到酒店的号码，会来电询问酒店的产品或服务。这类电话会直接打到电话交换台，因此酒店的接线员要熟知如何将这类电话转接到各个相关的部门。

七　电话突击销售手段

电话突击销售通常是以获取信息为主要目的，但有时也能直接赢得生意。这种突击销售适用于一些难以采用计算机和其他电子销售技术的酒店。成功的电话突击销售始于精细的组织工作。酒店的总经理或销售团队通常针对某一特定的区域或市场，在最短的时间内制订计划，尽可能多地联系客户。电话突击销售的优点在于几乎所有的员工都可以参与，因为活动的主要目的在于获取信息而不是销售。

八　电子销售运营

电子销售的特点是由专业化的电子销售人员通过系统性地使用电话、计算机和其他技术向酒店提供即时的信息。一名业务熟练的电子销售人员能在一天内向 50 名决策者发布信息。他们使用精心制作的信息文本，向酒店提供销售信息并完成销售。

酒店不应该从其他部门抽调员工来完成电子销售的工作。经过高度专业化培训的员工投身于电子销售的运营，是酒店最有效的一种销售渠道。

所有电子销售人员都应具有良好的沟通技巧、持续的工作热情、锲而不舍的精神、良好的组织技巧、适应新情况和不同客户的能力。最重要的是要有工作热情、友好的态度和较强的变通能力，所有这些将为酒店赢得生意。电子销售人员上岗前应进行酒店电脑技术的专业培训，同时为了满足与国外客户沟通的需要，电子销售人员要掌握主要外语语种。督导层次的员工在外语听说方面一般要达到外语专业8级的水平。

关键词

中央预订系统　电话礼节　电话约定　电话突击销售　电子销售运营

练习

1. 以下哪一项不属于倾听他人讲话的因素？________

A. 克制自己的谈话　B. 增加客户参与

C. 提问　D. 以上都对

2. 对潜在客户进行拜访的目的是________。

A. 确定潜在客户是否需要酒店的产品和服务

B. 增进友好关系

C. 获取信息并了解决策者的名字

D. 简要地将酒店的特色和服务介绍给潜在客户

3. 以下哪一项不属于电话约定的步骤？________

A. 接通电话　B. 解决客户的异议

C. 准备一个结束语　D. 确定约会见面的日期

4. 强迫选择问题方式能有效地结束销售会谈，因为________。

A. 它能提供积极的选择

B. 它能提供一个积极的选择和一个消极的选择

C. 销售人员在询问“是”或“否”，而不是“哪一个”

D. 以上都是

5. 电话突击销售的主要目的是________。

A. 获得业务量　B. 获得客户认可　C. 获得信息　D. 获得利润

实务操作

● 某一天，南京金陵饭店前厅部的客房预订员小王接到一位美国客人从上海打来的电话，想预订两间每天收费在120美元左右的标准间客房，三天以后开始住店。小王马上翻阅了一下订房记录表，回答客人说，由于三天以后饭店要接待一个大型国际会议的多名代表，标准间客房已经全部订满了。小王讲到这里并未就此把电话挂断，而是继续用关心的口吻说：“您是否可以推迟两天来，要不然请您直接打电话与南京××饭店联系询问如何？”

美国客人说：“南京对我们来说是人地生疏，你们饭店比较有名气，还是希望你给想想办法。”小王暗自思量以后，感到应该尽量不让客人失望，于是接着用商量的口气说：“感谢您对我们饭店的信任，我们非常希望能够接待像您这样的客人，请不要着急，我很乐意为您效劳。我建议您和朋友准时来南京，先住两天我们饭店内的豪华套房，每套每天也不过收费 280 美元，在套房内可以眺望紫金山的优美景色，室内有红木家具和古玩摆饰，提供的服务也是上乘的，相信你们住了以后会满意的。”

小王讲到这里故意停顿一下，以便等待客人的回话，对方沉默了一会儿，似乎在犹豫不决，小王于是开口说：“我料想您并不会单纯计较房价的高低，而是在考虑这种套房是否物有所值，请问您什么时候乘哪趟火车来南京？我们可以派车去车站接，到饭店以后我会陪您和您的朋友去参观一下套房，然后再做决定也不迟。”

美国客人听小王这么讲，感到有些盛情难却了，答应先预订两天豪华套房。

思考题：

1. 小王运用了本章中讲到的哪些电话销售技巧？

2. 能够成功向客人推销出两套豪华客房，小王显然了解客人订房时的心理，并在推销时有效地将客人的思维朝有利于销售的方向进行引导。试分析这其中的销售心理和语言技巧。

● 在广东某市曾进行过一次酒店电话销售情况的抽样调查。首先，调查员分别给三家四星级以上的酒店打电话，称准备在酒店开一个约有 150 人参加的会议，需要餐饮、客房、娱乐、车队、订票等服务。甲酒店总机接线生将电话转到了前台问询处，该处一位小姐很客气，却坚持说这么复杂的事情电话说不清，必须让调查员亲自到酒店去才能谈。而且，直至最后放下电话，她都没有问调查员姓甚名谁、公司名称及电话号码。乙酒店销售部的一位先生让调查员等了四分钟，可能与他的同事商量之后，回答说其他服务均可提供，但酒店没有那么多车，可以代租，价格细节稍后再回复。但直到第二天，调查员都没有收到他的复电。丙酒店宴会部的一位小姐很热情地提供了各类价格，并礼貌地邀请调查员前往面谈，却在调查员自我介绍后仍然记不住他的姓氏，反复误称他为“陈先生”。

思考题：

1. 分析本案例反映出的我国酒店业电话销售的现状。

2. 案例中三家酒店对待电话销售的态度如何？处理时的不当之处在哪里？

要点回顾

1. 销售人员要想通过电话给客户留下良好的印象，就需要注意电话沟通的基本要素：提前组织自己的思维，收集所有相关信息，亲自拨打电话或礼貌地对待传话的人士，通话时应简洁到位，学会倾听他人的信息，在回复客户的电话时应该迅速报出自己酒店的名称、自己的姓名，并使用礼貌用语。

2. 给潜在客户电话的目的是收集信息并了解决策者的姓名，这类电话能决定未来的客户是否有业务的要求和对酒店产品的需求，还能决定未来的客户是否能够负担得起酒店提供的各项服务。

3. 电话约定是由以下步骤组成的：联系到决策者；接通电话；进行演示；解决客户的异议；确定约会见面的日期。

4. 销售人员可能使用以下几种技巧来结束电话销售：简单的“询问”，但这种方式使得回答只局限于“是”或“否”，因而销售人员受到了很大的局限；强迫选择问题方式，这种方式更具有控制性；等待选择的方式，每项演示结束后稍事停息，然后征询业务的可能并等待客户的答复，这种方式在电话销售中尤其有效。

5. 销售人员或以电话作为销售工具的员工，可以使用电话向客户推出特别的报价，在销售或活动结束后主动与客户联系可以增强客户的满意度并可以获得回头客。

6. 能够带来销售业务的来电分为三种类型：预订电话、回复广告的电话和咨询电话。

7. 电话突击销售通常是以获取信息为主要目的，这种突击销售适用于一些难以采用计算机和其他电子销售技术的酒店。成功的电话突击销售始于精细的组织工作，优点在于几乎所有的员工都可以参加，因为活动的主要目的在于获取信息而不是销售。

8. 电子销售的特点是由专业化的电子销售人员通过系统性地使用电话、计算机和其他技术向酒店提供即时的信息。

知识链接

一、电话安排约见

对已经对酒店的条件产生兴趣的潜在客户进行访问的效果要比突访性会面的效果好，所以应先利用电话和客户约定见面是达到销售目的的有效手段。电话约见中最富有挑战性的任务之一就是通过中间人，如接待员、秘书、助理等找到决策者，你往往通过这些中间人来断定谁能决定是否举行会议，谁能成为你最好的朋友或最大的敌人。他们的反应或协助的程度将决定你最终能否约见成功。这些人也可以成为额外的信息来源。

因此，和这些协助人员建立良好关系非常重要。他们应当一直受到礼遇，要想达到最佳效果，你还应当告诉他们你打电话的目的——能给他们的老板带来什么样的好处。会议策划人通常都很忙，时间宝贵，所以你应当记住你打电话的目的只是约会，而不是销售。找到决策人之后，电话订立约会有以下三个步骤：开场白、内容介绍、订立约会。

一定要注意不要把用电话订立约会转化为过于详细的电话访问，否则会使潜在客户认为已经收到了足够的信息而拒绝约会。最好能够亲自和他面谈，强调你有视听材料之类的东西必须当面展示。

二、电话销售访问后续措施

电话不能像个人访问那样给人留下持久的印象，因此电话访问的后续措施与销售人员亲自访问的后续措施一样重要。无论你打电话联系的目的是收集信息还是订立约会，你都应该写一封友好的短信，感谢潜在客户给了你时间或者确认了约会时间，把这种进一步的联系作为额外的售前手段。

在你寄感谢信感谢会议策划人给了你时间或者确认了约会时间的同时，顺便寄去他所要求的资料（如客房价目单、菜单等）或本酒店的一些宣传小册子，让他在你到达之前就了解了你的酒店。几天以后，你可以打电话确认他是否收到了你寄去的材料，这种形式的后续措施不仅使得客户对你印象深刻，而且显示了你们酒店对客人尽心尽力地服务。会议策划人，特别是那些非专业的或者是经验有限的人，更可能选择一家表明愿意与其客户紧密配合的酒店。

三、突击销售

突击销售是在很短的时间内（通常是三天）集中联系某一特定地区的潜在客户。这一手段在开拓新客户方面非常有效。一次突击销售可以只简单地包括对某一地区的工商企业和社团进行初次访问，但也可以更复杂一些。例如：一个新酒店可能希望利用突击销售的形式把自己介绍给本社区，那么突击销售就成为邀请潜在客户和介绍酒店的一种方式。如果用突击销售的方式来介绍新酒店或做一场特殊的销售介绍，就需要做好计划工作，可能包括视听介绍、酒店观光以及餐饮等方面的工作。在很多情况下，可以邀请一些名人，如地方或国家要员、政界人物，以激起人们的兴趣，并增加酒店的可信度。

无论计划方案如何，其最终目的都是展示酒店接待会议的能力。因此，要让潜在客户来参加这个活动并向他们做特殊介绍，这一点毫无疑问是很重要的。无论突击销售的目的是酒店介绍还是仅仅调查潜在客户，大多数酒店都会提前好几周开始做计划。通常给有希望的潜在客户发去销售信函，然后通过电话与那些能够给酒店出主意的会议策划人联系。

恰到好处的准备工作是很重要的，它能给突击销售的参与人员带来更多的与潜在客户约谈的机会。计划突击销售时，用城市指南手册来画出具体的目标地区，给每一个参与者提供一份集中区域内潜在客户的名单，会大大减少旅行的时间，使每一个突击销售的参与者能够在三天内打75～90个电话。

很多时候，突击销售只是用来收集信息、预选潜在客户或邀请潜在客户来参加某次特别酒店介绍活动，因此，没有必要总是把酒店销售员工都投入进去。一些酒店雇用临时突击销售员工或利用放假的销售专业的大学生来做突击销售。

每个参与人员都应当清楚地理解突击销售的目的，包括打多少个电话和能回答什么样的问题（如果用酒店外的销售队伍，就要指导参与人员把联系到的人介绍到酒店的销售员工那里）。给突击销售参与人员提供足够的调查表和附带资料，如印有酒店名字和电话的酒店联络卡、会议宣传册和低价特色项目，使潜在客户眼前总能出现酒店的名字和电话。

四、展示会销售

商务展示会为酒店提供了一个接触会议策划者的机会。商务展示会一般分两大类：展览会（其特色是酒店的销售人员通过展台分发材料，并与买方交谈）和市场展示会（这是一个有组织的买方和卖方之间约会的环境）。

参加商务展示会的优点之一就是能遇到买家，另一个优点是成本相对较低。虽然参加商务展示会要耗费精力和资金，但它可能很划算。国外有调查显示，一次个人销售访问通常要花费约250美元，而根据展览工业研究中心的调查，在商务展示会上接触一个新客户的平均成本只有107美元。如果是由当地会议和旅行社协会主办的商务展示会，酒店还有可能与它们共用展台并分摊开支。除了这些好处外，商务展示会还提供了很好的机会来了解竞争对手正在做什么。

通过商务展示会销售也有缺点：首先，要有先期投资成本和酒店展品运输，对于那些必须与较大竞争者竞争的小型酒店来说，这些开支尤其显得高昂。其次，你的竞争对手可能参加同样的展会，开拓你所致力的同样的目标市场。最后，在展位展示的时间可能会被一批不会给酒店带来生意的人所占用。

五、酒店销售电话回访的技巧

电话回访是最常见，也是最主要的沟通联系客户的方法。它以方便、快捷、省时、成本低等优势成为很多优秀销售人员的法宝。电话回访也有一些技巧。

1. 电话回访的内容

在节假日如元旦、春节、端午节、中秋节、国庆节或在客户生日、客户公司的重大节日时问候客户；了解客户对酒店产品的看法和最近一次消费的时间与感受；了解客户近期有无新的需求，以便发现新的销售机会；向客户宣传、推介新产品，创造再销售。

2. 电话回访的技巧

选择一个良好的开头，以第一印象打动客户。拿起话筒前要像上舞台一样提前调理好情绪，确认电话号码准确无误，拨错号码会影响情绪，把需要回访的内容重温一遍，保证语句通顺连贯，要能够准确而得体地称呼客户，传递给客户的情绪要饱满热情、充满关切。

要有针对性地选择回访时间，避开客户休息和业务繁忙的时间。

注意讲话的音质，语音力求清晰优美、悦耳动听，使客户能够愉快地听下去。要做到语音清晰，冷冰冰、模糊不清的声音往往会使客户失去耐心。要保持嘴与话筒之间的距离。一般以 10 厘米为宜，说话声音小的人可以小于 10 厘米，否则应大于 10 厘米。习惯大声讲话的人要有意识地把音量降低一些；习惯说话声音小的人不要勉强大声说话，应尽量离话筒近一点，切忌大喊大叫似的和对方通话。同样，除非讲秘密的事情，否则不要用特别小的声音打电话。说话语速尽量放慢，语气温和，要注意语气和节奏，要有抑扬顿挫的节奏。

学会倾听，多听少说，多让客户说话，对于客户要有及时、热情的回应，让客户感受到你在用心地倾听。注意语言简洁，不要占用客户太多时间，以免引起反感。

如遇本人不在，应向接电话者询问并保持同等的尊重和礼貌。结束时务必有祝福语。及时记录回访内容，并加以总结提高。

3. 常见情况的应对

（1）“铁杆”客户，即对酒店的菜品与服务持肯定态度，经常在酒店消费并积极向周围的人进行良性宣传的客户，对这类客户应在礼貌问候、表示感谢的基础上加大对酒店新品及活动信息的传递力度，促进销售。

（2）“候鸟”客户，即具有一定的消费能力，但并不在一个固定酒店进行消费，在与这类客户沟通时，应侧重于让客户感受到酒店对他的重视，用真情打动客户，加强其消费意向，使之成为酒店的忠诚客户。

（3）“榴莲”客户，即因种种原因对酒店产品持否认态度但很有消费潜力的客户。对此类客户应该给予更多的关注，因为负面的信息往往会对酒店的信誉带来更大的影响。拒绝是接受的开始，只要耐心找出原因，对症下药，使客户感受到酒店对他们的意见给予了足够的重视，并且一直在努力让服务与产品更加完美，多数客户会转变态度，甚至可能由此变为酒店的忠诚客户。

六、酒店电话销售

电话推销时，销售人员虽然与客户互不见面，但相互的对话是人与人之间的直接接触，也就是亲身推销的一个重要组成部分。作为现代生活的基本工具之一，电话在我们的工作与生活中扮演着一个十分重要的角色。酒店在广告、公共关系等方面所付出的大量为销售服务的日常劳动，可能就因为员工对一个打来的电话的处理不当而失去送上门的生意；而打出的推销电话也可能由于技巧的欠缺不能起到预期的作用。因此，电话推销技巧应该成为酒店市场销售人员及有关一线人员钻研的课题。

电话销售一般包括两个方面：客户的问询——接听打入电话；销售人员主动的电话推销——外拨电话。

1. 客户的问询——接听打入电话

接听电话是销售人员经常性的工作之一。酒店销售人员必须清楚地知道，任何一个打进来的问询电话都可能是一宗买卖的机会。对于打进来的客户的问询电话，销售人员可按以下程序处理：

(1) 迅速接听。从酒店外打入的电话，在电话铃响过第二声后，电话接线生必须马上拎起电话接听，并保证绝对正确地把客户的电话转接到相关的部门去。销售人员在电话铃响过第二声后，也同样必须马上接听。在酒店的销售部门，任何在上班时间故意挂上话筒不接电话或办公室无人接电话的行为都必须加以杜绝。

(2) 报明身份。拿起电话的第一句话应该是"您好！"紧接着就必须报明自己的身份。这有三种情况：接线生报出酒店名称；秘书或销售人员报出部门的名称；主管或经理必须报出自己的姓名。接着，销售人员在与客户交谈时，应及时进行自我介绍，包括姓名及职务。主动报明身份是销售成功的第一步。当客户在你接听电话后，为了确认这是他要找的部门，很可能问一句："请问这是销售部吗？"你的回答不能只是"是的"那么简单，正确的回答应该是报明酒店的名称与自己的姓名、职位，并立即询问客户有没有需要帮助的地方，与此同时，必须牢记客户的姓名，并在通话中经常使用他的姓氏尊称他。

(3) 语气愉悦。电话销售的一个基本特点就是销售员与客户互不相见，面部表情再丰富、面貌再美好、衣饰再漂亮，对销售成败几乎都没有任何影响。在电话销售中，唯一重要的是讲话的语气、语调及用词。一个优秀的销售员必须做到语气平和、语调轻松、用词得当，给客户愉悦的感受，让听电话的客户可以迅速被你的轻松自如所感染，愉快地进入谈话状态。

(4) 纲举目张。在与客户交谈开始的几分钟，要尽可能让对方多讲话，弄清客户的全部要求，准确理解客户的意思，掌握客户尽可能多的资料。切忌客户刚说要订房，销售员就打断说："可以呀，要什么档次的房？"而是应该倾听，抓住问题中心，保持礼貌态度，简明准确回答。

(5) 掌握分寸。客户第一次打来的电话常常是进行一些基本的询问，了解酒店的相应设施及价格，很可能还会与酒店的竞争对手进行一些比较才能决定。销售员应根据客户所关心的问题做出全面而详尽的解答，掌握分寸，适可而止。切忌在第一次电话中就咄咄逼人地强买强卖，一定要客户给你一个肯定的答复。而是应该处处表现出以客户的利益为依归，让客户感觉到选择这家酒店将会满足他的需求，是他自己做出的正确选择，而不是销售员推销的结果。

(6) 做好记录。任何时候，酒店销售员的电话边都必须备有纸笔，养成做电话记录的习惯。记录的要点是：对方的姓名、职务、公司名称、电话、来电时间及日期、询问的内容（时间、人数、所需服务、特别要求等）。销售员的答复要点包括：某项报价、应承稍后作答的事项、邀请来访的时间等。随后把电话记录完整抄录到"销售分类登记卡"中，以便跟踪落实。

(7)"请您稍等"。在酒店电话销售中，这句话应尽可能不用或少用。发生这种情况的原因不外是销售员对客户所查询的酒店事项不够熟悉或另有事情干扰销售员正在接听的电话使他分心。对于前者，销售员必须在平时苦练基本功，对于酒店任何与销售有关的事项都必须了如指掌，并能融会贯通、灵活运用。对于后者，此时就需要销售员队伍发扬互助精神，其他同事应立即解围协助。即使万不得已需要让客户稍候，也必须真正做到及时回复，切忌让客户久等。美国著名管理顾问菲利普（Philip E. Mahfood）说过，打电话的人最烦恼的事情之一就是拿着一个没有声音的话筒空等。

(8) 终止通话。当客户问完所有问题，销售员也已进行了详尽的回答之后，双方的通话就要结束了。这时，销售员切忌说："如果没有其他事，那就这样吧。"以此催促客户结束谈话。要尽可能向客户表现出关心，如果客户真的没有其他要求，他会主动结束谈话。此时，销售员确认客户的话已经说完之后，一定要说："谢谢您的来电，再见！"

2. 销售人员主动的电话推销——外拨电话

电话销售不是坐在酒店办公室内等客人来电话询问，然后抓住机会进行销售。在当今激烈竞争的市场上，酒店的销售员必须主动打电话给潜在的客户进行电话推销。在拨电话之前，必须对这位潜在的客户做基本调查，了解他的公司信息、个人信息，确认他是要争取的客户。

(1) 开门见山。一拨通对方的电话就要设法找到要找的人。比如：一名酒店的销售员想找一家外资公司主管接待的行政经理，试图建立商务客户合作关系，签订商务客户用房协议。对方一接听电话，销售员就要说："早上好！请问你们行政经理叫什么名字？"这个问题让对方只能回答具体内容，而不容他有说"不"的机会，以此引导对方说出行政经理的名字，进而与行政经理通话。但如果问"我能和你们的行政经理通话吗？"很可能得到的回答是"不行"，从而使自己陷入进退两难的窘境。

(2) 最初 15 秒。打给别人的推销电话的最初 15 秒是最重要的。如果销售员不能以最有效的方式迅速打动对方，让他判断出此次谈话是否值得听下去，他就有可能毫不客气地中断通话，而且下次即使再找他，他只要一听又是同一个人，就有可能感到不耐烦。因此，在拨电话之前必须经过认真研究，找出此人可能会感兴趣的突破点，如早先的通信、公开招徕、对方公司最近取得的成绩、媒体上对该公司的报道或者对方最近碰到的而你正可以帮助解决的难题等。总之，应开门见山地触及话题，引起他的兴趣。

(3) 贵在诚实。销售员最容易犯的一个错误就是撒谎。为了推销自己的酒店，有些销售员不经意地就会夸大自己酒店的优点，而一旦说出了口就只好硬着头皮继续撒谎，最后的结果当然是失败。销售工作是一件扎扎实实的工作，必须做好大量的事前调查和市场分析，做好定位，认准目标。然后才能做到实事求是，以诚实的态度取信于人，推动销售。

(4) 价格因素。价格往往是客户最关心的问题之一，但价格并不是最重要的因素，只有无能的销售员才会把削低价格作为取得销售进展的唯一手段。经济学的常识告诉我们，成本与价格之间有着密不可分的关系。销售员的责任在于向对方解释本酒店提供的各种餐饮、客房、娱乐等服务对客户所具有的价值，让他知道花多少钱可以买到什么样的服务，然后才能成交。客户并不十分了解他正试图购买的是什么，销售员的责任就在于沟通，让他知道物有所值。此外，在报价时要尽量先报高价产品及主要产品，如：推销宴会时，应先推荐价格较高的菜单，然后再谈宴会用酒类、现场的布置、鲜花、嘉宾签到簿等，除非对方先提出关于价格的上限等。

(5) 产品好处。与价格一样，产品的好处也是要靠销售员去解释的。在电话推销中，不要向客户单纯说明酒店的客房是朝南的、浴室是新装修的等特点，客户在电话中是看不到这些特点的，要强调使用它的好处，只有好处才能想象到。如："您作为一位成功的商人，工作一定十分繁忙，我们为您准备了在您的商务楼层房间里办理入住手续，可以让您直接入房休息或工作。您如果要发电子邮件或发传真，可以直接使用您房间里的电脑或私人传真机，您在我们酒店的客房专用传真机号码是×××，在您入住之前就可以通知您的商务伙伴把传真发往这个号码，所有给您发入的传真我们都免费替您接收。"

(6) 重视对方。给客户打电话的目的就是主动推销，销售员的主动讲话是重要的，但是也必须十分敏感地注意对方的反应，尤其是对方有反对意见时，更不能不顾一切，否认对方的提法，甚至批评对方"不对"。正确的做法是认真倾听，把他提出的反对意见接过来加以分析，并辅以解决措施，让他放心，消除顾虑。

(7) 语言措辞。在电话推销中，尽量避开太过专业化的用语，如："开瓶费""不含一五""十六免一"等，而要用比较通用的词汇，甚至是对方熟悉的词汇。适当使用一些积极、主动、自信的词汇，向对方表现出销售员对自己酒店的信心，用生动的语言描述酒店的设施和服务案例，增加他的感性认识，但切忌夸大和说谎。交谈中还可以抓住对方的心理，适当多使用一些他关心的词或字，如："我这个建议主要是想让您在我们酒店不必过多地破费就可以享受到您所需要的全部服务，节约一些不必要的开支。"在整个谈话过程中，要不时使用"谢谢您"等词汇。

(8) 利益分成。成功的推销不仅是销售员自己成功地销售出产品，而且是让对方也觉得有所收获，即所谓"双赢"的结局。适当地给对方一些收益，这些收益将有助于你掌握他的注意力，唤起他想要进一步有所获，从而发展成为一种可用于推销的机会。酒店所能提供的服务是多样的，销售员无论何时都必须自觉地设法推销额外的或附带的产品及服务。

(9) 确认跟踪。一旦达成口头协议，在结束谈话之前就必须与对方进一步确认，并在电话记录的基础上，迅速给对方发去书面确认书，完成销售。

最后必须说明，电话推销并不能完全代替面对面的亲身推销。它只是另一种推销方式，它可以解决问题、促成销售，也可能遇到困难，但更多的是它能引导客户与你进行一次面对面的生意谈判。经过电话访问，可以巩固现有的客户，也可以开发出真正对你有用的新客户。

案例分析

圣诞节前某一天的午夜时分，某饭店总机当班的小赵接到某外资公司一位客人的电话，询问圣诞活动相关事宜，并说曾打电话给A酒店，因该店总机接线员告之订票处已经下班，于是便打电话到小赵所在的饭店询问。

小赵接到客人的电话，尽管此事并不属于她直接的工作范围，但她立即意识到这事关饭店形象，做好咨询服务是自己应尽的责任和义务，处理好了还能促进饭店的圣诞销售。小赵是一个有心人，前几天她已将饭店的圣诞活动安排了解得一清二楚，于是她马上热情、细致地把有关情况向客人一一作了介绍。客人听后非常满意，并表示他们公司决定将平安夜活动就定在这家饭店了。第二天，该外资公司来酒店签订了相关合同。

阅读材料，请回答以下问题：

1. 材料中，小赵运用了哪些销售技巧？

A. 征询业务的方式

B. 等待选择的方式

C. 强迫选择问题方式

D. 无所谓，我不是销售人员

2. 该通电话属于哪种能够带来销售业务的电话类型？

A. 预订电话　　B. 回复广告的电话　　C. 咨询电话

3. 如果你是 A 酒店的负责人，针对打进来的电话，你应如何指导员工？请简要回答。

酒店概览

福特饭店集团

福特控股有限公司（Forte Holdings Ltd.）于 1935 年正式成立。1970 年 5 月，福特控股有限公司与信任之家有限公司（Trusthouse Group Ltd.）合并为信任之家-福特集团公司（Trusthouse Forte Plc.），真正开始大规模经营旅馆。查尔斯·福特任公司董事会主席。查尔斯·福特出身贵族，1972 年被封为爵士，1982 年被封为终身贵族，为里普利福特勋爵。他将一生都投入到餐馆与旅馆业中，他强调服务质量、物有所值、使顾客满意，他坚信“千宗万条归一语——尽善尽美”。

信任之家-福特集团公司总部设在伦敦附近的巴克斯，它是以英国为基地，以经营旅馆与餐饮业为主的跨国公司，也是英国赢得外汇收入最多的公司之一。信任之家-福特集团公司在大洋洲的澳大利亚和新西兰建起了旅游客栈联号，后来成为大洋洲最大的旅馆联号——南太平洋旅馆公司。该公司在 20 世纪 70 年代中期脱离了信任之家-福特集团公司。

1991 年公司名称由信任之家-福特集团公司改名为福特集团公司（Forte Plc.）。同年春天与加拿大饭店集团（Canadian Relax Hotels and Resorts）联合，新增 25 家饭店和 2 家度假区酒店，与此同时将饭店组合成 3 个精品系列和 3 个品牌，3 个精品系列是五星级的 Exclusive、四星级的 Grand、历史悠久的遗产饭店（Heritage）；3 个品牌是顶峰（Crest，主要为公司老主顾提供全面服务）、驿站（Posthouse）、旅游客栈。

福特饭店集团从一开始就主张“不求统一，求独特”，强调与众不同。如果说有统一的东西，那是要求各旅馆“有既高效而又殷勤的服务，使客人钱花所值，得到完全的满意”。各有各的历史，各有各的传说与故事，也正是这些风格独特的旅馆构成了福特饭店联号。

福特饭店集团的品牌有以下几个：

子午线集团（Meridian）：马德里的里兹饭店、日内瓦的伯格斯饭店、华沙的布里斯托饭店，均名列世界最好的 100 家饭店之中。位于伦敦公园路的子午线品牌格罗夫纳饭店举办过世界知名的格罗夫纳馆古董和艺术品交易会（世界四大交易会之一）。

中档的驿站饭店联号：由多家饭店构成的现代商务饭店网络，备有会议和培训的高规格设施，可提供传真、影印、打字等秘书服务，价格具有高度竞争性，地理位置优越，处于大城市、机场和商务中心等地带。

传统的遗产饭店联号：英国独特而又古老的饭店精品。

廉价的旅游客栈：是在伦敦希思罗机场的第一个廉价的食宿点，也是到目前为止最成功的客栈之一。

资料来源：https：//en. wikipedia. org/wiki/Forte _ Group；http：//info. hotel. hc360. com/2005/03/24173039349. shtml.

第六章　酒店内部市场营销

学习内容

- 讨论酒店内部的市场营销。
- 解释酒店内部销售的重要性。
- 指明总经理的态度和制定的方向会如何影响酒店内部销售。
- 描述员工在酒店内部销售中的作用并指明与客户积极互动的必要性。
- 确认三种升级服务的措施。
- 讨论建议性销售。
- 解释交叉销售。
- 描述能激励员工销售的措施。
- 列举酒店内部产品销售并解释产品应摆放的位置。
- 列举特殊客户服务和酒店内部的促销活动。

一 酒店内部的市场营销

酒店内部的市场营销主要针对店内的员工，强调员工对成功经营的重要意义。对待酒店的员工要像对待客户一样，应向他们提供多层次的服务来取得市场竞争的成功。

向酒店员工进行内部的市场营销绝不是简单地提供一些实际数据，应培训员工了解酒店内部每一个区域，向他们提供当前客户促销活动的细节以及酒店目前入住的重要宾客的信息。同时，还应让员工明白他们的工作与客户的满意度是紧密相连的，改善员工的态度能促使服务质量的提升。

对员工的授权与激励是酒店内部市场营销的逻辑性延伸。通过这种方法可使员工在服务现场有权做出相应的决定，而在过去，这种处理问题的方式只能由其上司来决定。因此，对员工的授权能够提高员工的士气并最终给客户带来便利。

二 酒店内部销售

酒店内部销售是店内具体的活动，其目的是促销和提高客户的满意度。酒店内部的销售有巨大的利润潜力，因为此时的销售成本是非常低的，投入所得到的回报几乎是净利润。

为了有效地推行内部销售，所有相关的活动都必须是持续不断的。一项内部销售项目应该是整个市场计划的一个部分，符合整个酒店的运营计划。

不应使客户有任何的压力，因为在酒店业中，销售压力是不应该转给客户的。相反，内部销售应该被认为是向客户提供享受酒店服务的机会。通过将销售技巧与客户对服务要求的有机结合，员工能向客户提供更为愉悦的住店经历，同时也会大大增加酒店运营利润。

【相关链接】

内部销售的作用

有效的内部销售至少可以使酒店经营者得到以下益处：第一，可以节省推销费用；第二，通过客户良好的口碑宣传，可以提高酒店的知名度，招揽更多的客户；第三，可以从同样数量的客户那里实现更多的销售，从而得到更多的收入；第四，可以有效地提高营业额和客房出租率；第五，取得良好的经济效益，能更好地促进员工的工作热情和创新精神。

三　总经理与酒店内部销售

总经理的态度和制定决策的方向决定着酒店内部销售的成功与否。如果总经理不太关注销售手段，酒店也就不会去主动促销。总经理可以通过有效的内部产品销售与培养善于销售的员工来增加酒店的利润。在培养善于销售的员工时，一名总经理必须做到：

（1）雇用具有销售意识的员工。

（2）向员工传授销售技巧。

（3）鼓励员工去销售自己酒店的产品和服务。

四　员工与酒店内部销售

大多数的酒店经理有这样的认识：留住当前客户的成本要比争取到新客户的成本低得多。所以经理们转向关系网的促销手段，争取得到回头客。关系网的销售被界定为通过创建、加强与客户的关系来营建客户对酒店的忠实感。例如：客户档案的信息和员工的建议能使酒店向回头客提供他们最喜爱的产品和服务（如向客户提供他们过去常来酒店时所喜欢的事项），而不是被动地等待客户张口。

要想在酒店内部销售的过程中提高收益率，员工必须接受以下四个方面的培训。

（一）了解本酒店的运营

如果员工不了解酒店的产品和服务，他们就难以向客户推出酒店的特色服务。因此，员工应熟知酒店的各项数据并清楚酒店推出的特价活动。

（二）了解本部门的运营

员工只有了解本部门的运营，才能为客户提供选择，才能将具体的活动情况向客户通报解释，才可以与客户建立较为密切的联系。

（三）与客户的互动

与客户建立积极的互动关系是赢得回头客的关键。每名员工都应该在外观和礼仪上接受专业的培训，使员工认识客户对酒店经营的重要性。处理客户的投诉应是非常重要的议题和应掌握的技巧，在处理投诉时，员工应该保持平静并迅速采取措施来化解矛盾。如果员工本人难以处理，应该立即与主管联系。

（四）使用销售技巧

员工可使用一些技巧来促进销售，其中最为有效的三种技巧是升级服务、建议性销售和交叉销售。

1. 升级服务

升级服务常由前台或预订部门来说服客户使用更为昂贵的房间或服务。在升级服务中，销售的成功可通过以下三个技巧完成，但不应向客户施加任何压力：

（1）高价位转向低价位。前台员工可以主动向客户报出较高的价格，如果客户不满意高价位的建议，员工则相应地提供下一个较低的价位。这种技巧常用来提高中高档房间的销售。

（2）中价位的选择。前台员工可向客户提供三个以上的价格选择。通常客户会选择其中的一项中位价格。

（3）低价位转向高价位。如果一位客户已经预订了一个低价位的房间或服务，在登记的过程中，前台员工可向其推荐额外的服务和优惠，使客户转向高一层价位的房间或服务。

2. 建议性销售

建议性销售是指通过销售言辞来影响客户的消费选择。在酒店的大多数区域内，所有员工都可以使用这种技巧。员工应该使用具体的、有吸引力的言语，但要防止使用要客户回答“是”或“不是”的问题。

建议性销售还可以用在酒店的其他部门。健身中心的员工面对一个刚锻炼完身体的客户，可以推荐按摩服务；前台员工在特殊促销活动的后期，可以向客户建议重新使用酒店的产品和服务；高尔夫球教练在完成了培训讲授之后，可以向客户推荐专业产品店内出售的球杆。

建议性销售的成功与否取决于员工和客户之间的语言沟通。员工必须是本产品或服务的专家能手，必须熟知相关的产品或服务的细节并掌握销售的技巧。从销售角度出发，一名员工必须具有推销的热情、体贴客户并了解此项销售能给客户带来的便利。

3. 交叉销售

在广告学的意义上，交叉销售是指使用酒店某一个部门的媒体宣传来促销酒店另一个部门的产品或服务。例如：一家餐厅的桌卡可以向客户推荐另一家餐厅的食品；一个专营店的广告或前台的招贴宣传可以推销健身设施和温泉浴；在餐厅进行的美食比赛可以宣传酒店大堂酒吧的产品或服务。

员工也可以提供交叉销售。例如：在酒店某一部门工作的员工可以向客户建议酒店其他部门的产品或服务。要想掌握这种推销的技巧，员工必须十分了解本酒店的各个运营环节的详细操作。

五　员工奖励计划

员工奖励计划是鼓励员工的有效措施之一，也是提高销售额的手段。在制订任何一项奖励计划时，管理人员应该意识到虽然金钱、实物或旅行经常被用来激励员工，但对员工的认可也是一种奖励。展示先进员工的照片或颁发奖章，在酒店的刊物中刊登相关的成功事例，甚至举行特别的仪式或餐饮活动，有时会比金钱更具有影响力。

六 酒店内部产品销售

酒店内部产品如客户服务指南、桌卡、菜单、宣传单、视频材料、礼品等是内部销售的重要辅助工具。所有的内部产品的制作都应该专业化和与时俱进。一般来说，产品应该具有吸引力，在每一个与客户接触的关键场合都应起到说服的作用，例如在大厅、客房、电梯、餐厅、休息厅和前台等地。

七 特殊服务和酒店内部的促销活动

特殊服务的目的是使每名客户获得愉悦的住店经历。商务中心或行政楼层因为拥有计算机、传真机和秘书服务，所以能吸引许多的商务旅行者。为了吸引家庭共同出游的客户，酒店可以提供儿童菜单和所有专业监管的活动项目，而机场的接送、免费的咖啡和鲜花，也是可以作为促销手段的特殊服务项目。

酒店内部的促销包括特殊活动项目、常客计划、秘书俱乐部及礼品或奖品等服务项目。

关键词

酒店内部市场　酒店内部销售　建议性销售　交叉销售　员工奖励计划　酒店内部促销　升级服务

练习

1. 在某旅馆，一名客户部的总管可以向客户提供打折的房价或其他的优惠来解决客人的投诉，因为客人投诉房间不清洁。这一做法体现了________。

A. 升级服务　　B. 交叉销售

C. 向员工授权　　D. 中价位的选择

2. 酒店内部销售具有巨大的潜在利润，因为________。

A. 销售成本很低　　B. 销售活动集中在客房部门

C. 几乎每一位客户会被说服多消费　　D. 以上都是

3. 总经理必须首先做到以下哪一点才能提高酒店的内部销售？________

A. 学会如何“读懂”客户的要求　　B. 倾听员工的投诉

C. 详细书写工作岗位职责　　D. 雇用具有销售头脑的人员

4. 以下哪一项不属于升级服务措施？________

A. 高价位转向低价位　　B. 交叉销售

C. 低价位转向高价位　　D. 中价位的选择

5. 在酒店的大厅使用视频设备展示酒店的设施和服务，属于哪一种销售？________

A. 非语言销售　　B. 内部产品销售

C. 目标客人　　D. 升级服务

实务操作

● 某市一家四星级饭店发生了这样一件事：一家著名的外资公司在该饭店宴请一位副市长，由饭店总经理出席作陪。副市长要了一杯扎啤，但过了十几分钟还没有上，总经理忙借故离席前往后台查询。服务小姐说：“我跟酒吧服务员说了，他不给拿！”当酒吧服务员看到怒气冲冲的总经理时，以最快的速度取来了扎啤，但为时已晚，副市长已改喝矿泉水。据查，酒吧服务员不给扎啤是因为他与服务小姐平时有矛盾，显然，正是该饭店员工缺乏协作精神导致了服务失误。再进一步分析：这么重要的宴请员工怎么不知道呢？原因是餐饮部未把这一信息传达到每位员工，沟通出现了问题。

思考题：

1. 为什么该饭店在接待副市长时会出现案例中所述的状况？指出原因并分析。

2. 结合本章所学知识，陈述加强酒店内部营销的必要性。

● 某酒店近段时间员工流失率大增，员工士气低沉，顾客投诉增加，总经理要求办公室主任着手调查原因。办公室主任进行了员工意见征询和多方摸底，调查结果显示：89%的员工觉得在酒店工作无前途可言；75%的员工反映酒店缺乏文化氛围；65%的员工感觉得不到重视；12%的员工对工资福利不满意。

针对这些问题，总经理连夜召开部门经理会议商讨对策，最后决定采取一系列措施：(1) 成立员工艺术团组织，以丰富员工业余文化生活。(2) 成立员工之家，为员工设立免费网咖、歌舞厅、放映室、书吧、乒乓球室，使员工可以休闲放松。(3) 设立总经理意见箱，由总经理亲自处理员工意见，鼓励员工多提合理化建议，一经采纳给予奖励。(4) 每月进行两次员工比赛活动，以提高员工士气。

一个月后，该店员工流失率逐渐回落，员工士气明显提升，顾客投诉率大大减少。三个月后，办公室主任再次对全体员工进行了一次意见征询，结果显示：95%的员工觉得受到了重视；86%的员工反映业余生活丰富，并提出了更多的意见和建议；97%的员工表示愿意留在酒店工作。

思考题：

1. 员工是酒店的重要资产，结合本例说明酒店应怎样鼓励员工，使其全心全意投入酒店工作？

2. 员工奖励计划多种多样，除本章所讲的之外，你还能想出更多的形式吗？

要点回顾

1. 酒店内部的市场营销主要针对店内的员工，强调员工对成功经营的重要意义，并向员工提供多层次的服务来取得市场竞争的成功。对员工的授权与激励是酒店内部市场营销的逻辑性延伸。

2. 酒店内部销售是店内具体的活动，其目的是促销和提高客户的满意度。为了有效地推行内部销售，所有相关的活动都必须是持续不断的。内部销售应该被认为是向客户提供享受酒店服务的机会。

3. 总经理的态度和制定决策的方向决定酒店内部销售的成功与否。在培养具有销售意识的员工时，一名总经理必须做到：雇用具有销售意识的员工，向员工传授销售技巧，鼓励员工去销售自己酒店的产品和服务。

4. 要想在酒店内部销售的过程中提高收益率，员工必须接受以下四个方面的培训：了解本酒店的运营、了解本部门的运营、与客户的互动、使用销售技巧。

5. 升级服务常用在前台或预订部门来说服客人使用更为昂贵的房间或服务。升级服务销售的成功可通过以下三个技巧完成：高价位转向低价位、中价位的选择、低价位转向高价位。

6. 建议性销售是通过使用销售言辞来影响客户的消费选择，其成功与否取决于员工和客户之间的语言沟通。

7. 交叉销售是指使用酒店某一个部门的媒体宣传来促销酒店的另一个部门的产品或服务。

8. 员工奖励计划是鼓励员工的有效措施之一，也是提高销售额的手段。

9. 酒店的内部产品是内部销售的重要辅助工具。

10. 特殊服务的目的是使每名客户获得愉悦的住店经历。酒店内部的促销包括特殊活动项目、常客计划、秘书俱乐部及礼品或奖品等服务项目。

知识链接

一、为什么要在酒店开展内部营销

酒店经营实质上也是一种商品生产，和其他所有生产一样，其目标也是要把产品最大限度地销售出去。酒店产品的质量要靠科学的管理，而产品能否销售出去，则要依靠经营销售的策略和推销产品的手段，而最终的经营目标则是由成功的推销来实现的。

很显然，与其他产品相比，酒店产品具有其自身的特殊性。这种特殊性可以概括为以下几个方面：

首先，它是一种综合产品。从客户的角度出发，客户在酒店的花费不像购买彩电、冰箱那样购得具体的物质产品，而是在酒店下榻期间得到一组综合产品，它包括：物质产品部分（客户实际消耗的物质产品，如食品、饮料）；感官享受部分（通过视、听、触、嗅觉对设备家具、环境气氛、服务技术、服务质量的体验）；心理感受部分（客户使用产品后心理上的感觉，以及引起的舒适程度和满意程度）。客户对酒店产品质量的评价，实质上就是对上述三部分的综合评价。

其次，酒店产品不能贮存。它不像彩电、冰箱那样，今天卖不出去明天可以再卖，其价值依然存在。酒店的客房和餐厅的座位一天或一餐租不出去，这一天或一餐的价值就永远失去，无法挽回。酒店市场的需求波动比较大，每年都有淡季和旺季，每周也有高峰日和低谷日，这就难以保证酒店产品的全部售出。

最后，酒店业的行业特点决定了酒店的销售方式与众不同。酒店业员工对客户的销售是面对面的服务过程，甚至生产服务和销售同时进行。在这种特殊的销售过程中，员工与客户有着频繁的密切接触，员工的言谈举止、服务态度和技巧对销售活动有着直接的影响。

要成功地推销酒店产品，就不能不考虑酒店业独有的特点。在众多的推销方法中，只有一种推销方法最为有效，它将酒店的特殊性和推销手段有机地结合为一体，成为现代酒店营销的“重头戏”，这就是酒店的内部营销。

二、酒店内部营销的含义及特点

内部营销是服务行业特有的营销形式，尤其适用于酒店业。它是一种全员营销，每个员工都在不知不觉的服务和工作过程中进行着营销活动。他们都在扮演着推销员的角色，只不过是“演技”不同、角色各异罢了。受过良好训练的员工懂得如何为客户提供最满意的服务，懂得如何在为客户服务的同时向客户推销酒店内的其他产品。因此，现代酒店业流行这样一种说法：每一个酒店员工都应成为积极的推销员。

酒店内部营销即酒店内部全员营销，这是酒店营销的继续和延伸，是节约营销成本的最好形式。首先，内部营销是面向已经入住的客户或老客户进行的促销，稳住已有的客户就是稳住已有的市场份额。其次，内部营销不需要专职人员，与外部营销活动相比，既容易又方便。从总经理到服务员，从前台到后台，人人都可参与，酒店全员都是义务推销员。只要把全体员工的积极性、主动性调动起来，再适当地掌握一些方法和技巧，酒店就会形成强大的内部营销力量。再次，内部营销不需要专门的经费投入。它不像广告、公关等要有专项经费开支，而是在员工完成本职工作的同时，不失时机地、恰到好处地向客户推销，只需要多一些灵活的方法、语言技巧和形式的变换而已。这是成本最低、见效最快的促销手段。最后，内部营销不受任何限制，在服务过程中随时随地都可以展开促销，非常便捷。所以，内部营销是一种非常有效的营销手段。

内部营销取得成效的保证是服务的优质化。只有优质的服务才会令客户满意，才能让客户乐于接受内部营销的引导，愿意增加消费和再次消费。此外，建立健全一套激励内部营销机制是做好内部营销、树立全员营销意识的制度保证。

三、内部营销成功的要素

做好内部营销并非简单之事，它需要领导者的重视，需要对员工进行严格的培训，需要全体员工的敬业精神和持之以恒的努力。此外，还应特别注意以下四点。

1. 良好的酒店形象

和几乎所有的产品一样，客户对一家酒店的认同是从这一产品的外部形象开始的，所以对酒店管理者来说，成功地创造和保持酒店的良好形象和固有特色是招徕客户的重要手段，也是搞好内部营销的重要环节。

良好形象的树立是一项系统工程，主要包括：结构新颖、美观壮丽、富有艺术感的酒店外形设计；风格独特、协调和谐、让人流连忘返的酒店大堂；安静舒适、安全便利的客房和环境幽雅、服务周到的餐厅等。所有这些都会给客户留下深刻的印象，增加对酒店的好感和满意程度。

2. 员工的积极作用

在酒店业，直接与客户打交道的大都是普通员工，他们的营销作用应列为首位。一位训练有素的员工不但要做到仪表得体、礼貌友善、技术娴熟，还必须善于营销。比如：前台接待员在客户入住时，应不失时机地向客户介绍本地的旅游景点、名胜古迹，尽可能为客户安排丰富的活动，以期延长客户下榻时间，还可以介绍本酒店餐厅推出的美食新品供客人品尝；行李员可以利用替客户搬运行李、送客户到房间的机会，根据客户的爱好，向客户介绍酒店的各种服务设施，推销酒店产品；餐厅服务员应主动热情地帮助客户挑选符合客户口味的食品，推荐餐厅特色菜肴，使推销活动在不知不觉中进行。甚至那些不与客户直接接触的员工，对酒店产品的营销也不无关系。餐厅清洗工承担着餐具的洗涤与消毒工作，要防止不洁的餐具进入餐厅；厨师要保证食品菜肴质量，防止腐烂食品的出售；客房清洁员默默地打扫房间，保证了客房的整洁和舒适；工程部的技师则要及时维修和控制空调、给排水和客房电视等服务设施，保证这些设备正常工作。所有这一切不露面的工作，也都对客户在酒店的消费行为起着不容忽视的作用。

3. 优质的产品质量与服务质量

为了招揽更多的客户或争取回头客，酒店产品的质量就显得尤为重要。服务质量的优劣直接影响酒店的声誉、客源和经济效益，可以毫不夸张地说，服务质量是酒店的生命线。良好的服务态度会使客户产生亲切感、宾至如归感；娴熟的服务技能会给客户带来精神和物质享受；敏捷快速的服务节约了客户的时间；众多的服务项目可以满足客户的多方面需求；设备、设施的良好运转保证了客户生活的舒适；清洁卫生的环境使客户心情愉快。另外，安全保密、食品质量等也都从不同角度构成了优质服务的内容。

假如这一切均给客户留下了美好的印象，那么客户一定会由衷地说声“下次再见”。这一句话也就标志着酒店内部营销的成功。

4. 必要的营销工具

除了上述营销方法之外，经营者还应注意内部的营销工具，以便及时准确地告诉客户本酒店提供的商品和服务，以配合员工营销，或者弥补员工营销所留下的空白点。这些营销工具包括：放置在客房中列举酒店的各种服务和设施、营业时间、行走路线、电话号码等内容的“服务指南”；餐厅中的菜单和客房中的送餐菜单；总服务台的酒店介绍；房间里可介绍酒店服务设施的闭路电视；店内指路牌；酒店外的霓虹灯招牌等。另外，还可以包括在新年或节日之际送给客户的精美贺卡，免费向客户奉送的印有酒店地址、电话号码的文具或地图、纸巾、便笺纸、明信片、名片夹、行李箱牌和钥匙链等。所有这些必要的

营销工具或为客户提供了方便，或密切了客户与酒店关系，在整个酒店营销中都将发挥重要的作用。

总之，有效的内部营销不是临时的、随意的，它需要全体员工的努力和敬业精神，以及良好的培训。成功的内部营销将使酒店从同一客源市场获得更多的收益，也能帮助酒店开拓新的客源市场。

四、如何实现有效的内部营销

酒店内部营销主要可通过以下几方面的活动来实现：

（1）酒店的各个岗位聘用合适的人选。

（2）对员工进行持续有效的培训。

（3）强调集体精神。

（4）加强酒店内部信息交流。

（5）为员工参与酒店的服务、营销决策创造条件。

（6）对员工的工作进行绩效评比和有效奖励。

五、酒店促销三要素

1. 要面带微笑

一般来说，做任何一个行业都要有职业道德，一定要尽职尽责。在面对客户之前，先让你的脸上挂满微笑，给你的动作注入热情的动力，这样可以使客户对你留下难以忘怀的印象。微笑的影响力确实很大，真诚的微笑需要去训练，每天对着镜子练习，想着开心的事情，不出一个月，你的脸上就可以形成习惯性的微笑。

2. 要善于察言观色

比如说看到一男一女进来了，你要能观察出他们的关系，是夫妻、男女朋友还是工作关系，针对不同的关系推荐不同的产品。

3. 要善于沟通

一般在沟通的过程中，客户会提出一些不尽合理的要求，这个时候你需要不卑不亢地向客户解释，通过你的举动和谈吐，让他们打消这种念头，但同时还要给他们台阶下，这就要看个人的修养了，一般营造幽默的谈话氛围比较容易解决。不要轻易对客户说“不”，一个“不”字说起来容易，但你一个“不”字，就有可能错失许多客户。

六、制订合理的内部营销计划

要想成功实施内部营销，酒店就要制订一套合理的内部营销计划（见下图）。

SWOT 分析是一种对企业的优势（strengths）、劣势（weaknesses）、机会（opportunities）、威胁（threats）进行综合分析的手段，在分析时，应把所有的内部因素（包括公司的优势和劣势）都集中在一起，然后依据外部的力量来对这些因素进行评估，这些外部力量包括机会和威胁。这些因素的平衡决定了公司应做什么，以及什么时候去做。

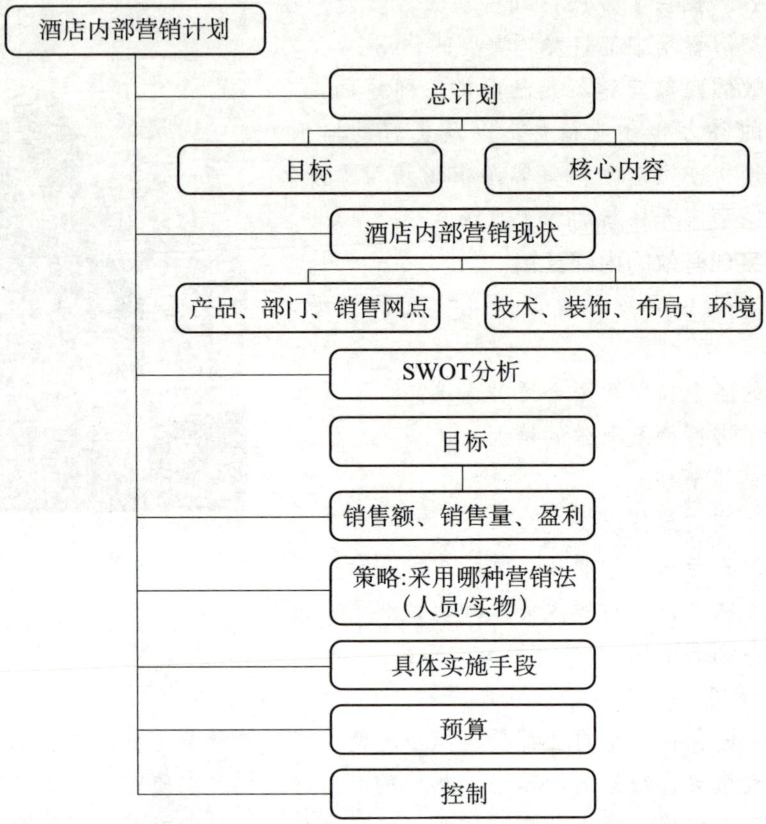

七、制定有效激励内部营销的措施

不同的员工需要不同的激励方法：

（1）争强好胜型——竞赛及颁奖。

（2）任务执行型——加大事迹宣传。

（3）顾全大局型——给定团体目标。

（4）自我表现型——提供参与培训机会。

案例分析

来的都是客

几位客人到某酒店内的商品部选购商品，在茶叶专柜前，他们停下来看了看礼盒装茶叶的标价便议论到：“这儿东西贵，我们还是到外面去买吧。”

这时，服务小姐便走上前，关切地说：“先生们去外边买茶叶一定要去大型商场，因为市场上以次充好的茶叶很多，一般是很难辨别的。”客人立即止步问道：“哪家商场比较好？茶叶又怎么进行选择呢？”于是服务小姐便详细地告诉了客人如何区分茶叶的等级，如何辨别茶叶的好坏，又介绍了本专柜特级龙井的特点，价格虽略高于市场，但对游客来说，买得称心、放心是最重要的。几位客人听了服务小姐的介绍，都爽快地买了几盒茶叶。就这样，商品部做成了一笔较大的生意。

阅读材料，请回答以下问题：

1. 这几位顾客为什么最后还是选择了在酒店购买茶叶？

A. 酒店人员热情的服务态度
B. 酒店人员运用了积极正确的营销方式
C. 酒店的品牌效应
D. 酒店拥有商品质量优势
2. 本案例体现了酒店内部营销成功的哪个要素？
A. 良好的酒店形象　　　　B. 员工的积极作用
C. 较高的产品质量与服务质量　　　　D. 必要的营销工具
3. 请就这则营销案例谈谈你的感受。

酒店概览

法国雅高集团

法国雅高（Accor）集团总部设在法国巴黎，成立于1967年，是欧洲最大的酒店集团，也是全球最大的酒店集团之一。其雏形是1947年成立于法国的第一家“劳沃特”饭店，后以该品牌为基础，开展连锁经营。1974年，该饭店引进“宜必思”品牌，1975年引进“墨奇勒”品牌，并在欧洲和非洲等地经营。至20世纪70年代末，该集团共有成员饭店210家，并开始进入餐馆业经营。1980年，该集团通过与杰克槐斯·玻勒尔国际公司（JBI）的兼并，引进“索菲特”品牌，在巴黎股票交易中心上市融资。1983年该集团易名雅高集团。1985年，该集团引进“佛缪勒第1”品牌。1990年，该集团购买美国“第6汽车旅馆”品牌。雅高集团在世界约140个国家拥有4 800多家酒店，房间数量超过50万间。从经济型连锁酒店到豪华酒店，雅高集团为满足不同层次顾客的需要而提供了全系列的酒店服务。

1. 集团规模

（1）拥有的成员饭店数高居世界第五。

（2）自有饭店约占总数一半。雅高集团自有饭店、租赁饭店、管理协议饭店和特许经营饭店的比重分别为46.5%、21.8%、15.4%和16.3%。但品牌不同，所选择的渗透方式也不同，例如：“索菲特”和“劳沃特”两个品牌所拥有的管理协议成员饭店比重较高。

（3）母国扩张与国际扩张基本同速。雅高不断将其经营触角伸向法国之外，品牌的国际知名度也在与日俱增，其国内扩张亦在同速进行。

2. 品牌概况

（1）与众不同的品牌策略。如：“佛缪勒第1”品牌是其典型的经济型品牌之一，“索菲特”品牌亦是如此。

（2）拥有多个核心品牌。1995年底，雅高共有14个品牌。近年来，为进一步明确市场形象，雅高将14个品牌减为7个核心品牌。现在主要品牌有：索菲特（规模最小的豪华品牌；4星以上；目标市场为商务游客；选址在城市、机场和旅游地；规模小，客房200间以下；全服务）、劳沃特（先锋品牌；3～4星级；统一设计；中档市场；全服务；标准设计；选址在城市、机场、主要高速公路和度假地)、墨奇勒（2～4 星级；非统一设计)、第 6 汽车旅馆、佛缪勒第 1、宜必思及伊塔浦等。

(3) 品牌地域分布广泛。法国、比利时和德国拥有雅高的 6 个品牌，澳大利亚、西班牙和荷兰拥有 5 个品牌，表明雅高扩张的市场空间大。雅高的饭店主要分布在欧洲（59.4%)，在法国饭店数和客房数比例分别为 42.1%和 33.7%。

(4) 品牌规模相对均匀。

(5) 优势品牌为经济型品牌。雅高集团共经营 7 个不同档次的核心品牌，但其优势品牌仍集中在经济型上，较知名的经济型品牌有第 6 汽车旅馆（仅在美国开设)、宜必思和伊塔浦。

按奢华度可分为以下几类：

奢华品牌：莱佛士（Raffles)、费尔蒙（Fairmont)、索菲特传奇（Sofitel Legend)、索菲特（Sofitel)、Onefinestay 等。

高端品牌：美憬阁（Mgallery)、铂尔曼（Pullman)、美爵（Grand Mercure）以及瑞士酒店（Swissotel）等。

中端品牌：诺富特（Novotel)、美居（Mercure)、MamaShelter 和 Adagio。

经济型品牌：宜必思（Ibis)、宜必思尚品（Ibis Style)、宜必思快捷（Ibis Budget）和佛缪勒第 1（Hotel F1)。

资料来源：http：//www. accorhotels. com.

第七章　餐厅和酒吧销售

学习内容

- 确认定位研究的四个区域。
- 描述菜单设计使用的周期。
- 确认影响菜品价格的因素。
- 讨论餐饮产品推销的措施。
- 描述餐厅促销的三种基本形式。
- 列举酒店内部促销计划的九个有效步骤。
- 解释员工如何赢得回头客。
- 讨论送餐部服务。

一　定位研究

定位研究包括：商业区和客源的调查、情况分析、竞争对手的分析、目前形势发展的调研。具体来讲，可以有以下内容：

（1）应该了解客源的产生地区，这是定位的首要任务。例如：不同的客源对餐厅或酒店的需求是不一样的，而对一个具体餐厅的需求也会随着每日的情况变化而改变，甚至对每一款食品也都有不同的需求变化。了解客源的所在地并了解他们如何到达酒店，能使管理者们决定直接促销的手段、选择广告的媒体并设计菜单。

客源情况调研包括年龄、性别和就业信息。通过与客户的交谈或观察、特殊的促销活动、免费品尝、客户提交的名片和问卷调查可以获得相关的信息。

（2）情况分析主要用来确认客户的种类，因为不同的客源会使用不同的餐厅产品和服务。根据这些数据，酒店的餐厅可以安排餐厅的员工具体实施销售计划。

（3）餐厅需要了解竞争对手目前的策略。在诸多因素中，要考虑竞争对手菜单的成分和价格、设备和服务、客源的组成、附加的客用品（如：停车场、特殊菜单或为中老年人推出的俱乐部优惠价等）及其他促销活动。在不同的时间段拜访竞争对手的餐厅，是了解竞争对手的产品和服务的良好手段。

（4）通过调研能使餐厅了解人们目前饮食习惯发展的倾向。这种调研能使餐厅采用目前的流行饮食来辅助本餐厅的传统菜单。

二　菜单

一份菜单必须能够反映本餐厅的定位或形象，还应该作为一种建议性销售工具向客户提供相关的信息。为了达到这种效果，酒店必须遵循规律性的菜单设计使用周期，这一周期包括形象、价格、信息和设计。

（一）形象

菜单的设计使用周期始于餐厅的定位或形象。当人们来到餐厅时，他们期待的是浪漫的气氛还是一种轻松随意的就餐环境呢？餐厅的菜单必须与客户的期待相吻合。

（二）价格

价格的制定是菜单设计中的关键一环。客人常有的疑问是：此餐厅为什么这样定价？菜单上的价格必须与餐厅的定位相一致。

（三）信息

菜单所包含的信息是一份菜单最吸引人的地方。除了要描述菜单上的菜肴之外，菜单还应该向客人提供诸如餐厅营业时间、付账方式、特色餐饮及其他交叉销售的信息。

（四）设计

设计精美的菜单能吸引客人注意到本餐厅的特色。在菜单的设计中应该考虑到纸张选材、印刷规格、艺术设计或图片穿插以及整个菜单的布局。

三　确认菜品价格

独家经营的餐厅拥有自己既定的经营布局和管理费用，而酒店的餐厅要与酒店的其他餐饮经营部门共享一些设施（厨房、贮藏室等），这使得运营成本难以核算，因而造成菜品价格制定的困难。此外，酒店的餐厅还要面对不断变化的市场形势，包括竞争对手推出的价格和由此产生的批发产品的价格波动。其他应考虑的价格制定的因素包括运营的模式、客户的感觉和竞争因素。

（一）运营的模式

在确认菜品价格时，要考虑酒店的餐厅是咖啡厅、多功能餐厅，还是高档定位的餐厅。

（二）客户的感觉

在确认菜品价格时，要考虑客户如何看待餐厅，要了解客户是愿意付昂贵的价格进餐，还是把餐厅视为一个轻松便利的低价格就餐场所。

（三）竞争因素

确认菜品价格时，还要考虑附近餐厅的数量以及它们的价格如何，它们的食品、服务和就餐气氛如何，酒店餐厅的经营越是有局限性，就越应该灵活地调整自己的价格。

四　餐饮产品推销的措施

除了使用菜单来推销，餐厅还可以使用其他的措施来提高自己的销售额。这类措施包括：产品的包装、价值的提升、购买地点的产品材料、建议性销售和特别促销材料。

（1）产品的包装依赖于外观的吸引力，主要采用特殊的视觉效果给客人留下印象，包

括吸引人的冰激凌销售架、鲜艳多彩的配菜和新颖的服务餐具，此外，向客人呈上食品的方式也应强调创新性。

（2）价值提升的措施对于那些寻求物有所值的客人极具吸引力。其运用的原则是非常简洁的：为客人提供从产品中选择最有价值的产品的机会。例如：向客人提供不同规格的产品或全套就餐及单点的菜单。

（3）购买地点的产品材料是指充分利用宣传张贴材料、桌卡、酒品陈列、沙拉台和甜食台。有些酒店还使用桌台即席销售法来推销自己的产品。

（4）建议性销售要依靠员工向客人推荐本餐厅或酒廊的饮料、开胃菜或特色菜肴及饮品。

（5）特别促销材料包括菜谱卡、饮料促销卡和菜单纪念卡。

五　餐厅促销的形式

餐厅的促销形式主要分为三种：个人促销、酒店内的促销、酒店外的促销。

（一）个人促销

个人促销包括销售拜访（电话和当面的拜访）和通过电子邮件或销售信件向潜在客户发送邀请。餐厅的销售拜访与客房及宴会的销售拜访差别不大。销售信件主要用来作为电话销售或亲自拜访客户的跟进措施。

（二）酒店内的促销

酒店内的促销涉及优惠券、比赛、抽奖和特别活动。一个餐厅所要采用的店内特别促销活动，取决于其餐厅的规模、模式、员工和其特定的市场目标。

（三）酒店外的促销

酒店外的促销分为两大模式：付费的广告和附加的促销。前者的优点是能够控制传播给消费者的信息，而后者主要指使用销售材料，如：优惠券、宣传单、礼物等措施。

【相关链接】

酒店酒吧

酒店餐饮及休闲场所包括餐厅、酒吧、休息室、候客室等。其中，酒吧为旅游住店客人特设，也接纳当地客人。酒店中的酒吧随酒店的发展而发展，设施、商品、服务项目也较齐全。客房中可有小酒吧，客人可以在自己的房间内随意饮用各类酒水或饮料，这种酒吧是高级客房的标准。酒店还可根据客人的需求设歌舞厅，并根据酒店本身的特点及不同客人的喜好开展各种服务。

六　酒店内部促销计划的步骤

无论使用哪一种酒店内部的促销计划，都需要固定的计划和整体市场营销的支持。餐厅在整个促销过程中应该做到如下几点：

（1）分析营业的模式——应该从各个不同的角度去分析营业额和利润的记录，以此来决定需要参加促销的区域。

（2）确认目前的盈利业务——促销的方向应该面对已经证实是获利最大的业务领域。

（3）确认自己的客源——促销中应时刻自问自己的目标市场是什么。

（4）设定目标——应该在盈利率或产品销售方面制定具体的目标。

（5）评测促销技巧——促销能促进公众的关注、增加内部产品销售和个人销售。

（6）确定优惠产品——确定在促销活动中应该推出哪项优惠产品。

（7）制定预算——应该考虑到建议性销售的成本。

（8）监控促销活动——对促销活动实施全程监控，能迅速地中止无效的促销活动。

（9）鼓励员工的参与——虽然这一项被列在最后，但并非不重要。与付费的广告相比，一名热心的员工能在酒店内部的促销中起到更大的作用，而且成本要低得多。

七　赢得回头客

客人光顾酒店不仅仅是来购买食品或饮料，他们来此的目的还要购买一种社交经历。餐饮部的员工能够帮助客人在餐饮的消费过程中度过美好的时刻，员工能给客人带来三项"礼物"，即认知、推荐和放心。

（一）认知

对客人的认知是与客人建立良好关系并赢得回头客的最有效手段之一。几乎所有人都愿意听到他人使用自己的名字来称呼自己，这使客人获得一种价值感。

（二）推荐

员工对自己餐厅的产品和服务了如指掌，而且能够并愿意回答客人要求得到的建议，就能够向客人提供良好的建议性销售。许多服务人员在回答客人询问菜单上哪一道菜更好吃时常会含混地回复"每一道菜都行"。帮助客人选择餐饮的品种能够建立客人的信任和忠实感。

（三）放心

使客人放心意味着使客人有宾至如归的感觉。餐饮部门的员工可能通过交谈，真诚地回答客人的问题来营建这种和谐的氛围。员工还可以与客人共享一些"商业秘密"，向客人提供一些菜肴制作的技巧并得到客人对某一食品或服务的反馈。餐饮部的员工还应该敏锐地察觉某些客人的特殊要求，如对于单独进餐的客人或带有幼童的家庭提供有针对性的服务。餐饮部的服务员应担负起公关大使的角色，积极地去满足这类客人的特殊要求。

八　送餐服务

许多酒店向客人提供便捷的送餐服务，尽管这类服务的成本很高。为了降低成本，一些酒店与附近的快餐部门携手，按客人的要求将食品送到客房。其他与传统送餐服务共存的服务有：客房内的小酒吧、微波炉专用食品和小型厨房及设备、酒店小食店和特色厨房。

关键词

定位研究　　餐饮产品推销　　餐厅促销

练习

1. 以下哪一项不属于定位研究的基本模式？________

A. 客户情况调查　　B. 评测调查

C. 竞争对手分析　　D. 目前形势调查

2. 在进行竞争对手分析时，应研究以下哪一项？________

A. 菜单食品和价格　　B. 设施和服务

C. 促销活动　　D. 以上都是

3. 菜单设计使用周期始于________。

A. 餐厅的形象　　B. 菜单的设计　　C. 食品的价格　　D. 以上都不是

4. 以下哪一项是酒店外部促销的辅助形式之一？________

A. 优惠券　　B. 特殊时间的俱乐部

C. 样品　　D. 公众形象

5. 员工为了赢得回头客而使用三项“礼物”，以下哪一项不属于三项“礼物”之一？________

A. 认知　　B. 轻松　　C. 推荐　　D. 放心

实务操作

五洲大酒店自从把部分中式名菜引入西餐厅后，内容丰富、中西合璧、风味独特的菜品吸引了更多的消费者。五洲大酒店西餐厅的火爆完全延续了中餐的成功，该酒店长期坚持不懈地进行菜品创新，拉近了酒店与消费者的距离，出现了中西餐双花并荣的局面。

对于美食的研发，五洲大酒店称得上酒店行业中的佼佼者，它不仅加强西餐经营管理，而且还把中餐经营理念融合进去，推出多款招牌菜，大大提升了西餐消费的附加值。正是由于这个原因，五洲西餐厅的日销售额相当可观，抵得上一家普通酒店餐饮的总体营业收入。起初设计西餐厅时，所有人都未料到生意会如此火爆，最初西餐厅餐位数量上限为 80 个，结果开业不到半年，西餐厅开始出现就餐人数“井喷”，很多人挤在大厅候餐。不得已，餐桌只好一路摆到大厅的一隅，客人一进来，就会发现一条绿色的隔离带外有许多人在埋头品尝美味。餐位多了一倍后，紧张状况才有所缓解。

五洲大酒店不仅每月翻新菜品，而且对菜品质量的要求几近苛刻。从总经理到餐饮总监，从行政总厨到普通厨工，所有相关联的部门和人员都谨守一个共同原则——送到客人面前的菜肴绝对是最具品位的。开发出来的新菜在营养及口味方面要绝对处于行业的前列。其原料均是精心选购的，以保证菜品质量。五洲大酒店的厨师队伍定期外出考察，及时吸收新的烹饪手法，以保持酒店在菜肴出品上的领先地位。当然，五洲大酒店的掌勺厨师均身怀绝技，人人都拥有独门功夫。事实上，这批人在进入五洲大酒店前早已是扬名一方的大厨了。

除此之外，在五洲大酒店长期活跃着一支知识层面高、青春靓丽的销售队伍。她们经常回访客户，及时了解客户需求。一旦客人要前来用餐，她们会在大堂恭候并把客人的一切安顿好。有人说，五洲大酒店的客户都是“铁杆”，极少出现“移情别恋”的情况。其实，这种友谊是建立在双方的信任和默契之上的。也有人说，五洲大酒店的成功源于它创造了一种和谐的消费环境，具有极强的亲和力。

五洲大酒店的繁荣背后，真正发挥创造性作用的是以董事会为核心的高管层。无论是管理公司，还是投资业主，从开业伊始就紧紧遵循市场经济规律，讲求科学管理，奋力创新，每走一步都做到了群策群力。因此，五洲大酒店在餐饮经营上的成功不是偶然的。

思考题：

1. 结合本章所学知识，具体分析五洲大酒店餐饮销售成功的原因。

2. 酒店应如何看待餐饮销售在整体销售中的地位？进行餐饮销售时应注意哪些问题？请举例说明。

● 某晚，某公司在酒店餐厅包厢内用餐（该公司已连续几次在该包厢用餐了），菜是餐厅主管协助点的，其中有一道菜是“广式鳜鱼”。在上菜过程中，服务员急匆匆地端着一盆“水晶鳜鱼”跑来对主管说：“主管，菜单上是‘广式鳜鱼’，而跑菜员送来的却是‘水晶鳜鱼’，怎么办？”该主管马上去厨房了解情况。经调查得知，由于这几日“水晶鳜鱼”（酒店餐厅的特色菜）很受顾客欢迎，厨师没有看清楚菜单给做错了。主管心里想：如果重新做，会使酒店有所损失，不如去和客人协商一下。于是，她端着这盆“水晶鳜鱼”走进餐厅，先对客人轻声地说：“先生，我们将您点的‘广式鳜鱼’换了种做法，请您尝尝鲜。”这位客人的素质很高，再加上连续几天用餐下来，对这家酒店餐厅的菜肴口味及质量均相当满意，因而爽快地答道：“可以。”听到客人这句话，她总算放心了。她将这盆“水晶鳜鱼”端到玻璃转台上，并笑着向客人介绍：“这道菜是‘水晶鳜鱼’，用鳜鱼头尾做装饰，将肉身滑炒，味道爽滑鲜美，底部是水炖蛋，显得晶莹剔透，整个菜品造型优美，是我们酒店的招牌菜，请慢用！”客人见到如此优美的造型，便笑着对其他客人说：“这道菜真是好看，味道肯定不错，大家快动筷子尝尝。”

虽然上错菜是厨房内部的失误，但通过员工的随机应变，变坏事为好事，既使酒店免受损失，又让客人吃到了本店的特色菜。

思考题：

1. 酒店应如何避免类似于案例中发生的上错菜事件？员工应如何看待自己在酒店餐饮销售中的位置和作用，并全心全意投入其中？

2. 本例在餐饮销售中不算少见，谈一谈它给你的启发。

要点回顾

1. 定位研究包括：商业区和客源的调查、情况分析、竞争对手的分析、目前形势发展的调研。

2. 菜单必须能够反映餐厅的定位或形象，还应该作为一种建议性销售的工具向客户提供相关的信息。为了达到这种效果，酒店必须遵循规律性的菜单设计使用周期，包括形象、价格、信息和设计。

3. 影响价格制定的因素有：运营成本难以核算、不断变化的市场形势、运营的模式、客户的感觉、竞争因素。

4. 除了使用菜单来推销，餐厅还可以使用其他的措施来提高自己的销售额。这类措施包括：产品的包装、价值的提升、购买地点的产品材料、建议性销售和特别促销材料。

5. 餐厅的促销形式主要分为三种：个人促销、酒店内的促销、酒店外的促销。

6. 酒店内部促销计划的步骤是：分析营业的模式、确认目前的盈利业务、确认自己的客源、设定目标、评测促销技巧、确定优惠产品、制定预算、监控促销活动、鼓励员工参与。

7. 餐饮部的员工能给客人带来三项“礼物”：认知、推荐和放心。

8. 许多酒店向客人提供便捷的送餐服务，其他与传统送餐服务共存的服务有：客房内的小酒吧、微波炉专用食品和小型厨房及设备、酒店小食店和特色厨房。

知识链接

一、星级酒店餐厅的出路

时下，全国各地酒店林立，餐馆众多，竞争日益激烈，市场空间越来越狭小。特别是诸多三四星级的酒店更面临着严峻的生存危机。无论是硬件建设还是软件技术，这些酒店与那些装修豪华、菜品精美、服务一流、经营灵活的豪华酒店相比毫无优势可言，但同时，这些酒店又对那些价格低廉、方便快捷的大排档不屑一顾。这么犹犹豫豫、举棋不定，几年间，这些三四星级的酒店已丧失了大半的市场份额。作为星级酒店的餐饮经营者，应如何正确看待这一问题以及采取什么对策呢？

对于星级酒店来说，最重要的经营产品莫过于客房和餐饮。当前发达国家酒店业的一个重要趋势就是减少餐饮设施与服务，许多酒店已经放弃了膳宿共管的模式。这主要是由于餐饮业人工成本高、管理要求高、市场竞争激烈、利润率低，故酒店转而主营客房业务，一般不提供餐饮服务。它们通常与附近餐馆建立客户关系，或者将酒店的餐饮经营交给某一专业的餐饮公司，采取特许经营、自负盈亏的模式，酒店既可以满足客人的需求，又可以集中精力做好客房的服务与管理工作。只有少数高档次、豪华型酒店提供规模不大，但档次极高的餐饮服务，以此来满足部分客人的需求。

对于我国酒店业来说，尽管我国的人力成本不像国外那么昂贵，但也应从自身的实际情况和市场需求出发，做出相应的经营策略调整，并不是大而全就好，盲目地追求规模和档次是行不通的。

二、餐厅推销技巧

餐厅要吸引顾客，就必须做好餐厅的外部与内部推销，这样才能将更多的客人吸引过来。

1. 餐厅的外部推销技巧

(1) 店名推销。

必须根据目标顾客的层次确定餐厅的经营宗旨和情调。店名推销应取易记和易读的文字，应该笔画简洁、字数少，文字排列要避免误会，字体设计要美观大方，要具有独特性，店名应好听和易念。多数顾客都是通过电话预订餐桌，所以应该避免使用易混淆的词语和念起来不顺口的词汇，特别是不能过分追求独特而选用一些多数人不认识的生僻字。

(2) 招牌推销。

招牌推陈出新促销是餐厅最重要的宣传工具，招牌大则醒目，可见性强，易吸引人的注意力。晚间招牌要有霓虹灯照明，易于辨识。

(3) 外观与橱窗推销。

餐厅外观与橱窗应美观大方，门口和橱窗可种植或摆放花草树木，保持清洁卫生，特别是树木的叶子上面应该没有尘土，只有这样才能让顾客觉得餐厅内部是清洁卫生的。在门前或橱窗上列出特色菜肴及价格，消除顾客疑虑，使顾客能够安然踏进餐厅消费。

2. 餐厅的内部推销技巧

餐厅的内部推销的重点主要是餐厅的环境、气氛和情调，以及服务员的服务水平、服务技巧和卫生清洁。

对于餐厅的环境要求是设法营造适应经营范围和经营方式的气氛和情调，要求针对不同的环境，设计不同的装潢、布局、家具、陈列品、照明与色彩。经营特色菜肴要求环境也有特色。

卫生清洁是餐厅的基本要求，它是顾客选择餐厅、锁定目标、回头消费的基本要素。餐厅内部要求外观整洁，招牌颜色鲜艳、文字清晰，地面清洁无水迹。卫生间是往往被管理者忽视的地方，在卫生间喷洒香水是制造清新芳香味的手段之一。打扫卫生应分两批进行：开餐前要有一个清爽舒适的环境迎接客人；停业后清扫地板、卫生间、桌椅的卫生。千万不要在客人用餐时搞卫生。

服务员要注意仪表仪容，要使用礼貌用语，微笑待客，主动招呼客人。服务员应熟悉菜肴的原料、制作方法和口味等，对于有典故的菜肴，服务员应知其含义。服务中要做到“三轻”：走路轻、说话轻和动作轻。

三、酒店餐厅推销语言技巧

（1）用选择问句。例如："您是要茶还是要咖啡？"

（2）语言加法，即罗列菜肴的优点。例如："这道菜不仅味道好，原料也十分新鲜，含有多种营养，还对虚火过旺等症有辅助疗效。"

（3）语言减法，即说明假如现在不吃这道菜会怎样。例如："××只有这个季节才有，您如果现在不尝尝，其他季节就难有机会尝到了。"

（4）建议销售法，即先顺着宾客的意见，然后再转折阐述。例如："这道菜确实比较贵，但其原料在市场上的价格就不低，成菜工艺也较为复杂，口味别具特色，您不妨尝一尝。"

（5）语言除法，即将一份菜的价格分成若干份，使其看起来不贵。

（6）借人之口法。例如："毛泽东曾赞誉过湖北的武昌鱼，您如果品尝一下，一定会有同感。"

（7）赞语法。例如："鲍鱼炒饭是我们这里的招牌菜式之一，您不妨试试。"

（8）亲近法。

四、酒店餐厅服务推销技巧

推销是餐饮服务工作中重要的一环，熟练掌握并运用推销技巧，可使餐饮销售收到积极的效果。因此，灵活运用以下几种推销技巧非常重要。

1. 根据用餐者的身份及用餐性质，进行有重点的推销

一般来说，家庭宴席讲究实惠的同时也要有些特色，这时，服务员就应把经济实惠的大众菜和富有本店特色的菜介绍给客人。客人既能吃饱、吃好，又能品尝到独特风味，达到了在大饭店就餐既排场又实惠的目的。而对于谈生意的客人，服务员则要掌握客人摆阔气、讲排场的心理，推销酒水、饮料、食品都要讲究高档，这样既能显示就餐者的身份和经济实力，又能为餐厅提高利润。同时，服务员还要为其提供热情周到的服务，使客人感到自己受到重视。

2. 选准推销目标

在为客人服务时要留意客人的言行举止。一般外向型的客人是服务员推销产品的目标。另外，若接待有老人参加的宴席，则应考虑到老人一般很节俭、不喜欢铺张，因而不宜直接向老人进行推销，要选择健谈的客人为推销对象，并且以能够让老人听得到的声音来推销，这么一来，无论是老人还是其他客人都容易接受服务员的推销建议，有利于推销成功。

3. 运用语言技巧达到推销目的

语言是一种艺术，不同的语气、不同的表达方式会产生不同的效果。例如：服务人员向客人推销饮料时，可以有以下几种不同的询问方式："先生，您用饮料吗？""先生，您用什么饮料？""先生，您用啤酒、饮料、咖啡还是茶？"很显然，第三种问法为客人提供了几种不同的选择，客人很容易在服务人员的引导下选择其中一种。可见，第三种推销语言更有利于成功推销。因此，运用语言技巧可以大大提高推销效率。

五、酒店休息厅销售对服务员的要求

在酒店的餐饮销售中，休息厅销售对服务员的自身条件要求很高，不仅如此，服务员还需要掌握大量的相关知识。

1. 外在要求高

由于服务员在整个工作过程中直接面对客人，对客人休息时的心情有着直接的影响，因此要求服务员必须有端庄的容貌、整洁大方的服饰、自然亲切的表情、稳重文雅的举止，操作中处处给人以美的感受，这样就能与舒适典雅的休息厅达到和谐统一，创造出一种赏心悦目的环境氛围。

2. 能吃苦耐劳

由于服务员工作时间较长，要做到嘴勤、手勤、腿勤、动作敏捷、服务快速，始终在端正的站立和不断的走动中进行各种服务，还常常要根据客人的不同要求随时到不同的区域。有时是先来一个客人，再来三五个客人，有时好几批客人一起来，有时是这边几位客人还没安排好，那边客人已经起身离开需要送行，因而服务员要有良好的身体素质和吃苦耐劳的精神。

3. 要有丰富的业务知识

服务员必须要有较强的记忆力，能熟记本休息厅的服务项目和商品，根据客人的不同习惯推荐不同的服务，并适时地进行酒水推销，满足各种不同客人的需要。

4. 要有较强的应变能力

为了把服务做得恰到好处，服务员不能把标准当作教条，而要随机应变，把规范服务和超常服务有机结合起来，并且做好随时应对各种突发事件的思想准备。服务员同时也是推销员，要求服务员肩负适当的服务项目和酒水销售任务。因此，服务员同时也是推销员，必须有销售意识和敏锐细致的观察力，要能从客人的衣着、言谈举止中准确地判断客人的身份及需求，提供有针对性的服务，适时、巧妙地推销项目和酒水。

5. 要具备一定的心理承受力

由于客人的素质参差不齐，有时服务员会受到来自客人的轻视、责怪，甚至刁难，他们往往会把对商品、设备设施或是服务上的不满情绪全部发泄到一线的服务员身上，这就要求服务员能够遇事不惊、沉着应变。

案例分析

一“面”之缘

一天中午，某著名酒店餐饮部来了一位老太太，这位老太太自己找了一个角落坐下，对面带笑容前来上茶、点菜的服务员安妮说：“不用点菜了，给我一份面条就可以，就羊肉烩面吧。”安妮仍然微笑着对老太太说：“我们店的面条口味不错，请您稍等，喝点茶，面条很快就会好的。”说完，安妮又为客人添了点茶才离开。

十分钟后，热气腾腾的面条端上了老太太的餐桌，老太太吃完后，付了款，离开了餐厅。

晚上六点多，餐厅里已经很热闹了，安妮发现中午的那位老太太又来了，依然在那个不起眼的位置坐下，安妮连忙走上前去，笑脸盈盈地向老太太打招呼：“夫人，您来了，我中午没来得及向您征询意见呢，面条合您的口味吗?”老太太看着面带甜美笑容的安妮说：“挺好的，晚上我再换个口味，吃炒面，就肉丝炒面吧。”安妮给客人点完菜，顺手拿过茶壶给客人添好茶，说：“请您稍候。”老太太看着微笑着离开的安妮，忍不住点了点头。

用餐完毕，安妮笑着亲切地询问老太太："夫人，我们的面合您的口味吗?"老太太说："好，好，挺好的。我女儿下个月结婚，还请你帮我订 20 桌婚宴。"安妮一听：只吃一碗面的客人要订 20 桌婚宴！她愣了一下，马上恢复了笑容，对老太太说："没问题，我这就领您到宴会预订处去办理预订手续。"原来，这位老太太已经去过好几家酒店，每到一处也都是吃面，但是最终选择了这家酒店，就是因为这里的服务态度好。

阅读材料，请回答以下问题：

1. 请结合所学知识和本案例分析服务对餐厅销售的重要性，并简述推销技巧。

2. 餐厅的促销形式主要包括哪些?

A. 个人促销　　B. 酒店内的促销　　C. 酒店外的促销　　D. 电话促销

3. 请从下列选项中选择你认为恰当的酒店促销方式。

A. 招牌大而醒目，晚上还有闪烁的霓虹灯

B. 餐厅外观与橱窗美观大方

C. 餐厅干净卫生

D. 服务员拥有较高的服务水平

酒店概览

香格里拉酒店集团

"香格里拉"一词源于英国作家詹姆斯·希尔顿 1933 年撰写的《消失的地平线》一书，传说那是喜马拉雅山脉中的一个人间天堂，在那块乐土上，到处都充满着和平与欢乐的气氛，人们永葆青春。时至今日，"香格里拉"已成为世外桃源的代名词，而香格里拉酒店集团（Shangri-La）的优秀服务及完美宁静的环境，正体现了这个充满着神秘色彩的名字的内涵。

香格里拉是香港上市公司香格里拉（亚洲）有限公司的品牌，该酒店集团隶属于马来西亚著名华商——"亚洲糖王"郭鹤年的郭氏集团。香格里拉一向注重硬件设施的豪华舒适，加上亚洲人的殷勤好客之道，已成为知名酒店品牌。

郭鹤年，马来西亚声名显赫的华人企业家，祖籍福建省福州市，有"亚洲糖王"之称。郭氏集团控制着 100 余家公司，拥有数十亿美元的资产，业务渗透到新加坡、泰国、中国、印度尼西亚、斐济和澳大利亚等地，主要经营范围从甘蔗种植、制糖、面粉、饲料、油脂、采矿，一直到金融、酒店、商贸和船运等。1971 年，他与新加坡经济发展局合资建成了新加坡第一家豪华大酒店——香格里拉大酒店，并开始在亚太地区扩张，打造香格里拉酒店品牌。

从新加坡第一家香格里拉酒店开始，集团便不断向国际迈进。今日香格里拉已是亚洲区最大的豪华酒店集团，且被视为世界最好的酒店管理集团之一，在无数公众和业内的投选中，均获得一

致的美誉。作为以香港为大本营，以亚洲为基础，辐射全球的顶级豪华酒店集团，香格里拉在亚洲、中东和北美地区的主要城市拥有70多家豪华酒店和度假酒店，并不断在欧洲和北美地区开发新的酒店。在多个香格里拉酒店和香格里拉度假酒店设有SPA，入住的客人可在香格里拉打造的独特养生环境中尽情放松身心。

此外，香格里拉集团还管理着香港深湾游艇俱乐部和中国深圳南山区西丽高尔夫乡村俱乐部，这两个亚洲著名的休闲俱乐部为客人提供闻名遐迩的香格里拉殷勤服务。

香格里拉的经营理念是“由体贴入微的员工提供亚洲式接待”，顾名思义，就是指为客人提供体贴入微的具有浓郁东方文化风格的优质服务。它有五个核心价值：尊重备至、温良谦恭、真诚质朴、乐于助人、彬彬有礼。

作为较早进入内地的酒店管理集团，香格里拉从1984年在杭州开设第一家香格里拉饭店开始，就实行带资管理，也是当时唯一采用此方式的国际酒店管理集团。香格里拉所到之处，都成为当地标志性酒店，在内地成功地打造了香格里拉品牌。自2001年起，香格里拉开始“两条腿走路”——输出管理和带资管理齐头并进。

1984年，在风景如画的西湖边，杭州香格里拉建成，香格里拉酒店集团选择的合作伙伴是浙江省旅游局。香格里拉酒店集团拥有杭州香格里拉45%的股份，正式开始了在内地的带资管理。在香格里拉的中国布局中，北京是第二站。1987年北京香格里拉饭店落成，香格里拉集团占有49%的股份，是当时京城最高、最豪华的五星级饭店。1989年国贸饭店开业，1990年中国大饭店开业，香格里拉拥有两家酒店50%的股份。1995年，郭氏旗下的嘉里集团和北京北奥公司兴建了高级写字楼嘉里中心，其中包括嘉里饭店，香格里拉拥有绝对的控制权。2010年营业的北京国贸大酒店耸立于北京中央商务区（CBD）核心地带，紧邻国贸商城，餐厅、酒吧、店铺琳琅满目。

迄今为止，香格里拉酒店集团旗下的酒店遍布亚太、北美、中东以及欧洲地区，共有五个品牌，分别是香格里拉酒店、香格里拉度假酒店、盛贸酒店、嘉里大酒店、今旅(Hotel Jen)。该集团计划到2022年在中国的酒店达到55家，全球总数达到104家。

资料来源：http：//www. shangri-la. com/cn/.

第八章　宴会与会议用房销售

学习内容

- 解释为什么酒店宴会的销售利润总是大于餐厅的销售利润。
- 确定宴会销售部的职责和人员安排。
- 描述提高宴会销售的四种途径。
- 列举宴会销售部常接到的典型咨询。
- 讨论设计宴会菜单时需要考虑的因素。
- 列举宴会服务的常见形式。
- 总结三种常见的饮料服务计划。
- 界定保证条款。
- 熟悉提高会议用房销售量的原则。

一　宴会销售的利润

酒店宴会销售的利润通常可以达到35%，而餐厅的利润是15%。其差距主要由以下因素构成：

（1）大型酒店宴会的销售额常超出餐厅的销售额。

（2）宴会的定价更具灵活性，例如：餐厅的牛排价格为68元，而在宴会的菜单上可能会定为128元。

（3）食品的成本由于大批量采购而降低。

（4）饮料的成本由于灵活的价格和批量采购而降低。

（5）劳务成本降低。

二　宴会销售部的职责和人员安排

宴会销售部有两种基本的职责：向当地商社和个人提供餐饮和酒水服务；向在酒店内部举行的由销售部门确定的会议和团队提供服务。

在大型的酒店，宴会部通常由宴会总监来领导，他要监管宴会部或宴会销售经理、宴会销售员工、文职人员和其他服务员。宴会销售总监的主要职责是协调处理宴会销售运营中的销售和行政方面的问题。由于酒店业的竞争变得越来越激烈，宴会销售总监的销售责任也就越加重要。

宴会或宴会销售经理要负责监管餐饮部的各项活动并管理服务人员，也有可能要直接参与功能厅的实际布局安排。

宴会销售部的员工受雇于大型的酒店，需要去积极争取各种会议之外的业务，例如：婚宴、公司的工作午餐等。

宴会销售部门可能会雇用一名员工来回复日常的咨询、处理转来的账目，同时还要完成各项销售工作的文件工作。

全体服务人员，如迎宾员、服务员助理和场地布置人员要根据需要来摆台，安排宴会区域和相关设备。

应着重指出的是，以上所提到的所有员工都应参与到销售工作中，尽管有些人是在销售宴会，另一些人在向其他人员提供服务，或只是向享受服务的客人显示出自己的友好和好客的形象。

【相关链接】

宴会销售人员的基本职责

宴会销售人员对内负责与相关部门的沟通协调，对外代表酒店接洽会议、宴会及相关业务，负责与老客户保持良好关系，同时拓展、开发新客户，了解市场信息，协助上级制定策略，以求实现酒店年度收入目标。

三　宴会销售的途径

宴会销售的途径有四种：面对面销售、电话销售、信件或电子邮件销售、回复咨询。

（一）面对面销售

面对面的销售主要是指与行业业主之间的联系，例如：宴会销售部总监或销售员工可拜访珠宝商、婚庆用品商店、婚庆摄影商等来得到婚庆仪式的生意。

（二）电话销售

电话销售是另一种提高销售利润的良好方式，这种销售方式比面对面的销售能节省很多时间。

（三）信件或电子邮件销售

宴会销售部经常会通过寄送一些较为正式的信件或电子邮件来赢得当地的生意。当今的计算机文字处理能力使得个人信件的书写变得极为个性化，同时一封销售信件应具有针对性。

（四）回复咨询

无论回复何种咨询，重要的是确定与客户相关信息、自己酒店的运营情况和各种活动的细节。在完成了这类确认后，就可以展开实际的销售了。

四　咨询的种类

有关宴会销售咨询的种类有书面咨询、电话咨询或客户亲自来访咨询三种。

（一）书面咨询

潜在客户的书面咨询不应以书面或电子邮件方式回复，电话能较为迅速地联系到客户。通过与客户的电话联系，宴会销售总监或员工能够确定客户的具体需求，向客户提供功能厅房间的详细情况及宴会的菜单和合同的条款。

（二）电话咨询

对客户的电话咨询必须迅速高效地予以回复，以保证销售的成功。活动情况日志和其他诸如价格和菜单样式等资料应随时备好。此外，宴会销售部的员工必须有能力通过与客户的电话交谈，获得足够的相关信息来制定价格、推荐性销售的模式，并做好预订。

（三）客户亲自来访咨询

针对客户亲自来访咨询，酒店应该高效友善地向客户解释其所关心的情况。当客户突然到来询问宴会场地的相关情况时，酒店宴会部的员工应该对潜在的客户持欢迎的态度并立即通知宴会销售总监或销售员工。如果要求客户等待，必须提前告知需要等待的时间。此时应该用咖啡或茶招待客户，并提供给客户有关宴会销售部门的阅读材料，如：以往的活动照片、酒店有关活动的报道、宣传册或相关数据指南、菜单样本等。这种资料可能会给客户的问题带来一些答案或能使客户更清楚地了解宴会销售部门的运营。

五 宴会菜单

宴会销售总监应随时推销已定型的宴会菜系。提前定好的菜单，其成本是固定的，而客户特别点的菜单可能需要额外的员工和成本较高的配料。如果客户要求使用特定的菜单，宴会销售经理应该与厨师沟通。客户的要求、食品的成本和劳动成本都要加以考虑。

（一）客户的偏好

应了解客户对食品的偏好，向客户提供满意的菜肴选择。应该时时处处为客户着想，例如：当向少数民族团队提供服务时，有必要了解他们的特定习惯及他们对饮食的要求。

（二）食品的成本

在设计宴会菜单时，应选用味道纯正、质地和外观上乘的食品，即使是成批采购，也要顾及这一点。

（三）劳动成本

劳动成本包括食品的制作成本和服务成本。前者的变量系数很大，例如：两种牛肉菜肴用的原料一样，但其中一道菜可能因为较长的制作时间和复杂的制作过程而成本较高。服务成本主要取决于客人所需要的服务模式。

六 常见的宴会服务形式

（一）盘式服务

盘式服务是宴会服务中的最常见形式，也称为美式服务。盘式服务要求有一个较大的厨房和大量服务员工，食品全部在厨房内装盘，客人一般食用自己盘中的食物。

（二）俄式服务

俄式服务要求服务员使用大托盘装盛食物。一名服务员向客人分发肉食品和调料，另一名服务员向客人提供土豆和蔬菜，因此服务的劳务成本较高。

（三）自助餐

在自助餐上，热的和冷的食品整齐地摆放在自助餐台上，客人可以自己取拿食品，自助餐服务适用于所有形式的聚餐和活动。

（四）预订餐服务

预订餐服务有时用在午餐会议或其他时间比较短的聚餐活动中。第一道菜（汤、沙拉或开胃菜）在客人入座前就摆放好，有时甜点也可以采用这种形式。

（五）管家式服务

在招待会或鸡尾酒会上常使用管家式服务。在提供这种服务时，冷餐小食品常放置在托盘中，由服务员手持托盘为客人服务。

（六）集合式服务

在婚礼招待会或公司的宴会上，常常使用集合式服务。许多婚礼招待会的特色是以自助的方式让客人自取开胃的餐前小吃，然后入座进正餐。

七　饮料服务计划

（一）现金付费酒吧

在现金付费酒吧，客人付费，调酒员负责为客人准备酒水。

（二）总账酒吧

在总账酒吧运营中，客人不必付费，而由活动的主人付费。计费的方式是按份或按瓶。

（三）按时付费

此种方式是按照固定的小时时间来收取每名客人的费用，因此在特定小时内准确地统计客人的数量是极为重要的。有些酒店的做法是第一小时三份酒水、第二小时两份酒水、第三小时一份半酒水，总的消费份数再乘以规定的数目，最终计算出每小时的费用。

八　保证条款

保证条款是指预订酒店产品或服务的团体须向酒店提前提交预计的客人总数，通常提前时间为 48 小时，所提交的数目是“最基本的保证到达数”。即使团队的实际到达客人低于这个数字，客户方也应按照原报的数目付费。许多酒店都会准备高于这个数目的桌台以备实际人数超出预报的人数，准备的备用桌台和服务设施数量一般应高于预报人数的 5%～10%。这种保证条款有助于酒店控制劳务和食品的成本。

九　会议用房销售

以下几项原则有助于酒店提高自己的会议用房销售量：

(1) 销售额与使用会议场所的面积成正比。应该最大量并有效地使用会议房间。例如：尽可能地把会议按顺序安排在同一房间，而不应该把宴会活动安排在另一个会议的后面。通过这种方法可以降低场地摆台的成本，既节约了时间又可以提高场地的销售。

(2) 首先推销出最不受欢迎的场地，可以最大限度地提高场地的使用率。如果首先推销出最不受欢迎的场地，后面的场地就能较为轻松地售出。如果在后期受欢迎的场地未被售出，可以将前面的售出场地转移到这里，为客户推出升级服务，这能带来可观的效益。

(3) 如果客户要求全天或整个晚间预订某一场地，销售人员应仔细审视。很少有会议的计划者真正会全天或整个晚间都使用会议场地。这样，几小时的“空闲不可用”的时间就可以安排给另一个会议。

(4) 会议销售的时间应该着眼于营业的淡季。会议的房间和场地的使用通常都在旺季，因此销售活动应该始于营业的低谷期和平行期。

关键词

餐饮部总监　　会议服务部总监　　现金付费酒吧　　总账付费酒吧　　按时付费酒吧
盘式服务　　俄式服务　　自助餐式服务　　预订餐式服务　　管家式服务　　会议用房

练习

1. 宴会销售的利润高于餐厅的利润，其原因是________。

A. 灵活的价格　　B. 批量采购食品导致成本降低

C. 较低的劳务成本　　D. 以上都是

2. 会议房间的销售主要由以下哪一方处理？________

A. 宴会销售部　　B. 酒店销售部

C. 前台　　D. 餐饮部

3. 以下哪一项不属于宴会销售部获得业务的途径？________

A. 面对面的销售　　B. 回应咨询

C. 店外设置展台　　D. 电话或电子邮件销售

4. 宴会销售总监在制定宴会菜单时，应________。

A. 尽量选用已定型的菜系　　B. 首选客户的特定菜单

C. 拒绝使用客户的菜单　　D. 忽视制作的时间

5. 为了使会议场地最大限度地创造利润，应遵循的重要原则是________。

A. 首先推销最不受欢迎的场地

B. 将销售活动安排在旺季

C. 鼓励客户预订全天或整个晚间的房间使用

D. 以上都不对

实务操作

● 富临大酒店位于深圳河畔，与香港隔河相望，环境幽静、风光优美。酒店对内部产品、条件及深圳各酒店的情况进行了对比调研，根据本酒店双人客房数量多、宴会厅规模大的特点，将酒店定为商务会议型酒店。这一正确定位使酒店会议接待得到了大幅增长，从而带动客房、餐饮、电话、电传收入的全面增长，仅宴会营业收入一项就达 1 180 万元，同比增幅达到 66.4%。

因酒店设置有宴会销售部和市场营销部，宴会销售部隶属餐饮部，为保持策略的统一性，酒店对两部门销售人员的要求是一致的，即同时负有宴会销售与客房销售的责任。在对外报价上采用灵活处理的手法，尽可能满足客户的要求。对销售人员的报价权限问题，则采用给予底限的政策，即在底限价格范围之上，销售人员有充分的决策权，避免给客户留下任何问题都要左请示、右汇报的印象。

针对宴会厅装修过于简单、不够豪华的弱点，酒店投资一百多万元对宴会厅的墙面、地毯进行改造。同时根据以往会议团体主办单位对灯光的意见，在宴会厅安装了三盏大型水晶吊灯，再加上原有的宴会厅顶高 5.5 米的优势，一个崭新的装饰豪华、气氛高雅的多功能会议厅出现在客户的面前，使客户得到最好的第一观感。为提高宴会服务用具档次，酒店订制了一百套法国水晶玻璃杯，使宴会用具的色彩搭配更显高贵典雅。

为使宴会厅会议功能与国际接轨，酒店投资一百万元购置了先进的六音道同声传译系统，电脑液晶对接投影机、实物投影仪等，使宴会设施完全符合国际会议厅的要求。该系统在第一届亚欧海关团长会议、中美机场研讨会、中美玩具安全条例研讨会、深圳城市新中心规划投标会等一系列国际会议中发挥了重要作用，获得一致好评。

在完善硬件设施的同时，酒店还狠抓服务质量，通过强化培训来提高服务员的素质。每月宴会部都会安排一次考核，以检验培训效果。不合格的员工必须重新培训，三次不合格者，则延长试用期，甚至辞退。在宴会淡季，安排宴会部服务员至中餐厅、西餐厅、大堂进行交叉培训，使宴会部员工在各种宴会的服务技巧上精益求精，为提高宴会服务质量起到了一定的作用。酒店注重从内部培养有一定能力、追求发展、自我约束力强的员工，给予他们晋升机会，创造出一个有归属感、有上进意识的宴会团队。

俗话说“读万卷书，行万里路”，酒店管理层坚持“走出去，请进来”的原则，利用洲际集团优势，派出管理人员学习，与国际化宴会接轨。总之，富临大酒店宴会部的成功是多种因素的结合，也是宴会销售的一个成功典范。

思考题：

1. 总结富临大酒店宴会部成功的原因。

2. 谈一谈你从这个酒店宴会销售的例子中学到了什么。

● 在六朝古都南京，一座高达37层的白色大厦巍然矗立在市中心，这就是驰名中外的金陵饭店。这里地处闹市，终日车流不息，人声鼎沸，而置身其中的金陵饭店却给宾客提供了一个清静安谧的环境：大厦前，绿树环绕，清泉喷涌；古典式花园玲珑别致，幽雅舒适；房间内光线柔和，色彩协调，隔音性能良好；登上36层的旋转厅，极目远眺，南京城的美景尽收眼底。

1983年4月，金陵饭店试营业，37层的大厦还只能开放1层，四周连脚手架也未拆除。就在这时，一个消息传来：法国总统密特朗带领庞大的记者团要访问南京。金陵饭店总经理立即意识到，这是一次进行饭店形象宣传的极好机会。经过一番努力，金陵饭店承揽了这一接待任务。筹备工作在紧张地进行，饭店外立面几天内粉刷一新，延伸30多层的脚手架迅速拆除。服务人员专门进行法语和礼仪训练，所有的通信设备一一准备齐全。从总经理到全体员工，几乎对每一个细节都作了周详的准备。

5月6日，密特朗和随行的近200名记者抵达南京。当时的江苏省副省长顾秀莲在金陵饭店举行盛大的欢迎宴会。席间，一道道具有法国风味的菜肴端上餐桌，法国贵宾在相隔万里的中国吃到了美味的“家乡菜”，一种“宾至如归”的感觉油然而生。席间，宴会厅的灯光突然暗淡，20多位服务员每人手捧点着蜡烛的大蛋糕，分成两排缓缓向宴会桌走来。烛光在夜幕中闪着光芒，服务员向贵宾们致以祝贺。外国记者被眼前这奇妙的情景吸引住了，纷纷用摄像机、照相机拍下了这难忘的场面，有的还向国外作了现场广播。密特朗总统在宴会上说：“饭店刚开业就如此有吸引力，象征着南京市的欣欣向荣。”一时间，饭店成了外国记者的发稿中心，记者们竞相向世界各通讯社发稿，金陵饭店美名远扬。

思考题：

1. 金陵饭店举办的宴会对于酒店的宣传起到了什么作用？

2. 在这一案例中，公关对宴会的成功举办起到了什么作用？公关与宴会的结合又给酒店带来什么利益？

要点回顾

1. 酒店宴会销售的利润与餐厅的利润差距主要由以下因素构成：大型酒店宴会销售额常超出餐厅的销售额、宴会的定价更具灵活性、食品的成本降低、饮料的成本降低、劳务成本降低。

2. 宴会销售部有两种基本的职责：向当地商社和个人提供餐饮和酒水服务；向在酒店内部举行的由销售部门确定的会议和团队提供服务。

3. 取得宴会销售的途径有四条：面对面的销售、电话销售、信件或电子邮件销售、回复咨询。

4. 有关宴会销售咨询的形式有书面咨询、电话咨询、客户亲自来访咨询三种。

5. 宴会销售总监应随时推销已定型的宴会菜系，如果客户要求使用特定的菜单，宴会销售经理应该与厨师沟通。客户的要求、食品的成本和劳务成本是需要考虑的因素。

6. 常见的宴会服务形式有以下几种：盘式服务、俄式服务、自助餐、预订餐服务、管家式服务、集合式服务。

7. 饮料计划有以下几种：现金付费酒吧、总账酒吧、按时付费。

8. 保证条款是指预订酒店产品或服务的团体须向酒店提前提交预计的客人总数，通常提前时间为 48 小时。这种保证条款有助于酒店控制劳务和食品的成本。

9. 以下几项原则有助于酒店提高自己的会议用房销售量：销售额直接与使用会议场所的面积成正比；首先推销出最不受欢迎的场地可以最大限度地提高场地的使用率；如果客户要求全天或整个晚间预订某一场地，销售人员应仔细审视；会议销售的时间应该着眼于营业的淡季。

知识链接

一、宴会厅所能举办的会议形式

宴会厅所举办的会议并非仅限于餐会，如下所述的 10 类活动都是宴会厅的服务对象，由此可知宴会形式的多样性：(1) 订婚宴、婚宴；(2) 满月宴、寿宴；(3) 团拜会、春茗会（限于每年 12 月至 2 月新年前后）；(4) 同学聚会、谢师会、毕业餐会、庆功宴；(5) 记者招待会；(6) 座谈会、培训会、会员或职工大会、说明会、新产品发布会、产品展示会；(7) 鸡尾酒会（如：开幕酒会、周年酒会、结婚酒会等）；(8) 服装表演、歌友签名会；(9) 官方宴会；(10) 其他宴会（如：选美大赛、各种棋类赛事、签约仪式等）。

二、宴会的装饰与布置

因为宴会形式不一，有些宴会需要豪华的装饰与布置，例如：婚宴、庆功宴、发表会、各类展示会等；有些只需要一般桌椅陈设及视听器材即可，如：说明会、培训会等。因此，一般宴会厅的基本装饰通常较为简单，若遇特殊情况，则根据顾客需要增设舞台、红地毯、花卉、气球、灯光、特效、乐团、背景等，以便营造出宴会的华丽气氛。

三、宴会营销人员的任务

(1) 与酒店的客户群体保持联系、满足其合理需求；(2) 与现有客户维持良好的关系，同时开发新客户；(3) 促销酒店现有的宴会产品、设施、场地及各项服务；(4) 将客户资料整理存档，并保持完整性及准确性；(5) 服从部门主管指派，到酒店外拜访客户、接洽业务或勘察大会场地；(6) 在当班时间内及其他餐厅尚未营业前，负责接洽并协助各餐厅的订席事宜；(7) 负责带领来访宾客参观，介绍酒店宴会厅设施，必要时交由上级处理，争取生意；(8) 参加部门举行的业务沟通会议，提交每天的业务简报以及任何指定出席的会议；(9) 追踪任何有潜力的生意来源，对市场信息保持高度警觉，及时报告上级；(10) 将客户意见及同行评语予以记录，并报告上级；(11) 随时保持积极主动的态度招呼客人，注意个人的仪容，保持端庄；(12) 每周上交工作重点报告，包括确定及待追踪的生意，每月上交业绩报告；(13) 按值班表所排定的时间上下班，遇到业务繁忙及人手不足时，应机动调整予以协助；(14) 负责填写宴会预订本，并对客人进行跟进；(15) 对酒店宴会厅、餐厅、服务设施了如指掌，以便为顾客全面介绍。

四、宴会、会议的销售谈判

举办宴会，顾客所采取的第一个步骤便是向中意的酒店咨询相关的信息，采取的方式大约可分为三种——来电、来传真、亲自前来洽谈。一般客人的问题不外乎场地是否有空、宴会和会议的费用、宴会厅规模、宴会厅能提供的相关仪器设备、菜单的内容、最低消费额、现场平面图、定金等。面对诸如此类的疑问，销售人员须一一为顾客说明，努力把握每一个可能的生意机会。

一旦获悉顾客有举办宴会的意愿，销售人员最好能邀请顾客亲自到宴会厅现场看场地。毕竟仅通过电话进行解说，无实物可供参照，往往无法让顾客真正了解宴会厅的实际情况，无论销售人员如何详尽介绍场地，客人也很难体会。因此尽量邀请客人亲临宴会厅面对面解说，由销售人员就现场设备清楚地为其解答问题，不但可以增加说服力，而且让顾客对酒店的宴会设施有更直观的认识。若顾客不愿前往，销售人员就要考虑登门拜访。一般来说，宴会生意大概有75%是自己找上门来的，其他25%必须依靠销售人员进行促销活动，主动争取客源。

在洽谈的过程中，负责接洽的销售人员必须备妥足够的资料供顾客参考，例如：场地的平面图、各式菜单的价格表、客人的容量表、租金一览表、器材租金表。接受咨询时，首先要让客户了解场地的大小和形状，即使顾客已亲临现场，销售人员仍需准备场地平面图，为其解说。由于不同桌数与不同形态的宴会所适合的场地类型不尽相同，所以要提供多种平面摆设图，满足顾客需求。

五、宴会、会议的预订及确认

假使顾客有意预约宴会，销售人员需要问清楚宴会的日期、时间、名称、性质及联络人员姓名、电话，并书面记录下来。另外，菜单内容、饮料种类与宴会人数、宴会预算、摆设方式、顾客的付款方式也应如实记录。当然，在预约步骤中，销售人员要提供报价单给顾客，因为大多数顾客在签订合约后可能还会与其他饭店进行比价。无论如何，销售人员应详细记录每次跟顾客洽谈的结果，除存档备查外，也需要正确无误地将资料转达给其他相关人员。只有如此，方能确保宴会的成功。

为方便记录，预订宴会所需的资料都已经包括在宴会洽谈表中。有了宴会洽谈表，销售人员与客人洽谈时便可以马上将所有资料填妥，并将客人的要求选出，等到将宴会通知单发给各部门时，所有宴会需求都一目了然。如果顾客只是暂订宴席，酒店则必须对其保持追踪，直到客人下订单为止。若顾客取消订席，也要询问取消宴会的原因，并予以记录，作为日后改进的参考。

通常情况下，除熟客不收定金外，其他所有宴会及会议确认时，都必须先交30%的定金，付完定金才表示该宴会场地确实被订下。否则一个宴会如果临时取消，对酒店势必造成重大损失，因此预收定金是酒店的另一种自保方式，实属必要。除此之外，若在原来预订宴席的顾客未付定金之前另有其他顾客预订同一场地，销售人员应打电话给先预订的顾客，询问其意愿。如果顾客表示确定要使用该场地，就必须请其先缴付定金，否则场地将给下一位想预订的顾客。假使客户看中的宴会厅已被预订，销售人员仍然不可轻易放弃任何生意机会，而应积极推荐其他可替代的宴会厅，或尝试说服客人更改宴会日期。

虽然在预订时销售人员已记下顾客所有的要求，但是客人日后可能变卦。所以销售人员必须将双方同意的事项记录在合约书上并请客人签字，以保障客人与酒店自身的权利。倘若客人没时间亲自到酒店履行签约手续，销售人员可以通过书面传真或邮寄的方式，将文件送至顾客手中，请顾客在确认书上签字，签妥后再传真或邮寄回酒店以示慎重。在签订确认书时，酒店通常会要求收取定金。

六、会议接待

派专人负责机场、车站的礼仪、接站、公关等服务；提前在酒店、会议室布置好欢迎条幅、欢迎牌、签到台、指示牌等；准备好会议所需要的会议资料、会议用品、会议演讲稿等；检查会议室条幅、灯光、音响、茶饮等的准备情况；会议参加者到达酒店后，确认房间楼层及房间号，询问客人是否有特殊要求；确认用餐时间、用餐标准及特殊客人的需要；确认旅游线路行程、用车、导游以及是否增加景点；确认娱乐消费形式、消费标准、娱乐地点；会议结束后，帮会议代表合影留念；为代表提供文秘服务及相关服务。

七、宴会、会议的追踪服务

宴会、会议结束后，由负责的销售人员亲自拜访或打电话给客户表达感谢之意，并追踪客户对此次宴会的满意度以及酒店所需改进之处，对客户进行一种售后服务。如果顾客负面反映居多，产生误解之处应及时解释清楚。若情况属实，则可借以改进。如果客人反映是正面的，即可作日后推广宴会销售的卖点。所有追踪的结果均应列入记录并存档，作为将来考核改善成果的参考，同时也可作为此客户下次光临时应特别注意的事项备案，以提供较高品质的服务。

案例分析

干着急

10月25日，盛泰酒店将要接待一场会议。事前，所有会议用房的房间号码都已经提供给了会务组。25日中午正是报到的高峰期，可是还有几间房没有退出来，销售经理和客人都急得团团转。客人一个劲地催促销售经理，并指责酒店，说酒店提供的房间并没有得到保证。而酒店经理也从早上一直到中午都在询问前台房间是否空出来了。直到中午12:00，通过查询发现其中有3间房是一个公司接待处用的，并表示13:30绝对会退出来；另外有一间房的客人联系不上，前台说客人外出了，没有留下手机号码，客人回来后就马上通知楼层给他换房。但是会务组仍在一个劲地催着要用房，这样坐以待毙绝对不行。于是销售经理和酒店客户经理来到前台找接待员协助联系客人，一看登记单，发现这间房是由客房部小王预订的，销售经理马上联系小王叫他联系客人，询问今天是否退房，如果不退房则请他换一间房。最后客人答应换房，这件事才得以解决。

阅读材料，请回答以下问题：

1. 会议用房一直没空出来，是哪一个沟通环节出了问题？

A. 会务组与客人之间　　B. 销售经理与前台之间

C. 前台与小王之间　　D. 小王与客人之间

2. 材料中体现了会议营销人员的哪些任务？（多选）

A. 与酒店客户群体保持联系，满足其合理需求

B. 将客户资料整理存档，并保持完整性和准确性

C. 负责带领来访客人参观会议厅及设施，必要时交由上级处理，争取生意

D. 随时保持积极主动的态度招呼客人，注意个人的仪容，保持端庄

E. 负责填写会议预订本，并对客人进行跟进

3. 这次会议用房预订如何能更好地解决？请从销售经理和前台两个角度回答。

酒店概览

希尔顿酒店

1907年圣诞节，一个名叫康拉德·希尔顿的20岁年轻人在美国新墨西哥州圣·安东尼奥镇堆满杂货的土坯房里开办了家庭式旅馆。他对母亲说："我要集资100万美元，盖一座以我的名字命名的新旅馆。"他又指着报纸上一大堆地名说："我要在这些地方都建起旅馆，一年开一家。"

1928年，也是圣诞节，康拉德·希尔顿41岁生日，他的所有梦想都一一实现了，并且速度大大超过预期。在达拉斯阿比林、韦科、马林、普莱恩维尤、圣安吉诺和拉伯克都相继建起了以他的名字命名的酒店——希尔顿酒店。

希尔顿国际酒店集团是总部设于英国的希尔顿集团公司旗下的分支，拥有除北美洲外全球范围内希尔顿的商标使用权，旗下有希尔顿（Hilton）、斯堪的克（Scandic）和康拉德（Conrad）等品牌，管理着400多家酒店，包括260多家希尔顿酒店、140多家斯堪的克酒店，在全球的78个国家拥有超过7万名雇员，有10多个不同层次的酒店品牌。

美国希尔顿1994年从总部位于英国伦敦的希尔顿集团旗下分出，独自运营全美2 300多家希尔顿酒店业务。2005年12月29日，希尔顿集团宣布以36亿英镑向美国希尔顿酒店公司出售其酒店业务，该交易使这两家希尔顿公司在1964年分拆后重新走到一起，希尔顿酒店公司集中关注美国业务，而希尔顿集团则把主要精力放在其他国际市场上。

1988年，希尔顿进入中国市场。2005年6月7日，希尔顿国际酒店集团与中房集团在北京签署协议，宣布康拉德酒店落户北京，该集团旗下经济型酒店品牌斯堪的克同时签约，两项工程均由中房集团海外发展有限公司负责开发，于2008年北京奥运会前营业。北京康拉德酒店有200间客房、100套服务式公寓；斯堪的克酒店有400间客房和100套服务式公寓，是欧洲以外的首家斯堪的克酒店。北京成为世界上第一个拥有希尔顿全部三个国际品牌的城市，即豪华型酒店康拉德、高档酒店希尔顿和面向中端市场的经济型酒店斯堪的克。同年，希尔顿集团宣布赞助美国2008年北京奥运会代表团。

2006年元旦，上海金茂希尔顿大酒店开业。2月16日，希尔顿酒店表示优先开拓中国和印度等亚洲市场，谋划在中国寻找合作伙伴，首次在华引入希尔顿花园客栈（Hilton Garden Inn）品牌，计划建立50家左右该品牌酒店。目前，希尔顿在中国已经开业的酒店共有8家。同年，希尔顿在澳门建设两家酒店，其中一家是希尔顿酒店，有1 200套房

间；另一家是康拉德酒店，有300套房间。2006年，三亚希尔顿酒店开业，这是中国第一家希尔顿度假酒店。2007年，拥有410间客房的厦门希尔顿酒店开业。截至2019年，希尔顿在全球约80个国家拥有570多家酒店。在中国15个城市开有103家酒店。

与美国本土相比，希尔顿酒店在其他国家的品牌认知度较低，但在国际旅游者眼里，希尔顿却是首选。凡入住希尔顿的旅客均可获得50多家航空公司的飞行旅程积分。全球的希尔顿酒店每天接待数十万的各国旅客，年利润达数亿美元，雄居世界榜首。

资料来源：http：//www. hilton. com. cn.

第九章　酒店营销广告

学习内容

- 解释为什么酒店要使用广告。
- 列举广告的四个目的。
- 讨论店外广告、展示和宣传材料的使用。
- 总结印刷广告的优点和缺点。
- 描述直邮广告的优点和缺点。
- 讨论广播、电视广告的使用。
- 讨论媒介广告的多样性。
- 区分相互性和合作性广告。
- 解释常用的广告策略。
- 解释制定广告预算时应考虑的因素。

一　为什么要使用广告

一个酒店打出广告的原因有多种。广告通过常用的网页、印制和广播的方式能吸引大量的观众和听众，即使一个广告的原本设计目的并非针对大量的观众和听众，如分发给会议策划人的宣传册，但这一广告也可以得到很多人的关注，而这些人可能就是潜在的客户。

广告的投入相对而言比较低。按照广告成本与观众或听众的比例计算，成本是非常低廉的。但当计算广告成本时，应着重斟酌一项——并非每一个观众或听众都对酒店的信息感兴趣。

广告能够创建一种直接性的回报。优惠券、回答卡和广告上标出的网址或电话号码都可以用来吸引大众的回复。

广告能够展示一个酒店的竞争优势。因为其他酒店也在通过广告宣传自己，读者、观众或听众则获得比较各家酒店的优惠条件和特色的机会。一家酒店如果能够展示出诱人的条件，则会占据竞争的优势。

二　广告的目的

广告的形式多种多样，其要达到的主要目的有以下几种：

（1）吸引潜在客户的注意力并创建消费群体对产品的意识。

（2）唤起潜在客户心中的兴趣。

（3）将潜在客户的兴趣转变为想要感受的住店经历。

（4）唤起潜在客户的行动。

【相关链接】

酒店广告的类型和作用

酒店广告按地域可分为四种：国际广告、全国广告、区域广告、本地广告。

酒店广告能够帮助酒店实现以下目标：

（1）宣传酒店产品及服务。

（2）使消费者产生购买欲望。

（3）帮助销售人员更好地促销。

（4）让消费者更了解酒店。

三　店外广告、展示和宣传材料的使用

（一）店外广告

店外广告包括酒店的标志、街道和公路边的酒店宣传板。这类广告的优点是能建立消

费者对酒店的意识感和认知度，而且能够吸引一些冲动型的消费群体。其缺点是信息发布有限，制作和维护的成本较高，而且其有效性也较难测量。

（二）展示

展示包括酒店外发布的宣传卡和张贴的图示。展示的地点常常是公交车和出租车等交通换乘点和展示会等地点。虽然展示性广告可以影响人们的购买决定，但制作高质量展示的成本较高，这与观看展示的消费者的人数有限有关。

（三）宣传材料

宣传材料包括酒店电子广告、宣传册、张贴图片、产品服务介绍单、桌卡和其他用来介绍酒店产品和服务的材料。宣传材料可以被用作店内或店外的促销工具。与报纸和杂志的广告不同，特殊制作的宣传材料可以为范围较小的、更为具体的群体服务，如：旅行商、旅游运营者和酒店内的客人。相反，报纸和杂志广告的对象是大多数的读者。

四　印刷广告

酒店使用的印刷广告包括报纸、杂志和指南。

（一）报纸

酒店业在报纸上刊登的广告要远远多于在其他媒体上刊登的广告。报纸的读者基数较大，报纸能较为广泛地到达当地的各个社区。报纸提供了各种栏目，用来针对各个具体市场层面。报纸具有灵活性，广告的篇幅和实际制作可以随意调整。此外，报纸广告刊登的费用也较低。报纸广告也有其缺点：通常人们不会读完全部的版面，人们常抱怨报纸上充斥着大量广告，而且报纸上的广告质量较差。

（二）杂志

杂志的优点是读者数量较为稳定，而且印刷的质量也较高。杂志的广告面对的是独特的读者，而且具有相对长的阅读期（许多杂志被人们收藏和传阅）。然而，杂志的广告也有不足：大多数杂志都是全国性发售，这意味着广告支出有一定程度的浪费；杂志不像报纸那样天天出版，杂志上的酒店广告也就不像报纸广告那样有较高的出现率；杂志的广告制作需要高成本和较长的前期制作时间，限制了广告内容的灵活性。

（三）指南

指南包括电话指南和商务指南。每年有成千上万的人通过各种渠道查询具体酒店或服务的信息。商业指南广告能够吸引旅行的专业人士，因此这类广告能向读者提供足量的信息，能为客户提供酒店或预订的信息。

五　直邮广告

直邮广告能够直达酒店的目标群体，这是其他广告媒体所不能保证的。直邮广告针对的是规模较小的群体，其成本相对较为合理。直邮广告的另一特点是可测性。如果把直邮广告推向规模大的群体，其成本将是巨大的。

六　广播、电视广告

多年来，广播、电视广告常被酒店经营者忽视，原因主要为成本高和对其缺乏了解。而在当今激烈的行业竞争中，这种态度已发生了转变。许多酒店经营者把目光转向广播、电视媒体来传播自己的形象。

（一）广播广告

广播广告的最大优势在于每日能吸引大量的公众注意力。与报刊广告相比，平均潜在客户的投入比要小，而且广播广告的针对性强，是一种极具灵活性的媒体。其缺点是：广播电台的数量多，因此要多家电台多次播送才能达到最佳的效果；广播广告没有视觉效果的支持，所播放的广告不能保存，难以作为参照。

（二）电视广告

电视可向观众呈上一幅“鲜活”的酒店形象图。因为广告的信息既可以看到，也可以听到，所以客户能够深深地记住所收到的信息。但播放和制作的高额成本是它的最大缺点，而且难以针对某一特定的观众群体。

录像节目被越来越多的酒店所采用，这种节目主要介绍酒店的服务与特色，是在电视上播放的时间较长的节目，一般在酒店中客人较为密集的区域播出。

七　互联网、手机广告

互联网广告主要是在大的门户网站或在主页中弹出特定的产品介绍。酒店与门户网站建立长期合作关系，定期推出本酒店的产品广告宣传，或采取主界面窗口弹出的广告方式。互联网广告投入成本较少，但计算机用户使用的软件常能拦截这类弹出广告。

手机应用程序能直接引导客户进入酒店的预订和各部门的产品消费界面。

八　其他媒介广告

由计算机控制的三面翻页的广告牌能在一块大广告牌上演示三种页面内容。电子演示牌的滚动页面能图文并茂地给客户新奇的感觉。有些电影院在放映影片之前往往打出广告。公园或体育场馆也提供了各种广告宣传的机会，包括路边的灯箱、展示牌和晚间活动等。展示卡和广告牌可以安放在停车计时器上和停车场地内。公交车的车站棚和公园的长椅可作为广告的展示区域。许多酒店在向客户邮寄账单时，在信封上也打出了广告。挂在热气球下面和使用飞机来拖带的宣传口号成本高，但较为有效。零售商的随货广告包括货物小票背面的广告和货物包装袋上的广告，随着客户购买货物，酒店可向他们分发宣传广告和优惠券。

九　相互性和合作性广告

相互性广告也称交换型广告，是使用酒店的房间或其他产品服务来兑现广告的允诺。在使用这种广告技巧时，酒店可以控制未售出房间的数量并充分利用这些房间。在这种操作中，酒店往往能收到额外利润，因为住店的客人常常要在酒店的各个部门进行消费。

合作性广告是指酒店与另一个广告商共同推出广告宣传，双方共同担负广告的费用。这种做法的优点是利用知名度来推销某一产品或服务。其缺点是虽然广告费用是均摊的，但广告商和酒店得到的收益却难以一致。有些广告的组合关系可能缺乏灵活性或可能出现条款的问题，使双方不愿意进一步合作。

十　常用的广告策略

常用的广告策略可分为三种：不同性的广告策略、层面性的广告策略和结合性的广告策略。

（1）不同性的广告策略强调本酒店与竞争对手的区别之处。为了达到广告的有效性，酒店必须具备与他人不同的特色，使客人能够明显地察觉到这些特色。

（2）层面性的广告策略是将目标市场划分成为几个细小的组成部分。例如：商务客人可细分为商务女士、常客旅行者和公事之外的商务旅行客人。一旦确认了一个具体市场的层面，广告就更具有针对性。

（3）结合性的广告策略是结合以上两种策略，首先确定具体的细分市场，然后再推出自己酒店的特色，使客户能直接感受到与众不同的产品和服务。

十一　制定合理的广告预算

在广告计划中，预算是最为关键的组成部分。酒店在制定一项广告预算之前，管理层应该首先意识到一系列的变量。这些变量包括了酒店的类型、竞争对手的广告层次、酒店的目标市场和合作性广告机会。

为了确保广告的合理支出，管理层应该确保广告的预算与酒店的市场计划相一致，并且针对盈利的市场层面。在广告的制作和推广时应该强调广告能带来的益处而非特色，并决定广告的推出时机。

关键词

店外广告　宣传材料　印刷广告　直邮广告　灯箱　三面翻页广告　滚动广告　（网页）弹出广告　路边广告牌

练习

1. 广告的目的之一是________。

A. 吸引潜在客户的注意力　　B. 创建一个媒体计划

C. 降低营业成本　　D. 以上全部

2. 使用期较长是哪一种广告的优势？________

A. 报纸　　B. 杂志　　C. 相互性广告　　D. 直邮广告

3. 合作性广告________。

A. 也称交换型广告

B. 能使广告商共同分担广告成本

C. 包括使用客户来为广告的地点和时间付费

D. 只是为相同企业而设计的

4. 以下哪一项属于广告战略的选择？________

A. 扩大需求　　B. 市场细分　　C. 指派　　D. 认定

5. 影响酒店广告预算的变量因素包括________。

A. 广告的目标市场　　B. 广告的竞争对手

C. 酒店的类型　　D. 以上全部

实务操作

● 葡萄牙里斯本酒店的广告："在里斯本豪华的旅馆中住两宿花 35 美元，而在伦敦要花 83 美元、在巴黎要花 101 美元、在罗马则要花 81 美元。在里斯本豪华餐厅里吃一套全餐花 15 美元，而在伦敦要花 21 美元、在巴黎要花 30 美元、在罗马则要花 25 美元。用这些钱，你可以做你想做的一切事情，或购买你想买的任何东西，因为葡萄牙是你购物的天堂。"

北京香格里拉酒店在 1987 年 8 月 22 日开业大典之际，在《中国日报》上发布了 8 个版面的广告，以一个整版发表了中外双方董事长的照片和贺词，用两大版突出介绍了酒店的豪华设施、商务环境和服务，图文并茂，表述清晰，又用一个版面逐个介绍了这个集团的成员酒店，其他版面是海外各大公司的贺词。

思考题：

1. 以上两则广告分别采用了什么形式？各自的作用是什么？

2. 浅谈广告在酒店销售和运营中的地位。

● 1983 年，中国第一家五星级宾馆，也是第一家中美合资的宾馆——北京长城饭店正式开张营业。开业伊始，北京长城饭店面临的首要问题就是如何招徕顾客。按照通常的做法，应该在中外报刊、电台、电视台做广告等。这笔费用是十分昂贵的，国内电视广告每 30 秒需数千元，每天需插播几次，一个月最少需要几十万元。由于北京长城饭店的基本客户来自我国的香港、澳门地区及海外各国，这就需要做海外宣传。一开始，北京长城饭店也曾在美国的几家报纸上登过几次广告，后来因为经费不足，收效又不佳，只得停止广告攻势。广告攻势虽然停止了，北京长城饭店宣传自己的公关活动却没有停止，他们只不过是改变了策略。

1984 年 4 月 26 日—5 月 1 日，美国总统里根访问中国。北京长城饭店立即着手了解里根访华的日程安排和随行人员。首先，长城饭店获得接待美国新闻代表团的任务。其次，长城饭店对代表团的所有要求都给予满足，对美国的三大电视广播公司更是给予特殊的照顾。将富有中国园林特色的“艺亭苑”茶园的六角亭介绍给 CBS 公司，将中西合璧的顶楼酒吧“凌霄阁”介绍给 NBC 公司，将古朴典雅的露天花园介绍给 ABC 公司，分别成为它们播放电视新闻的背景。这样一来，长城饭店的精华部分尽现于西方各国公众的眼前。为了使收看、收听电视、广播的公众能记住长城饭店这一名字，饭店的总经理提出，如果各电视广播公司只要在播映时说上一句“我是在北京长城饭店向观众讲话”，一切费用都可以优惠。富有经济头脑的美国各电视广播公司自然愿意接受这个条件，愿当代言人，做免费的广告，把长城饭店的名字传向世界。最后，长城饭店争取到了高规格的里根总统答谢宴会的承办权。获得承办权之后，饭店经理立即与中外各大新闻机构联系，邀请他们到饭店实况转播美国总统的答谢宴会，收费可以优惠，而条件当然也是在转播时要提到长城饭店。

答谢宴会举行的那一天，中美首脑、外国驻华使节、中外记者云集长城饭店。当电视上出现长城饭店宴会厅豪华的场面时，美国三大电视广播公司和各国电视台的节目主持人异口同声地说：“现在我们是在中国北京的长城饭店转播里根总统访华的最后一项活动——答谢宴会……”在频频的举杯中，长城饭店的名字一次又一次地通过电波飞向了世界各地，长城饭店的风姿一次又一次地跃入各国公众的眼帘。里根总统夫人南希后来给长城饭店写信说：“感谢你们周到的服务，使我和我的丈夫在这里度过了一个愉快的夜晚。”

思考题：

1. 浅析长城饭店在宣传方面获得成功的原因。

2. 长城饭店的广告策略与传统广告形式有何区别？分析这种有别于传统广告形式的宣传手段的优势与效果。

要点回顾

1. 酒店使用广告的原因有以下几种：广告的投入相对而言比较低；广告能够创建一种直接性的回报；广告能够展示一个酒店的竞争优势。

2. 广告的形式多种多样，其要达到的主要目的为：吸引潜在客户的注意力并创建消费群体对产品的意识；唤起潜在客户心中的兴趣；将潜在客户的兴趣转变为想要感受的住店经历；唤起潜在客户的行动。

3. 店外广告包括酒店的标志、街道和公路边的酒店宣传板。这类广告的优点是能建立消费者对酒店的意识感和认知度，而且能够吸引一些冲动型的消费群体；缺点是信息发布有限，制作和维护的成本较高，而且其有效性也较难测量。

4. 酒店使用的印刷广告包括报纸、杂志和指南。

5. 直邮广告的特点：能够直达酒店的目标群体，具有可测性。

6. 广播、电视广告包括广播广告、电视广告和录像节目。

7. 酒店可以采用多样性的策略来宣传自己的产品和服务：在影院放映影片之前打出广告；安放展示牌和广告牌；把广告印制在通行卡的背面；在候机楼中播放录像节目；在热气球下面挂着或使用飞机来拖带宣传口号；在货物包装袋上印刷广告；随着客户购买货物，酒店可向他们分发宣传广告和优惠券。利用计算机推出的互联网广告更能吸引着各层次的客户。这类广告能有效地增强互动性，提升客户的自主选择性。

8. 相互性广告也称交换型广告，是使用酒店的房间或其他产品服务来兑现广告的允诺；合作性广告是指酒店与另一个广告商共同推出广告宣传，双方共同担负广告的费用。

9. 广告常用的策略分为三种：不同性的广告策略、层面性的广告策略以及结合性的广告策略。

10. 预算是广告计划中最为关键的组成部分。一系列的变量将会影响酒店管理层制定一项广告预算，包括：酒店的类型、竞争对手的广告层次、酒店的目标市场、合作性广告机会。

知识链接

一、酒店广告的定义和任务

酒店广告指的是酒店通过各种大众传播媒体（如广播、电台、报纸、杂志等）向消费者展示酒店产品及服务，传递酒店信息的过程。它是酒店重要的产品促销方式。

酒店产品销售具有顾客对价格敏感度高、对品牌忠诚度低、需求不稳定、季节性强、购买有超前性和异地性的特点。因此，客人主要通过广告获得酒店信息，酒店广告对顾客的影响比一般行业要大。

在酒店产品日益标准化的今天，相似性成为标准化的衍生物，很多人的感觉是世界上只有五种酒店：从一星到五星。甚至一位酒店客房的设计师曾说，从海南岛到黑龙江，他只住过一间客房。那么，如何凸显酒店的特色，如何使消费者选择适合自己的酒店，如何使酒店与消费者在“第一次亲密接触”之前能够有良好的沟通，从而使酒店获得更多客户，就是酒店广告所要完成的任务。

二、广告对消费者的意义

首先，广告是帮助消费者获得信息、减少风险的有效途径。由于接受服务的感受相对滞后，消费者的购买行为充满了对产品功能和心理上、经济上的风险。避免风险的途径有三种，分别是：降低对产品或服务的要求；经常购买同类产品或服务；获得广泛的信息。这三种途径中，只有第三种不以牺牲消费者的利益为代价。因此，广告中关于酒店及其产品、服务和品牌的信息有助于消费者做出最优的选择和决策。

其次，广告是消费者学习消费经验的途径。经验无疑是消费者最好的决策因素，经验曲线告诉我们：单位产品的价格随消费数量的增加而减少，即经验的获得可以提高产品的性能价格比。但是经验的积累需要付出大量的时间和精力，甚至是以不愉快的记忆为代价。对事先没有经验可借鉴的消费者而言，广告可以为他们提供经验，使他们获得帮助。

美国有关广告的定期社会反映调查资料表明：有96.5%的消费者认为广告是重要的。其中，74.6%的人认为广告使他们及时获得商品的信息，52.5%的人认为广告对于他们了解商品的使用和优点有所贡献。

三、广告对酒店的意义

广告对酒店的意义体现在以下方面：宣传酒店服务理念、环境与档次，提高酒店知名度，为酒店或酒店集团及产品树立形象，刺激潜在的消费者产生购买的动机和行为。在影响购买决策方面，消费者的知觉具有十分强大的威力。正如营销专家所认为的，当营销进入较高层次或产品具有较大同质性时，市场营销并非产品之战，而是知觉之战。酒店业正是如此，但是人们的知觉并不一定基于真实，广告则是企业校正知觉、引导知觉的一项有利工具。

四、怎样策划广告方案

1. 整体策划

（1）酒店销售策略。

（2）酒店广告策略。

（3）酒店广告实施。

（4）酒店广告评价。

2. 策划广告方案的具体步骤

（1）确定广告目标——向顾客介绍新产品；让顾客忠于本酒店产品；提醒消费者购买本酒店产品。

（2）进行广告预算——根据宣传需要实报实销；按照销售百分比制定；按照行业普通水准制定；按照广告要达到的目标制定。

（3）确定广告具体内容——广告的主题、广告的载体、广告的传播方式与传播地区。

（4）选择广告执行与代理机构——根据酒店规模选择广告机构、代理公司、地址及受众。

五、制定酒店广告策略的方法

1. 确定目标市场

目标市场即最有希望的消费者组合群体。明确目标市场既可以避免浪费影响力，也可以使广告有针对性。没有目标市场的广告无异于“盲人骑瞎马”。

酒店的目标市场应具备以下特点：既是对酒店产品有兴趣、有支付能力的消费者，也是酒店力所能及的消费者群。例如，英国汤姆森组织的“阳光饭店和公寓”产品的目标是满足中档市场的需求，它的顾客是那些较为传统的、想到海外度假的家庭或夫妇，而不是前卫的、寻求冒险的度假者，也不是对度假价格不敏感的富裕社会阶层，因而后两者都不是它的目标市场。酒店应该尽可能明确地确定目标市场，对目标顾客做详尽的分析，以更好地利用这些信息背后的机会，使顾客更加满意，最终增加销售额。

常见的确定细分的服务市场有：商务细分市场、享乐细分市场、人口统计细分市场、消费者细分市场、社会阶层细分市场等。

2. 树立具有竞争力的市场定位

一个酒店应该确定：以什么样的方式、为什么人、提供什么样的服务。只有这样，它才具有竞争优势，才有可能被人记住。例如：宁波金丰宾馆通过深入的市场调查分析，确定了“商务、旅游、休闲”的企业宗旨，提出“设施、价位、服务”的服务宗旨，找准市场定位，突出特色服务，取得了良好的社会效益和经济效益。

3. 科学制定广告方案

(1) 明确广告的目标。

广告目标是指在一个特定时期内，对于某个特定的目标受众所要完成的特定的传播任务和所要达到的沟通程度。广告目标可分为通知性广告、说服性广告和提醒性广告。

通知性广告主要用于产品的开拓阶段，其目的在于促发初级需求，如开业广告；也可以用来产生即时的反响，如通知市场有关酒店新增添产品和服务的信息、价格的变化；还可以纠正消费者错误的印象，树立酒店的企业形象；缩短消费者和酒店之间的距离等。通知性广告以短期效应为目标，多用于促销。

说服性广告在竞争阶段十分重要，目的是向一个特定的细分市场宣传酒店的优势或某一项产品，以中期效应为目标。这类广告既可以为酒店塑造形象或突出格调，也可以用来对整修过的酒店进行重新定位。它通过表现酒店的特色和优势，说明能比竞争对手提供更多的物有所值的产品与服务。对于现有顾客来说，这类广告巩固了他们的信心，使他们相信继续使用该酒店是明智的选择，从而建立对某一特定品牌的需求和偏好。

提醒性广告在产品的成熟期十分重要，目的是保持顾客对该产品的记忆，从而使消费者在需要的时候，便能在脑海中出现关于这个酒店的信息；或者即使在淡季，也能促使消费者记住它，以保持较高的知名度。

通常情况下，企业要确定广告目标，需要经过详细的市场调查，包括市场机会分析、消费者心理和行为分析、产品和服务分析。

(2) 做好广告预算。

确定了广告目标后，酒店可以着手制定广告预算。常用的酒店广告预算的制定方式有量力支出法、按需支出法和按比例支出法。

量力支出法是指酒店根据自己的实际情况，确定达成每笔预期的销售所能承受的支出，估计销售数量，再将二者相乘即形成预算。

按需支出法是指酒店选择目标市场，估计它所拥有的潜在消费者数量，预计广告可能带来的收益，确定能影响市场的媒体，估计需要传递的信息次数，根据实现沟通目标所需要的金额估算成本，形成预算。

按比例支出法是指从酒店预期的年度总收入中拨出一定比例的资金用于广告，形成预算。大型酒店从总收入中拨出的用于广告的经费比例较高，因为费用可以由许多家酒店分担，如洲际酒店、喜来登酒店、希尔顿酒店、凯悦酒店都是如此。单个酒店做出大笔的广告预算是不合理的，尽管可能需要更多宣传以便公众了解。为解决这一问题，许多单个酒店组成一个营销群体，联合做广告。

(3) 传送真实可信、打动人心的信息。

广告需要突出竞争优势，可以是别人没有的价格、产品或服务，也可以是酒店所特有的氛围，以此满足消费者希望获得的理性的、感性的、社会的、自我的回报。如告知消费者“您将入住的是一家四星级标准的商务酒店（理性的），您将感受到家的温暖（感性的），我们为您提供最好的绿色服务（社会的），正在为事业而拼搏的您值得拥有（自我的）。”“广告信息优先于广告设计”反映的就是这个道理。

根据心理学的研究，人的个性由儿童自我形态、父母自我形态和成人自我形态组成。自我形态支配了个人的需求、欲望、情感和情绪。儿童自我形态是好奇心、想象力、自发性、冲动性以及生来对新发现表示高兴的来源。父母自我形态是行为态度的来源和个人见解与偏见、基本知识的来源。成人自我形态是指导理性思维和客观的信息加工的个性部分，是指导理性的、非情绪的、较客观的行为。只有三种自我形态都认同某件事时，这件事才能进行下去。

入住酒店同样如此，酒店的安宁、幽雅、温馨、浪漫都能激发各种年龄人群的儿童自我形态，从而造成对那里的想象和向往。父母自我形态体现在两个方面：一方面是保护性和教育性；另一方面是批判性和有权发出各种指示。如：对这项花费是否应该、价格性能比是否合理，以及是否能够得到更有意义的感受和记忆。当二者发生冲突时，成人自我形态便充当仲裁人。

所以，广告传递的信息要涉及并迎合三种自我形态中的每一种。广告信息既应具有愿望性，即说明人们所期待的或感兴趣的事，又应具有独占性，即说明有别于其他品牌的特色，还应是可信的。

（4）选择适当媒体。

广告只有在被消费者看到、听到并对其心理产生影响时才能发挥作用。在选择媒体时最为关注的，就是广告如何尽可能地被人们看到和听到。酒店业中常用的媒体有：印刷媒体，电视，广播，互联网，户外、交通运输场所招贴画，灯箱，展览会等。选用什么样的媒体最恰当、最有效率是由信息的意图、要传递的信息类型和目标市场所决定的。

印刷媒体包括报纸、杂志、传单、手册、各类名录和广告黄页等。报纸是廉价、普及面广的读物，适合于酒店发布通知性广告，但是由于报纸有实时性的特点，使广告的有效性得不到重复而减弱。杂志一般都有针对的读者群，比如商业期刊、度假旅行杂志、时尚杂志等。因为购买杂志的人有着明确的兴趣倾向，使广告能够影响具有极高销售潜力的特定市场。杂志广告由于内容须提前交付（以保证一定的印刷周期）和信息维持时间长的特点，适于长期性定位的酒店广告。

电视具有可视、动态等所有的沟通优势，是通过塑造形象进行定位的一种极佳手段，但是电视的弱点也比较明显：重要公司、专业客户因闲暇时间较少，一般不经常看电视。同时，在相当多的地区，电视观众正在被家庭录像、付费点播节目和各种新的娱乐方式抢走。况且电视广告往往价格不菲，所以选择电视广告一定要慎重。广播可以用作形象定位，同时，对优惠、价格折扣、开业通知等信息的宣传效果一般会更好。虽然广播的价格相对比较低廉，但最好选择一些已经覆盖酒店目标市场的电台。

事实上，没有哪一个媒体覆盖的范围与某个酒店的目标细分市场完全吻合，因而使用多个媒体联合才能提供有效的宣传。

此外，做广告要选好时间。在假期来临之前、奥运会或世博会期间，一些有实力、上档次的酒店会不惜重金有针对性地做广告，这样会给一些大的公司多一些选择的机会。

六、网络广告

传统的广告载体——电视、报刊、广播，不但价格昂贵，而且效果有限，无论你购买的是30平方厘米的报刊版面还是10秒的电视广告片段，还是路边的一块广告牌，它所表达的内容相对较少，不能完全体现你所要表达的全部想法。传统广告载体的传播范围也受到很多的限制，就拿报纸来说，即使少数报社的发行面能够遍布全国，但大多数人更关心本地的信息。

网络广告的空间几乎是不受限制的，价格也低廉。企业付出很少的代价就可以发布关于企业和产品的百科全书式的信息，友好的交互界面也为企业和用户之间架起友好的沟通桥梁，用户不必为了看一条自己所关心的信息而焦急地等待，只要用户轻轻点击鼠标，他所需要的信息就会展现在面前。互联网可以把网络广告传播到网络所覆盖的世界各地，这一特点给了企业一个走出国门在世界舞台展现自己的机会。

互联网的兴起为酒店的广告宣传打开了新的通道。酒店可以在互联网上发布各种信息，消费者可以借助检索工具迅速找到所需要的酒店信息。常用的互联网广告形式有：旗帜广告、图标广告、文字链接、电子邮件广告、使用新闻组、网上问卷调查等，同时手机应用程序也向客户提供了直接的自助性服务，增强了酒店与客户的互动性。

总体来说，网络是一种很有潜力的广告载体，它具有以下传统媒体所无法比拟的优势：

（1）交互性：它可以使消费者随心所欲地选择自己感兴趣的广告信息，而且传播快速，发布和接收基本同步。

（2）广泛性：互联网的全球性使互联网上发布的广告也是全球性的。

（3）针对性：可以使用大数据分析法，分析客户对网站的访问频率或手机应用程序的使用情况，从而得到访问者的关注点，以精确定位投放广告。

（4）易于统计性：互联网广告的发布次数和效果均可以用技术手段精确统计。

网络广告也存在一些难以预测的负面因素。例如：网络广告的实际效果不易把握，酒店难以在投放广告之前有一个准确的收支估计。网络广告的供需很难平衡，中国互联网络信息中心（CNNIC）最新的调查数据显示，在线查阅酒店产品的网民在查阅到相关信息后，往往要再登录该酒店的主页或直接致电店方进一步确认相关产品的情况。这种做法是为了避免不法商贩利用互联网络进行的欺骗行为。由此可见，网络广告还会与传统的电话确认互补。对于这类信息可参阅美国广告协会官方网站（http：//www. aaa. org）和国际商标协会官方网站（http：//www. inta. org）。

案例分析

酒店的广告宣传语

万豪国际酒店

从豪华度假酒店到都市幽居，从特色鲜明的精品酒店到宽敞的套房酒店，总有一家万豪国际酒店品牌能以独特方式满足您的旅行需求。选择完全由您决定……愉悦体验由我们精心打造。

丽思·卡尔顿酒店

作为精美、时尚和卓越服务的永恒象征，丽思·卡尔顿旗下的全球80多家酒店及度假酒店倾力打造无与伦比的奢华体验。由丽思·卡尔顿酒店的绅士淑女们打造的美妙记忆将会长久存留心间。

BVLGARI 酒店及度假酒店

这是全球顶级奢华酒店系列，旗下拥有数家精选酒店，均位于国际大都市和豪华度假胜地。每家酒店均充分融汇当地文化，同时保留鲜明的当代意式豪华风情。

艾迪逊酒店

由 Ian Schrager 与万豪联袂打造的独特现代豪华酒店系列，旨在呈现具有当代生活方式的宾客所追求的精美体验。

JW 万豪酒店

我们无法让时间静止不前，但我们却可以让您在有限时间内体验更多精彩。这不是虚言，而是我们独特经营理念所带来的成果。我们相信，最佳环境就是不断成就非凡特色。无论是悠然摇曳的吊床，还是沐浴在安达曼海美景中的华丽客房，我们将确保满足您的各种要求——清晰思维、创作灵感或是健康身心，均唾手可得。

傲途格精选酒店

您不只是一个人，而我们也不只是酒店。我们是科罗拉多州拥有 15 间客房的精品酒店垂钓小屋，也是拉斯维加斯大道上拥有 3 000 间客房的豪华摩天大楼。我们不屑模仿，我们要独树一帜。我们共属傲途格旗下，但每家酒店又各有千秋。

阅读材料，请回答以下问题：

1. 广告的目的是什么？

A. 吸引潜在客户的注意力并创建消费群体对产品的意识

B. 唤起潜在客户心中的兴趣

C. 将潜在客户的兴趣转变为想要感受住店经历

D. 唤起潜在客户的行动

2. 结合材料，说明广告的作用是什么。

3. 如果你负责制作广告策略，你将如何做？请对下面的步骤进行排序。

序号	步骤
	树立具有竞争力的市场定位
	做好预算分析
	明确广告的目标
	确定目标市场
	选择适当媒体
	传送真实可信、打动人心的信息

4. 试制定一份酒店广告宣传方案。

酒店概览

凯悦酒店

凯悦集团（Hyatt Corporation）是目前世界上最大的私人酒店公司之一，也是国际最著名的豪华酒店管理集团之一。凯悦集团包括两个独立的集团公司——凯悦酒店集团和凯悦国际酒店集团。凯悦酒店集团（Hyatt Hotels Corporation）属于芝加哥的普里茨克（Pritzker）家族；凯悦国际酒店集团（Hyatt International Corporation）是普里茨克家族的另一家独立的公司。凯悦集团于1957年9月27日开设了第一家酒店。目前凯悦在全世界范围内的凯悦酒店和度假村分别由凯悦酒店集团和凯悦国际酒店集团运营。凯悦国际酒店集团管理位于亚太、欧洲、中东、非洲及拉丁美洲等地的酒店和度假村；凯悦酒店集团运营分布在美国、加拿大和加勒比海地区等国家和地区的酒店和度假村。

凯悦集团的第一座酒店建造在美国洛杉矶国际机场，原名凯悦旅馆（Hyatt House）。在接下来的10年里，凯悦酒店以强有力的攻势向美国西海岸扩张。1967年，美国亚特兰大凯悦酒店开业，最令人瞩目的是其21层高的中庭式大堂，加上别具风格的翠绿盆栽及悬垂藤葛的优美造景，新颖的观光电梯及顶层的旋转餐厅等创新设计，开创了新一代酒店的建筑设计风格和经营理念，也显示出凯悦酒店勇于创新的精神，为凯悦酒店在全球的发展奠定了良好的基础。

1969年，凯悦国际酒店集团正式成立，并签约管理海外的第一家酒店——香港凯悦酒店（Hyatt Regency Hong Kong）。1972年，凯悦集团在新加坡开设了当地规模最大的、拥有842间客房的新加坡凯悦酒店。之后的30年，凯悦集团不断拓展国际市场，除继续发展城市商务酒店外，还积极开拓会议酒店和度假式酒店。1989年，拥有575间客房的香港君悦酒店开业。君悦酒店毗邻香港会议展览中心，俯瞰维多利亚港，位置得天独厚，加上它中西合璧的艺术设计、完善的现代化设施和高水准的服务，被誉为凯悦国际酒店集团最具代表性的作品。截至2019年9月，凯悦集团在全球的品牌产业已达1 164项。在中国开业的酒店达74家。

凯悦集团的系列品牌有以下几个：

凯悦酒店（Hyatt Regency Hotels）——现代商务酒店，是凯悦集团的核心品牌，作为五星级豪华商务酒店，其设计融合西方及所在地的建筑特色，从巴黎到加德满都，遍布世界各地。凯悦酒店诉求高科技新贵客层，以高效率的专业服务、新颖的会议住房设施、精致的餐饮服务、齐全的健身设备及现代化的氛围而闻名。凯悦酒店自始至终满足并超越顾客的期望，给予顾客最细致周全的贴心服务。

君悦酒店（Grand Hyatt）——豪华的大型酒店，以其服务及设施规模的豪华气派著

称，位于世界各大城市中最新最繁荣的精华地段，并临近大型会议中心。诉求中上阶层客源的君悦酒店有着宏伟壮观的建筑外形，气派非凡的挑高中庭大厅，雅致温馨的客房和套房，宽敞明亮的浴室和起居空间，先进齐备的会议设施，华丽独特的宴会场地，地道的美食餐厅和酒吧。君悦酒店呈现豪华的精致质感生活，映衬下榻顾客慧眼独特的高级品位。

柏悦酒店（Park Hyatt）——典雅的精品酒店。柏悦酒店位于全球的时尚之都，如东京、悉尼、墨尔本和马德里等城市，其典雅高贵的室内空间设计、体贴入微的管家服务、细腻精致的餐饮，尤其适合小规模的会议或晚宴，提供给顾客独特且精致的卓越体验，定位为世界顶级精品酒店。

凯悦度假村（Hyatt Hotels & Resorts）——顶级的度假酒店。凯悦度假村营造的是令人心旷神怡的度假风情，从美丽的海滩到世界级的高尔夫球场，从豪华的水疗按摩中心到设施齐全的现代化健身室，从刺激无比的水上活动到专为小朋友设计的凯悦营地和儿童乐园，凯悦度假村提供最舒适惬意的轻松享受。凯悦度假村将创新的服务、舒适的住宿、多样的运动休闲融入当地文化特色，让下榻的顾客远离城市的喧嚣。

资料来源：http：//www. hyatt. com/；http：//www. park. hyatt. com/；http：//www. grand. hyatt. com.

第十章 酒店广告牌与形象宣传

学习内容

- 解释在设计酒店标志性广告时应考虑的因素。
- 界定广告牌及其特殊的用途。
- 确认两种形式的广告牌。
- 解释选择广告牌时应注意的问题。
- 描述广告宣传单和桌卡。
- 罗列并解释广告册制作中要考虑的因素。
- 陈述特殊广告物品的作用。

一 独立经营型酒店的店标

独立经营型酒店可以设立自己的酒店标志。为了创建最为有效的店标，酒店的经理们应该考虑许多因素：创建标志的目的是什么？是只标出酒店的名字，还是同时推出酒店盈利部门的名称并提供相关的信息和事宜？是否还要考虑到颜色的搭配和广告牌的高度？

为了充分体现有效性，酒店的标志应与酒店的设计和形象相吻合。标志的设计应清晰并有吸引力，同时还应有良好的日常维护和晚间照明设施。酒店还应考虑到标志所处地点的气候、地区特色和安装时间及成本。

二　广告牌

广告牌是酒店日常运营中重要的宣传手段。它的规模不一定很大，但信息应该简明清晰并且适时更换。广告牌能显示出酒店的品质，因此广告牌应该保持整洁。广告牌可以标示酒店的特价、设备和相关服务，也可以包括一些创新或幽默的信息。

最常见的广告牌有张贴和漆面喷涂两种类型。张贴广告的制作是在事先准备好的纸张上设计宣传广告，然后固定到广告板上。漆面喷涂广告的制作通常成本较高，人们常称为墙壁式广告宣传栏，常常出现在城市中，由酒店出资直接喷涂到墙体上。广告牌宣传是提前制作好，然后分别运送到指定地点进行组装，而且每年都要重新粉刷几次以保证最佳的外观。大多数的喷涂广告宣传栏都是带有灯光装饰的或采用灯箱形式。

三　宣传广告栏

（一）地点

制作宣传广告栏时应该考虑的因素包括广告栏的数量、可视度和其他诸如树木生长的情况，因为树叶会阻碍人们的视线。另一个重要的因素是高速公路的修建。任何在宣传广告附近兴建的高速公路项目都会大大地影响人们对宣传广告的阅读。

（二）尺寸

广告宣传栏的尺寸要基于酒店在某一高速公路或街道上的广告栏的数量。如果只是有两三个广告栏，其尺寸就应相对大一些。如果使用一系列的广告宣传栏，前两三个可以制作得大一些，而余下的广告栏可以适当缩小一些。

（三）设计

宣传广告应本着简单易读的原则进行设计，文字从左至右，应选择明快并具有对比性的颜色，文字应简洁、突出重点。其他的特色包括重叠和可变的活动栏目，这些都会增加广告栏对读者的吸引力。

（四）排印

宣传广告栏的字数应保持在 5～10 字并只宣传一个主题。如果酒店属于一个集团并在公众中享有盛誉，广告的宣传就更为有力。

（五）日常维护

对宣传广告栏的日常维护是十分必要的，因为人们能通过宣传广告栏去理解酒店的经营。许多喷涂广告制作商会提供 2～3 次的广告栏重新喷涂服务。

四 广告宣传单和桌卡

广告宣传单是最为简单的印刷促销物，它们可以多种形式出现，如：信封、直邮、宣传材料或情况介绍表。宣传单的设计应该活泼、灵动，才能吸引读者的注意力、起到有效的作用。标题是最重要的部分，它必须显示出产品的关键特色，后面的文字介绍则应该分行书写，使读者清楚地读到自己想了解的信息。设计时文字的大小应该考虑到读者的阅读能力。材料上出现的艺术图形或照片必须清晰。宣传广告上面出现的酒店标志能增强广告宣传单的可信度，而酒店的名称、地址和电话号码则向读者提供了联系酒店所必需的信息。

桌卡作为建议性销售的工具被用在餐厅、招待会的桌台和客房内。其形式可以是简单的三折纸卡或多折纸卡，主要宣传餐厅的特色菜或酒店推出的其他产品和服务。桌卡的颜色设计可以是单色或双色，也可以使用多色套印，文字设计应该尽量简洁。

五 广告册

广告册可能是最重要的宣传材料，因此必须精心设计才能起到有效的作用。

在广告册的设计初始阶段，酒店首先要明确广告册要达到的目的及针对的客户群体。每一份广告册都必须回答客户的一个问题：“我为什么要入住这家酒店?”

广告册通常为四页、六页或八页。它们应该反映出酒店的人性化服务特色，因为正是这种与众不同的特色才能使该酒店脱颖而出。照片的选择应该针对广告册的特定读者。酒店的名称和地点应该打印在广告册的封面上，广告册中的各项标题应该以酒店的产品和服务特色来吸引读者的关注。这些特色及给客户带来的实惠要能够吸引广告册的目标市场群体，激励他们采取购买的行动。

六 特殊广告物品

特殊广告物品是指经济型的销售工具，其效果是极为明显的。调查显示：特殊广告物品所得到的回应率平均是78%，特别是当客户每天都会看到时，宣传的作用就会更大。

特殊广告物品本身可以作为销售产品，也可以与酒店的其他产品促销共用，即使是小型的酒店也能承担这类特殊广告物品。常用的物品有：圆珠笔和钥匙链。广告预算高的酒店可以购买高价位的物品，如：咖啡杯、日历、名片夹、商务日志本、文具甚至衬衫。当然这类物品上都要有酒店的标识。

由于许多特殊广告物品规格很小，酒店在利用这些宣传物时应采用简短的广告用语，在多数情况下一般只使用酒店的名称、地址和电话号码。为了从这类物品中获得最大的回报，连锁经营的酒店可能会设法求得广告公司的帮助或与本集团的总部商洽。

关键词

广告牌　　桌卡　　宣传册　　特殊广告物品

练习

1. 在设计酒店的标牌时，独立经营的酒店的管理人员应该考虑以下哪个因素？________

A. 内部经营　　B. 观众　　C. 成本　　D. 以上全部

2. 以下哪一项是广告宣传单制作中的关键？________

A. 室外的广告宣传栏　　B. 标题句

C. 广告宣传单的印制技术　　D. 广告宣传单的颜色

3. 桌卡、广告宣传单和火柴盒属于________。

A. 一般的演示　　B. 赠送品　　C. 短期的广告　　D. 以上都不是

4. 在设计一份广告宣传单时，必须罗列________。

A. 管理层的步骤　　B. 优惠条件　　C. 设计计划　　D. 资产

5. 突出广告宣传单中的产品特色和优惠条件的途径是________。

A. 为产品特色提供更大的书写空间　　B. 使用不同的字体

C. 使用图表或插图　　D. 以上全部

实务操作

● 国庆旅游黄金周即将来临，西安的各大酒店早已做好了迎接中外游客的准备，有的宾馆还将门前广场装修一新。“大门脸”漂亮了，“小门脸”怎样呢？记者翻阅了几家三星级以上酒店的“服务简介”和“价目表”，发现其中有不少错别字。

五星级的西安凯悦（阿房宫）酒店的宣传册中这样介绍其地理位置：“座（坐）落西安古城墙内……”；四星级的西安皇城宾馆的宣传册中也有错别字：“欢迎您下塌（榻）本宾馆，请直接拨打我们的电话或传真既（即）可”；西安宾馆的宣传册中写着：“结帐

（账）时间”；三星级的陇海大酒店的宣传册“告诉”游客：“在此可尽揽（览）丰富的人文景观和自然景观”；西安钟楼饭店则这样宣传自己：“紧临（邻）历史与现代交融的钟鼓楼广场”。

记者将发现的错误电话通知了部分酒店，前台的服务小姐都很认真地记下了出错的地方，并称会转告主管经理。

思考题：

1. 印制酒店的广告册或宣传单有哪些要注意的因素？

2. 本例中的酒店宣传单出现错别字问题，会对酒店造成什么不利影响？酒店应采取什么措施避免出现类似问题？

● 酒店常采用赠品营销策略以达到顾客满意的经营效果。顾客乐于接受酒店赠送的小件物品，而通常酒店赠送的物品上都会印有酒店的名称、地址和联系电话，这样，这些广告物品在令顾客感到欣喜和满意的同时，也起到了宣传酒店、提高酒店知名度的作用。

使用这种广告物品要目的明确，这样才可以对广告物品进行详细安排，并选择好赠送的最佳时机。广告物品的包装要精美、质量要好，物品的颜色和样式要符合一般大众的审美，常用来当作这类广告物品的有日历、钥匙链、名片盒、烟灰缸、打火机等，这些广告物品既小巧轻便、方便携带，又精致大方、实用美观。以下图片展示的就是一些酒店的广告物品。

万怡酒店赠送的名片盒

汇源海逸酒店赠送的便笺盒

富盈酒店赠送的美容套装

鸿顺商务酒店赠送的功夫茶具

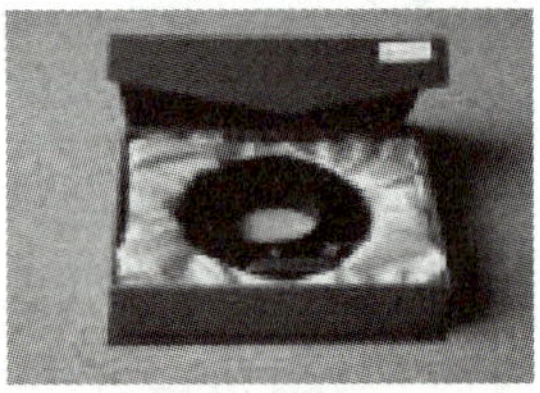

东城国际酒店赠送的皮带

思考题：

1. 什么是广告物品？酒店应怎样设计如上所述的广告物品？

2. 简述这类广告物品如何起到宣传酒店的作用。

要点回顾

1. 独立经营的酒店可以设立自己的酒店标志，标志应与酒店的设计和形象相吻合，设计应清晰并有吸引力，同时还应有良好的日常维护和晚间照明。

2. 广告牌是酒店日常运营中重要的宣传手段，可以标示酒店的特价、设备和相关服务，也可以包括一些创新或幽默的信息。

3. 最常见的广告牌有张贴和漆面喷涂两种类型。

4. 宣传广告栏的选择因素有：地点、尺寸、设计、排印、日常维护。

5. 广告宣传单是最简单的印刷促销物，有多种形式：信封、直邮、宣传材料或情况介绍表；桌卡作为建议性销售的工具被用在餐厅、招待会的桌台和客房内，形式可以是简单的三折纸卡或多折纸卡。

6. 广告册可能是最重要的宣传材料，通常为四页、六页或八页，上面的照片针对广告册的特定读者，酒店的名称和地点打印在广告册的封面上，广告册中的各项标题以酒店的产品和服务特色来吸引读者的关注。

7. 特殊广告物品是指经济型的销售工具，本身可以作为销售产品，也可以与其他的酒店产品促销共用，宣传效果极为显著。

知识链接

一、户外广告的含义

户外广告是所有媒体中最古老、最有效的方式之一，可视性是其最突出的优势。户外广告用来引起人们的注意并提示品牌名称，最关键的要求是信息简洁明了，必须在2～3秒内被接受，最多不超过十个词。画面是承担信息的主要载体。

首先要考虑的地点是饭店建筑本身及车辆，它们都很便宜，只需要标牌设计和陈设费用。但为了美观，不要在主体建筑上四处张贴海报和悬挂标志。在任何情况下，都要防止视觉污染。

还可以考虑主干道、机场附近、大型运动场所及会议展览中心等精心设计的地点，许多人都会受到这些标志的影响。

户外广告要定期更换，不要让它们变得陈旧。户外广告在最初使用的一个月内效果较好，如果路人多次见到，刺激作用就逐渐减少，最终成为路边风景的一部分。

二、户外广告探源

户外广告发展到今天，经过广告界精英的深入挖掘，形式已从最初单纯狭义的内容发展为今天的广义的概念。

户外广告的源头可溯源到奴隶社会。当初的奴隶作为一种商品被用来交换，奴隶贩子为了出售奴隶张贴的“贩卖告示”应算作最早的户外广告形式。随着第三次社会大分工的出现，商业作为单独的经营部门从工业中分离出来。商业从自身的性质上来说存在着告知性，也就是使其经营的产品和服务被人所知，基于此，广告作为一种传播形式出现了。

最早的广告形式多以户外广告为主，如酒店在其门前立一个“幌子”，来往的顾客便知此有一酒店；布幅店门前悬一布幅，顾客便知这是一家布幅店；等等。无论是最早的户外广告“贩卖告示”，还是后来的立于店外的“幌子”、标志性物品等，从性质上讲都具有告知性，这使户外广告从诞生的那一天起，就注定了具有形象性和告知性的特点。那时候的户外广告在表现形式上主要是从行业的性质入手，提炼反映整个行业经营形态的一些表象的东西来突出自身的经营范围。经济的发展带来了经营竞争，于是突出自己产品特色的个性宣传便被提上议程，经营者更注重突出自己与竞争对手相比的特色。如早在南宋时，一家针织品店因为其针织品比别家的质优价廉，就在店门前竖起一只捣药的小白兔以区别于其他竞争对手，久而久之，小白兔便成了这家针织品店的标志。这时的户外广告已从行业告知性转向个性品牌告知性。因而可以这样推断，户外广告作为最早的告知性形象宣传形式衍生出了商标。从源头上找到户外广告的根本性质，有助于在户外广告设计、客户定位方面制定相应的策略。

三、户外广告现状

在这个信息爆炸的社会，信息的需求是以几何级数增长的，这带来了媒体市场的空前繁荣。传统的户外广告主要有路牌广告、楼体广告等。这些户外广告的内容形式被一些大的企业所垄断，主要用于宣传企业形象。就户外广告而言，精明的广告人已突破了传统户外广告的概念，将其外延无限地扩大。近几年来，新户外广告形式不断涌现，如跨省交通广告（汽车广告、火车广告等）、公路沿线坡体广告、空飘气球广告、城内路段灯杆挂旗广告、电子屏幕广告等，这些广告形式的出现不但丰富了户外广告的形式和内容，也使户外广告的影响力增加，俨然从四大媒体的辅助媒体上升为与之并列的产品信息媒体发布形式。

从客户角度看，户外广告以其所发布信息的持续性、醒目性、形象性、较低的成本被一些旨在突现企业形象、推广及维护企业品牌的企业所看中，并进行了大规模的广告投入。从广告公司角度看，户外广告的高经营风险与高利润回报的并存性，使其成为广受欢迎的经营项目，一些专业运营户外广告的广告公司相继出现，并利用其强大的技术资金实力及良好的社会关系在一些较好的路段树立广告牌，并不断开发新的户外广告形式。可以这样说，随着户外广告的发展，从理论上讲应该出现户外广告的地方基本上都出现了户外广告。

四、户外广告的形式

户外广告是一种公共场合的广告，形式丰富，主要包括以下几种。

1. 路牌广告

路牌广告（包括电子广告牌）主要放在人流量较大的机场、车站、城市主街道及风景区，画面大、受众广，适于作形象宣传广告。

2. 灯箱广告

灯箱广告一般较为精美，夜晚效果好。一般放置于行人可能稍作停留的场所，如候车室、步行街等。

3. 霓虹灯广告

霓虹灯广告比较容易吸引人的注意力，适于做晚间宣传。

4. 交通广告

交通广告包括设在火车、电车、公共汽车、地铁、船舶等交通工具及车厢内外及站台、站牌、月票上的广告。其优点是阅读对象广、有移动性、制作简单、费用低廉。如：大连香格里拉酒店在本地富有特色的电车上做车体广告，使酒店和这座城市的特点相联系，效果极佳。

5. 横幅广告

横幅广告是价格最为低廉的一种广告，但张贴时间较短，容易被风雨损坏，适用于酒店大型活动的前期及现场宣传。

6. 充气广告

充气广告是较为新颖的一种广告形式，酒店将气体充入特定的塑料造型中，以此营造节庆气氛。适用于酒店在节庆营销中使用，其特点是活泼、有亲和力。

7. 户外门头广告

走上大街，各式各样的广告吸引着你的眼球，户外喷绘、灯箱、车身、霓虹灯广告无所不有，然而，我们不难发现还有一个庞大的广告群——户外门头广告，尤其在一些批发市场、农贸市场最多。可以说，不管大街小巷，只要有批发市场、商店或饭店，就免不了有户外门头广告。户外门头广告，顾名思义，就是在商店、饭店的户外门头上做的宣传广告，它为商店宣传的同时也为产品宣传，这种特殊的广告发布渠道为什么这么时兴呢？

原因之一：广告费用低廉。这是户外门头广告时兴的最大原因。据了解，做一个10平方米的户外门头广告只需制作成本费300～500元，100平方米的门头广告最多只要5 000元，而且只要条件许可，可以保持1～3年；而户外喷绘广告的市场价格在每平方米每月50～120元，发布一个100平方米的户外广告一年的费用最少为10万元。如此大的差别，精明的厂商自然而然地会选择户外门头广告。

原因之二：广告效果明显。一般的商店、饭馆都是开在客流量比较大的地方，而供货商在这些商店、饭馆销售就需要配合广告宣传，从贴海报到挂横幅、展放易拉宝等，最有效的就是借用商家的门头宣传自己的产品。这样消费者在买产品的同时就能看见户外门头广告，因此而选购此产品。所以这类广告宣传的效果比较明显。

原因之三：发布及时。厂家只要和商店老板协商好，在一个工作日即可发布到位，而且同一时间内可以制作发布一条街道沿街的几十家店铺的户外门头广告。而一个户外广告的发布得找合适的广告位置并要和广告公司多次谈判才能定期发布。

原因之四：店主愿意。每个做生意的老板都想给自己的商店做个漂亮的门头又不用花钱；一般厂家都愿意在门头广告牌上打上自己宣传的产品和商店的名字，这样做既能取悦店老板，同时也为自己的产品做了广告，产品的销路自然就好了。

8. 其他广告

其他广告形式还包括投影广告、电话亭广告、立柱广告、冰灯广告、风筝广告等。

五、户外广告的未来发展规划

户外广告要想以一种独立的大众化信息传播媒体与传统的四大媒体分庭抗礼的话，就必须走集约化的道路，组建户外广告营运航母。首先要整合资源，组建大型户外广告营运公司，这样的公司应全面参与到市政规划中来，从一个城市的文化特征、现实状况、未来发展等多方面来规划户外广告的开发建设。其次要打破传统的城市标志等与户外广告脱离的做法，从城市园林开发、雕塑建筑等多方面考虑户外广告的开发与经营，找到城市整体形象宣传和实现经济利益的最佳结合点。最后就是内部形式的重组。天上有气球等广告；中间有路牌、灯箱、电子屏幕等广告；地上有园林广告、坡体广告、绿地广告等，这样海陆空全方位展示，就能达到最佳的广告宣传效果。

六、户外广告法律

根据《中华人民共和国广告法》的规定，县级以上地方人民政府应当组织有关部门加强对利用户外场所、空间、设施等发布户外广告的监督管理，制定户外广告设置规划和安全要求。户外广告的管理办法，由地方性法规、地方政府规章规定。

《中华人民共和国广告法》第42条规定，有下列情形之一的，不得设置户外广告：

（1）利用交通安全设施、交通标志的；（2）影响市政公共设施、交通安全设施、交通标志、消防设施、消防安全标志使用的；（3）妨碍生产或者人民生活，损害市容市貌的；（4）在国家机关、文物保护单位、风景名胜区等的建筑控制地带，或者县级以上地方人民政府禁止设置户外广告的区域设置的。

案例分析

某酒店的广告宣传企划

一、户外广告宣传

（1）刀旗：在主要公路悬挂刀旗，增加视觉宣传广告。

（2）路口指示牌：在来本酒店各方向的路口设立指示牌，既起到引路的作用，又具有视觉宣传效果。

二、自制DV

（1）制作宣传光盘，用来外销以及向酒店内的客人发放，给从未入住本酒店的客人一个直观感受，以最直接的方式让客人熟悉本酒店环境及经营项目。

（2）在××宾馆的电视初始画面上做本酒店的宣传界面或者开设一个频道宣传本酒店。在本酒店内部的电视初始画面上做本酒店的宣传界面。

三、酒店网站

（1）建立自己的网站，增加订餐服务系统，加大宣传力度。

（2）在其他门户网站上链接本酒店的网站，并且同大的搜索引擎商签订合作协议。

四、订餐网络

与各大团购网站（例如美团、携程、拉手等）建立合作关系，提高本酒店的知名度，稳定客源。

五、电视广告

在地方电视台做硬广告或者软广告（以采访为主），加大本酒店的知名度。

六、电台广播

以宣传本酒店开业信息为主，最好是交通台。

七、宣传单或宣传册

设计印制宣传彩页及宣传册，来用餐的客人可以带走。

八、DM、夹报、报纸软文、互联网广告、手机应用程序

DM、夹报、报纸软文、互联网广告、手机应用程序宣传效果明显，可通过上述渠道覆盖本地客户群。

九、短信群发或社交媒体应用软件

利用短信平台或社交媒体应用软件，将本酒店开业的信息传达给消费者。

十、发放开业宣传单

制作开业宣传单，内容为本酒店开业信息，数量为10万份，将周边市区的大街小巷全部发放到位，以各单位员工上下班时段集中发放为主。宣传单上留有副券，可抵一定的消费金额。

十一、婚纱影楼合作

与各大婚纱影楼建立合作关系，让它们介绍客户到本酒店消费，本酒店返其相应佣金。

阅读材料，请回答以下问题：

1. 酒店运用的广告宣传中，涉及纸媒广告的有哪几条？

2. 户外广告宣传是当下主流的宣传方式，其中特别以户外门头广告运用最为广泛，请你谈谈户外门头广告受欢迎的原因。

酒店概览

洲际酒店集团

英国洲际酒店集团（IHG）成立于 1946 年，是世界上最具全球化特征，并拥有客房数最多的酒店集团，也是全球最大及网络分布最广的专业酒店管理集团。到 2019 年 9 月，洲际酒店集团旗下拥有、管理、出租或托管的酒店达 5 000 多家，共有客房 85 万多间，分布在全球 100 多个国家和地区，在中国接管的酒店分布在 25 个省市。该集团拥有多个闻名遐迩的酒店品牌，包括洲际酒店及度假村、皇冠假日酒店及度假村、假日酒店及度假村、快捷假日酒店、英迪格酒店等，并且拥有世界最大的酒店忠诚客户计划——优悦会(Priority Club Rewards)。

洲际酒店集团旗下的优悦会拥有约 3 300 万名会员，其中，亚太地区是优悦会发展的重要区域，约有 300 万人加入优悦会，平均每年以 39%的速度急剧增长。

在全球范围内，洲际酒店集团平均每天都有 1 家酒店开业、2 家酒店签约。公司目前总共有超过 1 900 多家酒店（超过 2.8 万间客房）在建。

洲际酒店集团的主要品牌有以下几个：

洲际酒店及度假村——高档奢华酒店品牌。在亚太地区开设了 170 多家酒店，已经进入数个重要城市，包括澳大利亚的墨尔本、越南的胡志明市与河内以及中国的青岛。它是唯一为 2008 年北京奥运会提供两家酒店（北京北辰洲际酒店与青岛洲际酒店）的国际酒店品牌。作为与全日空的商业合作项目之一，两家联合品牌酒店于 2007 年 4 月在日本东京开业；2008 年和 2009 年，另外两家洲际酒店也在冲绳岛落户。另外，洲际酒店及度假村分别在泰国的华欣、中国的惠州和三亚、越南的岘港等地开设酒店，这些新酒店的落成连接起了巴厘岛和法属波利尼西亚地区的洲际酒店分布点。

皇冠假日酒店及度假村——豪华酒店品牌。它在亚太地区开设了 350 多家酒店，客房总数超过 1.8 万间，另有 60 家酒店在建。它聚焦于商务会议以及社交互动，是亚太及美国地区成长速度最快的商务酒店品牌之一。皇冠假日酒店已进入越南的河内、中国的杭州、日本的成田等城市、澳大利亚的阿德莱德以及新加坡。

假日酒店及度假村——世界上知名度最高的酒店品牌之一。在亚太地区拥有 89 家酒店（2.3 万间客房），40 家酒店（1.2 万间客房）在建，是亚太区市场的中档酒店领军品牌。2001—2007 年，连续被《商旅杂志》（亚太版）评为最佳中档酒店品牌。马尔代夫、印度的班加罗尔以及泰国的芭提雅相继有假日酒店开张。

快捷假日酒店——位于全服务四星级酒店和经济型酒店之间的酒店。截至2019年，在中国的80多个城市已有391家快捷假日酒店投入使用，是酒店业中发展最快的酒店品牌之一。在世界各地，每4天就有一家快捷假日酒店开业。对于商务人士以及休闲游客来说，这个品牌提供了一个明智、创新的酒店选择。它提供必需的设备、服务，始终如一的品质和有格调的设计。

目前，洲际酒店集团旗下四个现有的酒店品牌均持续不断地发展，特别是中国、日本以及印度这几个关键市场，其发展势头尤为强劲。截至2018年底，洲际酒店集团的众多知名品牌中，已有10个进入中国，其中包括：丽晶酒店及度假村、洲际酒店及度假村、金普顿酒店及餐厅、皇冠假日酒店及度假村、华邑酒店及度假村、英迪格酒店、逸衡酒店、假日酒店、假日度假酒店和智选假日酒店。

资料来源：http：//cn. ihg. com.

第十一章　酒店营销材料及制作

学习内容

- 列举选择报纸广告的三个重要因素。
- 总结设计报纸广告的步骤。
- 讨论报纸广告的设计。
- 讨论报纸广告的撰写。
- 描述杂志广告的优点和缺点。
- 讨论消费者杂志。
- 讨论行业杂志。
- 列举在电话簿中使用广告的两个原因。
- 列举衡量广告有效性的方法。

一　选择报纸广告的因素

在选择报纸广告向酒店的目标市场进行宣传的过程中，常常要考虑三个因素：读者的群体、内容和广告的定价。

（一）读者的群体

采用报纸广告进行宣传时，要细分读者群体的构成。从广告角度上讲，报纸的总发行量可能并非是最重要的因素，一份发行量为一万份的报纸，在广告宣传定位得体的情况下可能要比发行量为一百万份的报纸的影响力更为巨大，因为后者可能没有考虑市场的特殊定位点。

（二）内容

许多大型报纸在特定的日期都会推出特定的内容版面，这对于酒店的目标市场能起到特殊的效果。

（三）广告的定价

广告的定价可以激发某些人刊登广告的欲望，同时也可以限制其他人刊登广告的想法。因为不同广告会有不同的广告刊登费用，报纸对于广告和特殊加页或栏目都制定了各自不同的刊登费用。

【相关链接】

报纸与报纸广告

报纸可分为日报、周报等；也可分为全国性报纸、地方性报纸和区域性报纸等。考虑到读者对报纸某些版面的偏爱，利用报纸传递消息给顾客可能比进行长期的形象塑造更有利于酒店广告目标的实现。如果广告中不含新闻及优惠，则大多数情况下不适合刊登在报纸上。随着人们阅读习惯的改变，纸质报刊发行量缩减，广告的成本也在上升。

二　设计报纸广告的步骤

选择了一份报纸作为刊登广告的媒介后，广告人还必须选择报刊的版面。这初看起来好似是超前的行为，因为此时广告本身还不存在。然而，广告的设计、文字和处理都受到广告刊登版面的影响，同时也受到广告版面尺寸的影响，因此要考虑广告在报纸版面上的总体安排、具体位置和尺寸的大小。这些因素应该在广告设计或文字书写前确定。

酒店广告的总体安排是指在何种报纸上推出自己的广告，这要基于旅游者的构成或酒店要得到的当地客源情况以及报纸版面的可用性。

在选择具体的版面位置时，大多数的广告人都会避免使用两页的夹缝处和页尾。还需要考虑的因素是每周中哪一天刊登广告最为理想。

接下来则需要决定广告的尺寸。在此应指出：大的篇幅不一定总是最佳的选择，一系列的日常小型广告常常能够获得较高的营业回报。

通常的广告设置是设计在前，文字在后。与众不同的广告设计有助于酒店的形象烘托。当基本设计构思完成后，就可以开始文字书写了。

在完成了广告设计构思和文字书写后，应仔细审视广告是否能将酒店的本意淋漓尽致地表达出来。如果表述的含义不明确，就应推倒重来。报纸广告的失败原因常包括：标题不清；文字表述的长短不恰当；毫无意义的产品特色或图片；缺乏可信度。

三 报纸广告的版面设计

报纸广告的设计包括广告的尺寸、形状、边线规格、文字格式和酒店的标识。由于通常报纸都印满了文字，版面中的空白区域是广告布局中的重要考虑因素。大量使用空白区域有助于提高广告的可视性，增强了广告的可读性，使广告的标题和图解都十分醒目。作为惯例，图片只能在大篇幅的广告上起到良好的效果，因此，大多数的报纸广告应考虑使用醒目的线条或标题，而不应该一味地刊登图片。不论是使用线条还是图片，它们都应该形象地显示出客户享用产品或服务的情景。

四 报纸广告的文字撰写

广告文字的选用直接影响着客户的阅读性和对广告的反应，所以不能忽视广告文字的撰写。

在撰写报纸广告时，首先要构思一个好的标题。只有读者对标题产生了兴趣，他们才会继续阅读广告的文字，文字的内容就会传达给他们相应的信息。

报纸广告的文字内容可以是严肃的、哲理性的、引人喜爱的、创新性的、指导性的。酒店可以根据自己的目标市场定位和向客户推出的产品及服务特色来选择恰当的文字表述。

一般的惯例是：文字应简洁并突出真实性，尽可能首先推出客户能得到的实惠。如果酒店能使人们通过广告联想到自己的名称，广告的可信度会大大提高。如果酒店通过广告宣传自己的特色而扩大了潜在客户的数量和回馈，这本身就是广告的成功之处。在广告中要写明酒店的名称、地址和电话号码，另一种有效的做法是附上标明酒店具体位置的路线图。如果能标明免费电话或向客户推出特色服务，则能提高读者回应的可能性，同时广告几乎都要提及产品或服务的价位。最后，文字应该有鼓励享用相关产品或服务的意向。

五 杂志广告

在杂志上面刊登广告有以下优点：

（1）特定的读者群体——多数的杂志是针对特殊的读者或群体的，如时尚杂志或专业性杂志。

（2）较长的生命周期——杂志的阅读周期长于报纸。

（3）宽广的范围——由于大多数的杂志都是全国性的刊物，所以杂志所刊登的广告能获得较多的读者。

（4）高质量的制作——与报纸不同，大多数的杂志印制精美。

但杂志广告也有缺点：在推出相关产品和服务前需要较长的广告制作时间；与报纸广告相比，杂志的广告成本较高；由于杂志的发行具有全国性，某一地区酒店的市场推销可能造成其他区域内的成本浪费。

六　消费者杂志

消费者杂志是联系行业和商务客户或休闲客人的良好纽带。消费者杂志大体可分为两类：关注群体型和针对个体型。

消费者杂志的优点之一是其形式独特，大都采用先进的印刷技术。这类广告中的酒店宣传材料大都制作精美，采用清晰的图片介绍酒店的休闲活动、精致的食品和优雅的设施。

对于多数酒店，在全国性的消费者杂志上刊登广告的费用是极为昂贵的，所以一些全国性的消费者杂志向酒店推出特别的地区版或城市版。这样，广告就更具有针对性，而价格也更为合理。

七　行业杂志

行业杂志是特殊的杂志，它针对的是具体的行业或专业人员。它与消费者杂志不同，因为它更多是采用文字介绍而不是图片。由于专业及商务人士群体和决策者更关注产品和服务，行业杂志一般要向这类人员提供大量的关于客房、价格等方面的信息，如《财富》（*Fortune*）杂志。

八　电话簿

在世界范围内，越来越多的人倾向于使用电话作为联系的工具，其使用的规模早已大大超出邮寄的信件。在美国，人们每年通过查阅电话簿了解酒店和汽车旅馆的信息数达到 1.24 亿次，其中 86%的查询通过电话、信件或访问最终完成行业交易。因此，电话簿的使用者具有产品和服务的购买性，而电话簿广告能够带来销售额的增长，如电话黄页。

九　广告有效性的衡量

衡量广告的有效性有三项基本措施：引起的询问数量、每次询问带来的销售、广告造成的沟通影响。

（1）广告引起的询问数量是衡量广告有效性的重要指标。如果广告推出后没有引起读者的回应，广告的设计、内容及定位肯定出了问题。

（2）并非所有的询问都能带来销售。确定每次询问产生的销售额能指明哪类广告可以给你带来最高的回报。

（3）测算广告造成的沟通影响，包括检测公众对酒店的认知度和态度，这种测算要对比公众在广告前后对酒店认知度和态度的变化。在这种测试中，时常依靠专业的测试服务公司来协助对公众的调查工作。

关键词

报纸广告　杂志广告　消费者杂志　行业杂志　电话簿　广告有效性

练习

1. 报纸广告设计的过程应________。

A. 考虑刊登该广告的报纸特色　B. 考虑刊登广告的具体版面位置

C. 考虑适当的篇幅　D. 以上全部

2. 设计良好的标题应该________。

A. 提供价值　B. 征询销售

C. 提供地址　D. 避免纸张的空白区域

3. 以下哪一项不属于测试广告有效性的措施？________

A. 引起的询问数量　B. 标准的广告格式

C. 每次询问带来的销售　D. 沟通的影响

4. 行业杂志与消费者杂志的不同之处在于________。

A. 图片多　B. 图片制作精美

C. 文字详细　D. 价格昂贵

5. 消费者杂志的优点之一是________。

A. 价格合理　B. 文字准确　C. 种类齐全　D. 印刷精美

实务操作

● 某酒店开业在即，以下是该酒店的开业广告策划方案。

1. 广告内容

(1) 酒店形象宣传（针对商务客人）——酒店形象介绍，主要介绍客房、餐厅、会议设施等功能。

广告词：突出该酒店是不可或缺的商务合作伙伴。可以是别人没有的价格、产品或服务，也可以是酒店所特有的氛围，以此满足消费者特有的理性的、感性的、社会的、自我的需求，酒店广告要以情感引导为主。

(2) 会议产品展示（针对会议客人）——会议厅、宴会厅、会议设施设备介绍。

广告词：重点强调训练有素的员工给您提供一流的服务。

(3) 家的感觉（针对商务、旅游客人及高收入消费群体）——客房、娱乐设施、酒店外繁华都市夜景图片。

广告词：突出酒店能够营造出一种温馨、舒适、安全的感觉。

2. 媒体选择

(1) 报纸广告：《南方都市报》《广州日报》。

受众人群及广告特点：报纸发行量大，目标人群众多，但报纸只适用酒店发布通知性的广告，即开业、试营业以及新产品介绍等；传播时段选择为试营业和开业前5天，两家报纸错开发布，即单号一家、双号一家（大篇幅广告单次费用30万元）。

（2）电视广告：南方电视台、广东卫视等。

受众人群及广告特点：覆盖面广，电视有可视性、动态性的优势，是通过塑造形象进行定位的一种最好办法。

（3）航空杂志。

受众人群及广告特点：航空杂志主要是供在机场内候机的客人及乘机客人阅读的，这些客人中有很多是商务人士，他们有可能就是酒店的潜在客人。航空杂志相对广告费用也较便宜，杂志也具有收藏性。一些世界著名杂志如《财富》与一些机场合作，将其刊物定为机场候机室的必备刊物。

思考题：

1. 选择报纸广告时常常要考虑哪些因素？报纸广告有哪些优势？

2. 本例中的开业酒店如何设计和撰写报纸及杂志广告？试各写一则。

●《中外酒店》为月刊，既具有行业媒体的特色，又有时尚媒体的内涵，且把酒店旅游消费群及技术设备配套用品商有机地结合起来，中英文并行特色使得该杂志可顺利进入国际流通领域，为广告商带来无限商机。《中外酒店》在中国的行业性媒体中属发行量大、覆盖面广的杂志。其具有中英文对照和印刷图片质量上乘的优势，适合于星级酒店（尤其是三星级以上）的客户阅读及高层次消费者欣赏。杂志的内容构成很大比例针对旅游资源的投资管理者及消费者。杂志的市场定位决定了读者具有很强的消费能力。频繁的展览交易博览会是该杂志走向市场、吸引客户消费、增强消费者信任的一种与众不同的经营策略。业界人士称："《中外酒店》肩负着国内酒店业与国际酒店业接轨的神圣使命，缩小了中国酒店业与国际先进水平的差距，为中国酒店参与国际竞争做出了贡献。"

《酒店职业经理人》杂志是顶尖的酒店综合性管理杂志，目前已成为最具影响力的酒店决策人士首选的酒店管理杂志。自 2004 年创刊以来，《酒店职业经理人》杂志以"卓越管理实践，成就酒店精英"为使命，深入采访和剖析酒店业的最新优秀成功案例，并引进国外酒店最先进的管理理念与实践，以专业、国际化的办刊风格，传播"实用"和"适用"并重的酒店管理理念，帮助国内外酒店领导者提升管理能力和全球竞争力。《酒店职业经理人》杂志的读者对象为国内外酒店投资商、总经理、职业经理人。

《中国酒店人力资源与培训》于 2007 年 3 月创刊，是一本服务于酒店人力资源管理以及培训领域的专业媒体，它坚持"人本理念先锋、精英晋级平台"的办刊宗旨，以独特的版式风格、独到的报道视角、深度的专业报道而努力成为酒店经理人必读的专业杂志。每期以八大栏目贯穿杂志，全方位向酒店经理人传递最新行业动态信息，诠释现代酒店人力资源管理的理念与模式。

思考题：

1. 从以上所列举的三本酒店行业杂志来看，酒店行业杂志的特点是什么？

2. 酒店在此类行业杂志上刊登广告将产生哪些在其他杂志上刊登广告所没有的效果？为什么？

要点回顾

1. 选择报纸广告向酒店的目标市场进行宣传的过程中，常常要考虑三个因素：读者的群体、内容、广告的定价。

2. 设计报纸广告的步骤如下：选择一份报纸作为广告媒介；选择报纸的版面；决定广告的尺寸；完成基本设计构思；进行文字的处理；审视广告是否将酒店的本意淋漓尽致地表达出来。

3. 报纸广告的设计包括广告的尺寸、形状、边线规格、文字格式和酒店的标识。

4. 撰写报纸广告的要点：要构思一个好的标题；报纸广告的文字应简洁并突出真实性，尽可能首先推出客户能得到的实惠；写明酒店的名称、地址和电话；文字应该有鼓励享用相关产品或服务的意向。

5. 在杂志上刊登广告有诸多优点：特定的读者群体；较长的生命周期；宽广的范围；高质量的制作。但杂志广告也有缺点：广告成本较高；在推出相关产品和服务前需要较长的广告制作时间。

6. 消费者杂志是联系行业和商务客户或休闲客人的良好纽带，大体分为两类：关注群体型和针对个体型。

7. 行业杂志针对的是具体的行业或专业人员，一般要向这类人员提供大量的关于客房、价格等方面的信息。

8. 电话簿的使用者多是潜在客户，而电话簿的广告能够带来销售额的增长。

9. 衡量广告的有效性有三项基本措施：引起的询问数量；每次询问带来的销售；广告造成的沟通影响。

知识链接

一、大众传媒的主要形式及特点

报纸的优点在于覆盖面广、传播迅速、反应及时、印象深刻、便于查阅、制作简单、运用灵活、费用低廉、权威性高。缺点在于有效时间短、内容庞杂、广告在版面上不能占据突出的位置、印刷和设计不够精致、缺乏吸引力。

杂志的优点在于读者对象明确、针对性强、阅读时间长。缺点在于出版周期长、传播速度慢、范围有限、影响不够广泛。

广播的特点在于不受文化水平制约，不受活动时间和地点制约。缺点在于听众分散且注意力不集中、不易存储、地区分布不均匀。

电视为视听两用媒体，被认为是传播广告信息最有效的工具，它将声音、动作、图像、色彩、文字融为一体，内容清晰生动，有很强的感染力。

网络作为迅速兴起的营销手段，受众广泛、影响力强、互动性强。

二、划定报刊广告格局的因素

读者的“含金量”决定着报刊广告的格局，读者的“含金量”越高，则报刊对广告主的吸引力就越大，潜在购买力也越加可观。读者的“含金量”一般由四个要素构成，即读者群在单位区域的分布密度、读者的订阅方式、读者的消费水平和读者的社会影响力。

1. 读者群在单位区域的分布密度

报刊读者群的数量是一个相对值，由于报刊读者群的范围和基数不同，不同报刊读者群的相对数量也不同。面向全国大众读者的文化综合类、通俗普及类报刊的读者群的数量要多一些，由于读者群的基数大，这部分报刊有着较大的发行空间，都有可能超过百万；而面向特定的地域或行业读者群的报刊，由于特定地域和行业读者群的数量有限，其发行空间也相对小一些，但这类报刊只要在业内形成了一定的市场占有率，则同样具有广告优势，如各地的广播电视报，虽然只面向本地区的读者，但由于其读者群在单位区域的分布中达到了一定的密度，成了企业产品进入当地市场的“窗口”，同样有很强的广告优势。

2. 读者的订阅方式

一项调查的结果表明，读者阅读报刊的注意（投入）程度与读者订阅报刊的方式密切相关。报刊拥有的读者中，自费订阅的比重越大，读者对报刊的投入度就越高，读者的“含金量”也越高。原因很简单，自费订阅的报刊都是读者喜欢的、感兴趣的报刊，读者掏钱的目的是从中“买”精神享受，从所订阅的报刊中得到所需要的知识和信息，以满足自己的精神需要。广告是报刊的组成部分，报刊的可读性强，读者爱看，报刊所载的广告自然也容易进入读者的视野，进而实现其宣传效果。

3. 读者的消费水平

读者的消费水平在很大程度上决定着其对商品的购买力，在读者数量一定的情况下，读者的消费水平越高，则读者的购买力越强，对广告商的吸引力也就越大。

4. 读者的社会影响力

报刊的社会影响力与发行量并不成正比关系。有较大社会影响力的报刊，其发行量不一定大；而那些发行量上百万的报刊，其社会影响力未必很大。现代传媒理论的研究成果表明，那些与个人“安全边际”紧密相连的生活类报刊往往是发行绝对值大而阅读率较低，而那些关注时政和社会热点问题的报刊往往是发行绝对值较小而传阅率很高，读者层次也较高。以英国的《经济学家》杂志为例，该刊的期发行数虽然只有十多万，还不到英国畅销电视杂志的零头，但广告的价格很高，该刊每年的广告额都是几千万美元，而且广告版面供不应求，原因在于：这份有一百多年历史的杂志已成了西方政界、金融界、知识界人物经常阅读的杂志之一，据调查，该刊90%以上的读者都是政治首脑、政府官员、跨国公司总裁等要人，这些读者不但消费水平高，而且有相当的社会影响力，在一定程度上左右着社会舆论，因而一些世界著名企业成了该刊的广告客户，在《经济学家》上刊登广告，成了企业进入这些政界要人视野的途径。

三、杂志广告

对酒店广告人员来说，杂志广告通常是物有所值的，因为购买杂志的人常常有着特殊的兴趣，只要广告涉及这些兴趣，就可能被人注意。

此外，高级杂志为饭店提供了一个具有权威性的环境。杂志的特点是必须提前很长一段时间交付广告费，一次特殊价格优惠或交易必须事先就计划好并且能够持续很长时间。杂志广告很贵，但对长期定位来说十分理想。

在杂志广告中，页面设置是非常重要的。有的页面，如封面、封底和开头几页，人们读得更多，值得为之付出额外的钱，使广告不会淹没在一大堆信息里。

四、杂志广告的编排与设计

1. 广告内容与杂志专业

杂志都有一定的专业范畴，选择和编排杂志广告，一定要符合有关专业杂志的办刊宗旨和内容，这既有益于杂志，也有益于广告，同时使人感觉亲切、实用。杂志广告对人们来说，完全有足够的时间去琢磨、理解，并掌握其含义。撰写广告说明文，层次要比报纸广告深入、细致；遣词用语多用动词和名词，少用副词和形容词。对于专业性杂志广告，因读者群十分明确，文稿应以专业术语阐述，并附上专业数据。

2. 广告内容与杂志真实性

真实与否，直接关系着杂志的信誉。为了保护杂志的信誉和维护消费者的利益，杂志应对广告产品的质量负责，鉴定手续要完备，以确保广告真实可信。

3. 广告色彩与产品特性

杂志广告彩印部分占绝大多数，是优于报纸黑白广告的地方。有资料表明，广告套双色，比起黑白色，人们的注视率会高出1%，套四色的高出54%。当然，色彩的作用，并非全然追求广告形象的逼真，主要是诱导人们对广告内容的关注。在这方面，中外杂志界几乎是共通的，尤其是一些影响力大的杂志。杂志广告多数采用彩色摄影，也有彩色喷绘，广告内容由色调加以烘托。

4. 广告版面

杂志开本绝大多数为纵向，刊登的广告版面也随之成了高大于宽的比例，这与宽大于高的报纸广告比起来，读者的注视率要更高。杂志广告的版面分全页整版（这是杂志广告常用的版面）、半页，上下对分、左右对分、斜角对分版，全页另加对面半页、1/4 或 1/3 页版，双页满版。

5. 广告版面与固定性、独立性

人的大脑会遗忘，重复是加强记忆的重要手段。针对这种情况，广告版面宜固定，采用同一画面重复宣传，是提高人们注视率和记忆率的最佳方法。

案例分析

某酒店的报纸广告

本酒店是一家五星级，集住宿、餐饮、会议、休闲为一体的综合性商务酒店，总建筑面积 8 000 平方米，共十层。酒店地处市区繁华地段，地理位置优越，交通便利。酒店设施齐全，装修豪华、时尚、典雅，能带给您全新的体验。精心设计的客房，融温馨与浪漫为一体，别具一格。为满足宾客的多层次需求，酒店还设有保健中心、棋牌室、会议室、健身房等服务设施，配套项目齐全，服务热情周到，处处显示出以客为先的服务风范。无论您是商务出行还是旅游度假，在本酒店都能感受到居停方便、舒适、自然。

本酒店以“宾客至上，服务为先”为宗旨，采用科学的管理方法和经营方式，不断追求卓越，以真诚的服务为宾客提供一个温馨的家外之家。××酒店全体员工欢迎您的光临！

酒店地址：××市××区××街××号

电话：×××××××××

阅读材料，请回答以下问题：

1. 在设计该广告时，设计者应该考虑的因素有哪些？

A. 该报纸的销量　　B. 广告刊登的版面位置

C. 广告的读者　　D. 广告的预期效果

E. 广告的费用

2. 结合材料，简要回答报纸广告的优势。
3. 如果你是该报纸的读者，你认为该广告如何？请提出你的建议。
提示：可以从版面设计、吸引力、广告内容方面进行回答。

酒店概览

巴斯酒店集团

1777 年，威廉·巴斯在英国波顿创建了一家酿酒厂。到 1960 年，巴斯已成为英国最大酿酒集团的拥有者。1988 年，巴斯集团收购了假日酒店，开始进军酒店业。假日酒店成为业内第一个进行全球性发展的品牌，同时也为整个酒店行业奠定了一系列全新基准。1998 年，巴斯集团收购了洲际酒店品牌，将这一豪华品牌纳入集团旗下。2000 年，巴斯集团出售酿酒业务，公司更名为六洲酒店集团（Six Continents PLC），开始专注于酒店业的经营。2003 年，六洲酒店集团正式更名为洲际酒店集团。

第十二章　酒店公共关系

学习内容

- 讨论公共关系计划的六个因素。
- 解释衡量公共关系效应的方法。
- 描述新闻发布的运行。
- 描述新闻发布材料。
- 解释如何有效地应对旅游文章撰稿人。
- 罗列与新闻媒体保持良好关系的原则。
- 解释如何准备个人采访。
- 总结如何应对敏感议题。

一　公共关系计划

一项良好的公共关系计划应该协调以下六个方面的因素。

（一）目标

目标应该明确具体。因为目标设立得越具体，公共关系计划就越能奏效。

（二）对象

公共关系计划应根据市场营销计划，针对具体的市场细分层面设立具体的销售中心。

（三）媒体

一旦选择了市场的细分层次，公共关系计划就应该确定特定的媒体来针对具体的市场细分层面。

（四）信息

选择相应的媒体后，负责公共关系的员工需开始构思反映本酒店特色的宣传或新闻，以此来赢得媒体和观众的关注。

（五）特别项目

酒店应创建相关的项目，通过研讨会、培训会和社区服务等方式推出自己的品牌。

（六）衡量最终结果

酒店应该监控媒体对酒店的报道数量、篇幅及时间。通过衡量这些相关的数据，酒店可测算出哪种媒体最有效、哪种媒体对公共关系的报道发布最不关注。

【相关链接】

酒店公共关系的特征

（1）以美誉为目标，塑造形象，增加美誉。
（2）以互惠为原则，平等互利，协调发展。
（3）以长远为方针，持之以恒，长期努力。
（4）以诚实为信条，广结良缘，享誉天下。
（5）以信息传播为手段，双向沟通，内外交流。
（6）以特色创新为生命，以特见长，出奇制胜。
（7）以主动公关为先导，预防为主，防治结合。

二　公共关系效应的衡量

衡量公共关系的效应是一项极为困难的工作。酒店可以采用两种措施来监控公共关系的效应，即审视媒体对酒店的报道关注度和计算报道篇幅的价值。

衡量媒体对酒店报道的篇幅较为简单，可以采用报道日志来记录所有媒体撰写的文章字数、文章发表的日期和发行量等。

通过对单位时间内媒体对酒店报道的篇幅和播出时间的计算，并结合购买此类报道所支出的费用，酒店就能计算出价值等量。例如：如果一家酒店在一本旅游杂志上以 1 万元购买了一张全页的文章描写，其价值等量就是 1 万元。

三　新闻发布

新闻发布是酒店发布的一些专门的信息，包括特殊事件、贵宾光临、新推出的促销活动或其他的产品服务。酒店可通过媒体发布此类信息或相关的文章、采访或图片来提高酒店的知名度。

新闻发布材料的内容应使用特定的信息发布格式，即文字隔双行打印或书写，应使用带有酒店名称的信纸，并注明发布的日期。酒店和媒体方面相关的员工姓名和电话号码也应包括在新闻发布的材料之中。

具体的书写格式为：在封面页的 1/3 处开始书写相关的新闻发布内容（这样的空间能使编辑增加标题），第一段文章应表明谁、何事、何时、何地、为什么等几项因素。新闻的发布应该是准确完整的，各项名称应拼写无误。新闻的发布应该简洁明确，避免意向性的表述。引用总经理或其他有关人士的观点可以增强新闻发布的力度。

新闻发布或特殊事件是否会被媒体采纳主要取决于事物本身的价值。酒店不应该因为自己购买了广告就向媒体施加压力来控制报道的篇幅或播出时间。

除了撰写传统型的新闻报道外，有些酒店也制作录像短片并寄送到电视台争取播放。

四　新闻发布材料

新闻发布材料的设计目的是向媒体提供酒店的相关背景介绍。这类材料主要包括酒店的图片和介绍文章、酒店的相关数据和日常情况等信息。由于媒体方面的工作人员会接收到大量新闻发布材料，酒店必须精心设计包装自己的材料，以给媒体留下深刻的印象。所有的介绍材料应该整齐地放置在特别的文件夹中，封面标明酒店的名称、标识、地址和电话。文件夹中的所有材料都应该清楚地标明页码，以防不慎被弄乱。同时，还应将相关的材料制作成专业的电子版提供给有关媒体。

五　旅游文章撰稿人

旅游文章撰稿人是专业的评论家，他们有义务对下榻的酒店做出公正的评价。面对旅游文章撰稿人，酒店可以采用以下措施给其留下良好的印象。

（一）充分准备

酒店应了解旅游文章撰稿人入住酒店的详细过程，了解撰稿人在酒店期间的活动日程，让旅游文章撰稿人熟悉酒店将提供的各项服务、明确酒店在公众效应方面的期望值。

（二）避免过分的活动安排

酒店应考虑撰稿人的需求，不应过分安排活动项目，以免侵占撰稿人的时间。

（三）演示到位

在向撰稿人展示客房或酒店的设施时，只需要演示某一类型中的一项即可。当酒店的活动安排相对轻松时应该着重考虑撰稿人的需要。

（四）审视跟进

使用简单的方式强调希望撰稿人能在住店期间得到高品质的服务，是酒店应考虑的做法。在酒店内的每次活动之前，酒店应向撰稿人提供相关的信息材料。接到撰稿人提供的文章后，酒店方面在做最后审视时，即使文章中含有某些负面的因素，酒店也应以书面的形式向撰稿人表示感谢。

六　与新闻媒体的关系

坚持以下原则，酒店可以与新闻媒体方面保持密切的联系。

（一）认真准备新闻发布会

任何的新闻信息发布会都应经过缜密的计划，书面的材料应符合特定媒体的格式，并留双倍行距以便编辑修改。

（二）避免重复

除了一般的新闻信息发布会，酒店不应该将同样的信息发布给几家媒体。相反，酒店应该以多层面的角度来提供信息。

（三）诚实

面对质询，酒店的员工应保持坦诚的态度，迅速回复所有的质询。

（四）遵守时间

对于新闻而言，时效就是生命。不能对某个问题迅速做出回复可能使这个报道失色，也可能会给成千上万的潜在客户造成影响。因此，一切新闻信息的发布和会议的举办都必须严格遵守时间。

七　个人采访

如果你了解记者采访的目的或采访的一般意向，应该提前准备并研究相关的背景材料，准备回应对方可能会提出的问题。应避免不负责任的评论或对竞争对手的随意抨击。应保持诚意，“无可奉告”的回复方式给人带来的是消极的感受。酒店方面应该保持清醒的认识，记者们是来进行采访的，他们日后会根据此次采访来撰写文章或制作节目，要珍惜酒店出面澄清某些细节的机会。

电视或视频采访与其他媒体采访略有不同，因为前者会向公众展示酒店和其员工的视觉图像，显然，这种访谈强调观赏性，因此要尽最大努力表现出最佳的状态。在一般的电视或视频采访中应着装沉稳，避免全白的颜色、奇异的图案及浮华的饰品。采访中的语言使用也是十分重要的，特别是在现场直播中更应注意，事先的充分准备是必需的环节。如果对方提出别有用心的问题，应该首先表示不同的看法，然后详细回复。在电视采访中应随时保持清醒的头脑，听从记者对于你应如何在镜头前表现的建议，并且随时意识到摄像机的存在。

八　应对敏感议题

处理敏感议题的关键环节之一是任命一名发言人，统一控制信息发布和问题解答。所有的酒店员工都应将媒体的问题转送酒店任命的发言人。

当处在最为敏感的情况下，酒店应该制定统一时间段向媒体发布信息，保证各家媒体在同一时间得到信息。媒体可能会提出尖锐的问题，酒店的发言人决不可以使用“无可奉告”的回答方式。面对难以具体回答的问题，发言人应该解释原因，还可以描述酒店目前正在采取的积极措施。处理恰当的新闻发布会能够得到媒体的支持。

以上活动应由酒店公关部门提前准备并跟进。

关键词

公共关系　　新闻发布　　新闻发布材料　　敏感议题　　公众效应

练习

1. 以下哪一项不应列为公共关系计划中的构成因素？________

A. 特殊项目　　B. 旅行代理商　　C. 媒体　　D. 目标

2. 价值等量是一种措施，用来衡量________。

A. 销售机会的创建　　B. 客房销售的创建

C. 公众效应　　D. 餐饮的比例

3. 以下哪一项是酒店在一般新闻发布中要向媒体阐述的议题？________

A. 营建新餐厅的计划　　B. 酒吧的一项新举措

C. 一项新的能源保护项目　　D. 以上全部

4. 与新闻媒体的良好关系是通过以下的哪种方式建立的？________

A. 准备充分的新闻发布会　　　　B. 向多家媒体发布相同的信息

C. 延长最后期限　　　　D. 要求审视记者的记录

5. 在个人采访中，你应该________。

A. 提供随意性的信息

B. 忽略提供具体信息，这样能使采访更为有趣

C. 简要回答各项问题

D. 从不回答“我不知道”

实务操作

● 在日常经营中，酒店会和外界产生各种各样的社会关系。在日常工作中，营业部公共关系实施的表现形式就是通常的营销活动，即将酒店的企业形象、品牌形象向现实顾客推广，使酒店在自己的营业领域中产生强大的辐射力，使顾客产生实际的消费。在酒店运营过程中，难免会遇到各种突发事件，在突发事件面前，营业部的公共关系就暂时从日常营销转到处理事件方面。面对有利于企业发展的事件，要配合酒店的发展纲要，积极主动地向顾客大力宣传，强化酒店的形象，凸显品牌优势。面对可能会产生负面影响的事件，营业部公关工作的重点是引导媒体客观地报道事件，将酒店处理事件的方法及时、正面地向公众传播，尽量减少事件对酒店的影响，从另一个侧面反映酒店对社会积极负责的态度。如果处理得当，就能“转危为安”，成为酒店发展的推进器。

当前，酒店业处在一个激烈竞争环境中，每个酒店在强化日常营销工作的同时，还要有忧患意识，注意收集世界著名酒店管理公司对公共关系处理方法的相关资料，从中吸取经验教训，居安思危。这样，无论酒店面临顺境还是逆境时，都能从容地应对环境的变化。

思考题：

1. 阐述酒店公共关系的意义和特征。

2. 酒店处理公共关系的手段怎样对酒店的运营产生影响？

● 高莉莉就任上海金沙江大酒店公关部经理时，酒店还默默无闻。高莉莉从她的记者朋友处得知，著名的日本影星中野良子将同她的新婚丈夫来北京、上海访问，她马上意识到这是酒店开展公共关系活动借以提高知名度的好机会。于是，她立即采取了一系列措施，争取到了接待客人的机会，然后高莉莉立刻带领工作人员进行策划和准备。

客人晚上到酒店后，等待他们的是一个洋溢着喜庆气氛的“迎亲”场面。在热闹的鞭炮声中，中野良子夫妇被40多位中外记者及酒店员工簇拥进入一个中国传统式的“洞房”——正墙上大红“喜”字熠熠生辉，两旁的对联上写着“富士山头紫燕双飞白头偕老，黄浦江畔鸾凤和鸣永结同心”。在笑声、掌声此起彼伏的“闹洞房”仪式中，新婚夫妇还品尝了象征“甜甜蜜蜜”“早生贵子”的哈密瓜、桂圆、红枣等，在异国他乡度过了一个难忘的欢乐之夜。

当晚，在场的记者们纷纷报道了这则有趣的新闻，上海金沙江酒店也随着这些报道在一夜之间扬名海内外，特别是给中国公众和日本公众留下了深刻而美好的印象。

高莉莉调到上海华亭宾馆后，针对企业亟待提高知名度的实际情况，她又策划推出“美国食品周”的公关专题活动。食品周期间，中外宾客同当地市民一起品尝了火鸡、小羊肉、小甜饼等美国风味食品，还兴致勃勃地参观了同时展出的好莱坞西部片中的老式吉普车、汽油灯、马鞍等。虽然当时正值酷暑，但兴趣盎然的公众流连忘返。一时间，“美国食品周”成了大众传媒报道的热点新闻，与此同时，华亭宾馆也成了上海公众津津乐道的热门话题。

思考题：

1. 在公共关系中制造新闻应注意哪些问题？

2. 酒店公关人员在本例中起到了什么作用？在实际的酒店营销中，酒店公关部可采取哪些公共关系手段来提高酒店的知名度？

要点回顾

1. 一项良好的公共关系计划应该协调六个方面的因素：目标、对象、媒体、信息、特别项目、衡量最终结果。

2. 酒店可以采用两种措施来监控公共关系的效应，即审视媒体对酒店的报道关注度和计算报道篇幅的价值。

3. 新闻发布是酒店发布的一些专门的信息，包括特殊事件、贵宾光临、新推出的促销活动或其他的产品服务。新闻发布材料的内容应使用特定的信息发布格式，并遵循具体的书写格式。

4. 新闻发布材料的设计目的是向记者提供酒店的相关背景介绍。这类材料主要包括酒店的图片和介绍文章、酒店的相关数据和日常的情况等信息。

5. 旅游文章撰稿人是专业的评论家，酒店可以采用以下措施给其留下良好的印象：充分准备、避免过分的活动安排、演示到位、审视跟进。

6. 坚持以下原则，酒店可以与新闻媒体方面保持密切的联系：认真准备新闻发布、避免重复、诚实、遵守时间。

7. 面对采访，酒店应事先研究相关背景材料，时刻保持清醒，表现出最佳状态，并保持诚意。

8. 处理敏感议题的关键环节之一是任命一名发言人，这种做法能避免信息发布和问题解答的不一致。

知识链接

一、酒店公共关系的特征

公共关系是塑造知名度和美誉度的科学与艺术。公共关系的实施目的是分析趋势，预测后果，向机构领导人提供意见，履行一连串有计划的行动，以服务于本机构和公众利益。

1. 以公众为对象

公众是与某个组织相关的群体，他们的观点、态度和行为决定了这个组织的成败，组织必须和他们建立有效的沟通，争取他们对自己的了解、理解、信任、合作和支持。

2. 以长远为方针

酒店公共关系的树立并不是一朝一夕的事，酒店本身处在一个不断发展的过程中，公共关系工作要为酒店的发展不断地创造良好的社会环境和舆论环境，公关人员要经常进行市场调查，了解酒店形象在公众心目中的变化，及时做出分析预测，及时调整公关策略，使酒店的发展趋势与公众意向相吻合，让酒店良好的形象在公众的心目中经久不衰。

3. 以互惠为原则

公共关系影响着酒店决策的实施，每一项决策的实施并不是酒店孤立的行为，它需要得到内外部公众的理解和支持，需要引导他们在不同层次上以不同形式参与到实施决策的行动中来。

4. 以沟通为手段

信息沟通是酒店公共关系的基本职能。对内包括管理者与员工之间的沟通、各职能部门之间的沟通、酒店与股东之间的沟通。对外有酒店与客人之间、与社区之间、与媒体之间、与政府之间的沟通等。沟通工作既是大量的，也是极为重要的，加强信息沟通，取得顾客的理解和支持，才能为酒店的发展创造一个良好的外部环境。

5. 以美誉为目标，以诚信为根本

公共关系的根本目的就是通过深入细致、持之以恒的具体工作，树立与发展酒店的良好形象，建立良好的信誉，以取得社会公众的理解和接受，进而赢得信任与支持。而良好形象和信誉的建立，又会促进酒店目标的实现，所以人们常把良好的形象和信誉称为酒店"无形的财富"。同时，酒店良好的形象也是吸引客人的重要因素。

二、酒店建立公共关系的途径

公共关系是一门"内求团结、外求发展"的经营管理艺术。

1. 内部公共关系

在内部公共关系上，主要包括以下几种关系：

（1）员工关系。

处理好员工关系是酒店内部人际关系中最基本、最重要的关系，酒店员工在一线与顾客打交道，他们的一言一行体现着酒店的素质和形象，一招一式决定着酒店各项目标的实现和酒店的管理效能。创造和谐的员工关系，必须做到：满足员工物质和精神需求；实行合理制度，进行民主管理；加强信息沟通，及时解决矛盾；培养酒店文化，增强酒店凝聚力。

（2）领导层关系。

领导层之间关系如何，对酒店各方面的影响较大，应做到：职责明确，分工协作；互相尊重，互相补台；情况沟通，遇事商量。

（3）部门关系。

酒店各部门是联系酒店与员工的中介，是酒店经营发展的关键环节，加强部门之间的关系协调，关键在于信息的沟通，可采取晨会、座谈会、文件传达与情况通报、茶话会等诸多形式实现信息交流，以达到互相理解、信任和合作的目的。

（4）股东关系。

股东关系是股份制酒店内部关系的一种形式，只有尊重股东权益，使股东充分了解酒店的客观经营情况，才能增进股东的信任与支持。股东关系处理得当与否，对酒店发展有直接的影响和制约作用。因此，要通过各种形式保持酒店与股东密切的信息沟通和感情联系，使股东支持酒店的发展。

2. 外部公共关系

在外部公共关系上，主要包括以下几种关系：

(1) 顾客关系。

它是酒店外部公共关系中最重要的关系。良好的顾客关系是建立和维系稳定的经济利益的基础，与顾客保持良好关系的方法主要有：提供优质商品与服务；创新经营，引导消费；妥善处理意外事件，接受投诉；协调关系，增进团结。

(2) 社区关系。

社区关系是指酒店与所在地居民及其他社会组织的关系。协调社区关系的主要方法有：沟通联络，相互了解；维护社区环境；支持协助社区公益活动。

(3) 新闻媒体关系。

酒店重视新闻媒体，旨在提高酒店知名度，树立酒店形象。协调新闻媒体关系的主要方法有：适时召开新闻发布会；利用新闻媒体做广告；保持长期联系。

(4) 竞争者关系。

酒店与同行要树立公平竞争的观念，绝不能采取不正当竞争手段去排斥对手。

三、酒店建立公共关系的手段

1. 利用公共关系媒介

要想与公众取得广泛的信息交流，有效的手段莫过于利用公共关系媒介。公共关系媒介是各种各样、丰富多彩的，酒店常用的有语言媒介和电子媒介两种。语言媒介有报纸、杂志、纪念册、组织名片和函件等；电子媒介有广播、网络和电视等。它们本身具有两个特点：一是普遍性。无论是报纸、杂志，还是广播、网络、电视，都有稳定的受众群体，影响面非常广，可以满足不同职业、年龄、文化程度的公众需要。二是时效性。现代科学技术的发展、通信条件的改善，使传播媒介能够以最快的速度向公众传递信息，因此，借助媒介传播手段，能达到与传播对象迅速接近的目的。

2. 利用客户档案

酒店对客户，无论是一封信函、一个电话，还是一张贺卡，都要有针对性地进行设计。信函、贺卡内容怎么写、写什么，电话怎么说、怎么问候，都要有所设计。公关人员一定要了解客户，审时度势，掌握分寸，这样才能产生好的效果。

3. 利用创新手段

美国著名经济学家熊彼特提出的“创新”一词，原意指“生产要素的重新组合”，包括引入一种新产品、开辟一个新市场、开发一种原料的新来源、采用一种新技术等。酒店利用创新手段，要学习儒商作风，创造文化气氛。要善于借势，推出创新产品，才能满足不同消费者的需求，使消费者得到更多的满足，同时也能给酒店创造新的市场需求。

4. 利用名人效应

因名人对公众的影响力较大，利用名人效应是公共关系常用的手段，名人的光环效应能增强酒店信息的影响力。

四、酒店公共关系促销

1. 公共关系的概念

酒店公共关系就是设计、建立、传播酒店最佳企业形象的全过程。酒店公共关系不仅限于在报纸或电视上发一则广告，还包括酒店内外部友好关系的联络活动。公关促销是一种被众多酒店所接受的促销方式。通过对全国大部分星级酒店宾馆的调查发现，每个星级酒店宾馆都有专门从事促销的部门，即公关部或公关销售部、营销部等。公关促销所担负的主要责任就是帮助和提高酒店在客房和餐饮上的销售，而且各个公关部使用的销售方式和公关手段不尽相同，可以说是五花八门、高招迭出。

2. 公共关系的类型

酒店公共关系包括：对内公共关系（采用各种方法提高员工积极性）；对外公共关系，包括与顾客的关系、与新闻媒体的关系及与当地社团的关系。

3. 公共关系的建立与维护方式

建立与维护酒店公共关系包括选择多种大众媒体、举办各种会议及社交活动、参加社会公益活动、听取处理公众的意见、建立酒店内部公共关系制度等手段。

4. 公共关系的活动步骤

建立营销目标（树立知晓制度、刺激销售队伍及经营商、降低促销成本等）；选择公共关系信息和载体；实施营销性公关计划；评估公共关系的效果（曝光度、知名度、受众态度和理解的变化、销售额和利润贡献）。

五、关系营销

关系营销是针对重点顾客展开的营销。酒店关系营销的目的在于提高常客的忠诚度，巩固市场份额。酒店关系营销常用的手段有：对常客优惠，以快速办理登记和结账，记录常客以往信息提供个性化的住店服务。一次个性化服务的经历会给客人留下深刻的印象，在酒店关系营销中，收集与客人有关的信息极为重要。

大多数顾客愿意与酒店建立友好关系，并愿对酒店工作发表看法。酒店一旦识别和选择了关系营销的对象，就应该主动与他们联系。酒店定期与选定顾客接触，了解他们对服务工作的意见和建议，这样会使他们认为酒店是自己关系网中的一员，有亲近感，在他们需要到酒店消费时会下意识地首选该酒店。酒店在关系营销中的主动性非常重要，倘若顾客每次消费都是由顾客自己主动与酒店联系，他们就不认为自己与酒店有什么特殊关系，关系营销也不可能达到理想的效果。

顾客忠诚于酒店是要得到回报的。奖励常客是回报的一种形式，它是关系营销的最低层次。目前，我国不少酒店推出了“奖励计划”，以免费住宿、价格优惠等形式奖励常客，希望培养对本酒店忠诚的顾客。奖励可以采用多种形式，比如采用与航空公司、俱乐部、旅行社以及其他酒店联合制订奖励计划，共同操作、共同受益。奖励计划并不是对所有顾客都有效，对于高级商务客人，他们更看重酒店的服务设施、服务态度、服务质量。此外，奖励计划还容易被竞争对手模仿。当竞争对手采用类似的措施后，奖励计划产生顾客忠诚的作用就会大打折扣。因此，奖励计划可以换回一定的顾客忠诚度，但无法真正创造忠诚顾客。酒店在开展关系营销的同时，还要在服务质量和经营方式上多下功夫，才能真正收到效果。

六、酒店公关部

一位酒店职业经理人曾说：“我的成功七分得益于酒店，三分得益于媒体。”那么作为酒店的公关部门，应该如何与传媒机构建立良好的公共关系呢？以塑造组织形象为基本目标的公共关系活动历来是公关人员应该熟稔的基本操作。必须指出，媒体以其传播迅速而广泛的特点，能在广大公众面前建立舆论导向，施加正负影响，甚至制造商机或瓦解声誉，所以，媒体对于公关人员来说具有双重意义：一方面，它是实现公关目标的重要媒介；另一方面，它是公关活动必须努力争取的重要公众。换言之，酒店不仅要获取编辑、记者的好感，而且要依靠编辑、记者获取更多公众的好感。当然，如何同媒体打交道，不仅是一个认识问题，而且是一个操作问题。

首先，要认识媒体的重要性。媒体的最大特点是能在短时间内把某一个信息传播给许多人，以求同时与为数众多的人建立联系或留下印象，因为新闻界在一般人心目中是公众舆论的代表，立场比较客观。通过媒体公共关系的传播，甚至会比组织或企业本身的公关人员向公众直接传播更为有效。

其次，要恰当地认识媒体。作为酒店公关人员，能认识到媒体的重要性，并将之视为对外宣传的重要途径和手段固然正确，但过分地视媒体为工具，单纯地施舍利用，就有失公平互惠的原则。有的酒店对媒体的态度是：不用时不睬，用时就收买，用过就作废。例如：某酒店的公关人员平时对媒体态度冷漠。某年中秋节，该酒店搞了个慈善公益活动，邀请孤儿院的孩子来酒店共度佳节，并送学费、文具等礼物。就这项义举，公关部门准备好新闻稿和各新闻媒体联系，可是众媒体一致拒绝，说这是酒店沽名钓誉的软性宣传，不交费无法见报。公关部只好作罢。所以，酒店与媒体之间的合作应建立在平等互惠的基础上，大家相互支持，如果单纯地视对方为工具，“临渴掘井”是不会有效果的。

最后，要善于和媒体打交道。新闻工作的性质需要媒体广交各路朋友，建立通信网络。而酒店公关部正好可以利用自己作为酒店代言人或对外联络员的身份，同编辑、记者保持经常的接触，建立良好的工作关系和融洽的个人关系，才能保障宣传工作的畅通高效。

案例分析

细节至上

某大酒店采用“顾客至上、以人为本”的经营理念，在力所能及的范围内为顾客提供“超级服务”。有一次，在酒店咖啡厅的四位客人因嫌人多嘈杂，随口说了声“吵死了，听不清”。这话让一位服务员听到了，她马上为他们联系了免费客房供他们商议事务。对此，四位客人十分惊讶和感动。

两天后，四位客人给酒店送来了感谢信：“感谢贵酒店前天提供的服务，我们受宠若惊，并体会到什么是世界上最好的服务。我们四人是贵酒店的常客，从此，我们除了永远成为您忠实的顾客外，我们所属的公司以及海外来宾，亦将永远为您广为宣传。”

阅读材料，请回答以下问题：

1. 材料中体现了酒店哪种公共关系？
2. 请将材料中的信息与本章节知识点通过连线对应起来。

顾客至上、以人为本	赢得顾客忠诚度
提供免费房	树立良好形象
客人送感谢信	良好客户关系
“永远为您广为宣传”	优质服务

3. 请就该酒店的公关谈谈你的感受。

酒店概览

胜腾酒店集团

胜腾酒店集团（Cendant Corporation）是胜腾集团的子公司，其总部设在美国新泽西州的帕斯帕尼，是全球最大的酒店运营商之一，在全球拥有超过2.5万名雇员，旗下拥有超过6 500家加盟酒店，54万多个房间，遍布全球六大洲。其十大著名品牌为：速8（Super 8）、戴斯（Days Inn）、华美达（Ramada）、Travelodge、豪生（Howard Johnson）、Baymont Inn、Knights Inn、Wingate Inn、Amerihost Inn 以及温德姆（Wyndham Hotels）。所有酒店都拥有胜腾集团的特许及管理协议并独自经营运作。胜腾集团为《财富》杂志评选全球500强企业之一，是世界最大的饭店特许经营者和最大的假期所有权组织。

速8酒店是世界上最大的经济型酒店运营商之一，在全球范围内运营近3 000家酒店，总房数超过18万间。第一家速8酒店于1974年10月在美国南达科他州的阿伯丁开业，收费标准为每晚8.88美元。速8酒店一直致力于向所有的住客提供干净的房间和友好的服务。

速8酒店于2004年4月进入中国市场，第一家酒店于同年6月8日在北京开业。目前，在中国的300多座城市里，已经有近2 000家速8酒店。

2005年，胜腾酒店集团通过收购方式拥有了温德姆品牌。该品牌创立于1981年，目前在全球拥有约100家酒店，分布在加勒比海、墨西哥等地区，定位为豪华五星级，与丽晶、丽嘉、柏悦等品牌属于同级竞争对手。

资料来源：http：//www. super8. com. cn.

第十三章　酒店商务客户市场

学习内容

- 确认商务旅行常客的三种类型。
- 描述对于女性商务客户十分重要的四项酒店特色。
- 列举四种商务入住的类型。
- 讨论行政或商务楼层。
- 确认酒店提供的商务服务。
- 讨论赢得商务客源的途径。

一　商务旅行常客

商务旅行常客可大致分为三种类型：经济型、增值型和奢华型。

（一）经济型

这个群体的构成为中高级的商务客人，他们关注的是干净舒适且价格合理的房间。这个群体对于酒店发起的社交活动毫无兴趣，他们喜好安静的环境。虽然这类客人的资金预算支配额度大于增值型客人，但他们还是喜欢入住经济型的酒店。

（二）增值型

增值型的客人对于价位极为关注，他们中的许多人的资金消费额度极其有限，因此他们往往寻求免费或价格低廉的服务项目。他们比经济型客人更为关注社交活动。这类客人通常具有品牌意识和忠诚度，能成为酒店常客计划的成员。

（三）奢华型

这类客人年轻、富有，他们可能自己经营公司或是高级管理人员，也可能是某一专业领域中的佼佼者。此类客人从不考虑节俭，而喜欢入住豪华时尚的酒店，享用最佳的服务。对于此类客户，娱乐设施、带有现场表演的酒吧、装饰考究的美食餐厅是必备的产品服务。虽然此类客户往往自我决定选择入住的酒店，但他们也会听从朋友和同行的建议，他们也常通过旅游商或集团旅行管理人员来为自己预订酒店。

二　女性商务客户

对于女性商务客户，以下四项酒店的特色是极为重要的。

（一）安全

女性比男性更关注安全。多数的女性认为房门的锁链、安全锁和猫眼是客房的基本安全措施。女性客人还喜欢酒店拥有店内的餐厅、送餐服务和照明良好的前厅，代客泊车或照明良好的停车场也是必备的。酒店还可以通过另外一系列的措施来增强女性客人的安全感，如：确保前台工作人员、餐厅员工和代客泊车的员工不透露或喊出客人的房间号。酒店还应告诫行李员在离开客人的房间之前应使房门处于敞开状态，并为客人检查房间。当然，还必须严格管理客房的钥匙。

（二）舒适

女性客人特别要求房间的清洁和温馨。她们喜欢明亮的房间，浴室和床头桌的灯光都要求明亮。为女性客人提供穿衣镜和裙架是酒店的惯例。

女性客人比男性客人更容易受到良好服务的影响，而低质的服务会影响她们的选择。

酒店的员工应该接受专业化的培训，以礼貌、专业的方式向女性客人提供服务。

（三）便捷

大多数的女性商务客人都愿意在客房内设置一个小的区域供自己工作或召开小型会议。因此，套房越来越受到女性客人的青睐。

（四）丰富

因为女性客人比男性客人在酒店中逗留的时间更长，游泳池和健身房等特殊设施受到她们的欢迎。

三 商务入住的类型

商务入住有如下类型：

（1）最常见的入住方式是入住一晚，包括餐饮消费和客房消费。客人的要求往往包括便捷的入住和离店手续、干净舒适的房间、便利的快餐服务。

（2）延长入住。长期入住包括客人的商务旅行和度假，参加会议或学习培训，也可能包括消费性旅行。这一类的商务客人比第一类的客人更需要酒店提供客用品和相关服务。

（3）中转式入住对于酒店业开始变得越来越重要了，特别是对于全套房酒店的需求与日俱增。许多酒店会向这类客人提供额外的服务，如城市观光和儿童照料服务。

（4）度假式入住是商务旅行的延伸，常常出现在商务旅行的尾声或商务旅行之后（客户单独或与家人共同入住）。在多数情况下，度假的客人要求有娱乐设施或要求周边地区有娱乐设施。

以上的入住类型都要求有方便的与外界联系的网络支持和办公设施服务，如打印、复印服务等。大型的商务酒店还应提供语言翻译和会议举办的服务。

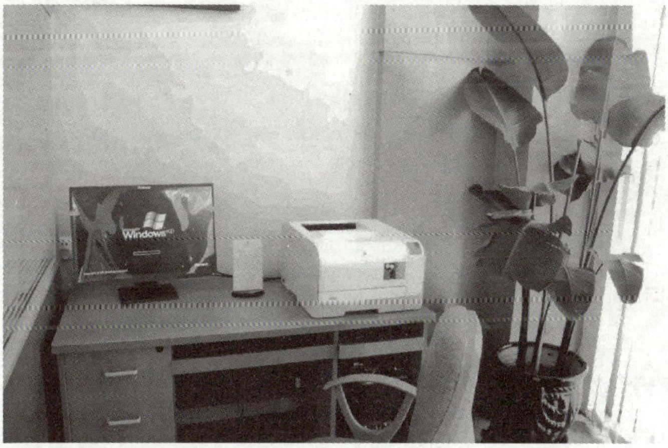

四 行政或商务楼层

行政或商务楼层是用来向商务客人提供一个安全、舒适的环境的。在此氛围中，商务客人可以会见同行、洽谈业务或进行公务后的休闲活动。

行政楼层包括酒廊、酒吧、摆放图书和期刊的阅览房间、布置有电话的书桌和大屏幕电视。有些行政楼层单独建立起奢华型的客房服务。行政楼层的客房设计专门为高级商务人员打造，这类客人要求特别的客用品，如特别制造的香皂或洗发水、棉制浴衣、客房晚间的开床服务和提供小吃等服务，同时提供常用的商务工作支持服务。

酒店希望通过提供行政楼层的服务来使商务客人如同在自己家中一样舒适惬意。

【相关链接】

商务旅游对酒店的需求

（1）对酒店设施要求高。

（2）对服务质量要求高。

（3）偏爱优质的晚餐，喜爱在客房用餐。

（4）商务客人认为酒店内重要的东西依次是：咖啡壶、熨衣板、多功能电话、传真机。

五 商务服务

商务服务正变得越来越重要，而且受到商务客户的欢迎。秘书服务、复印机、传真、计算机只是酒店向商务客人推出的诸多商务服务中的基础性服务。

六 赢得商务客源的途径

酒店可以通过商务杂志和指南、国家行业委员会、邮政客户明细表和国家行业大会组织得到行业运行的资料。通过这些信息，酒店可获得销售的可能性。经过随后一轮的信件或电话的征询筛选，可以进行下一步的低成本运营。

在与潜在客户的联系过程中，可使用销售信件、电话交谈甚至个人拜访。有些酒店首先确定一个潜在的商务业务区域，然后加大投入的力度，进行深入广泛的市场促销活动以求获得回报。其他商务客源的获取途径包括行业集团的旅行管理人员、秘书文员俱乐部和旅行社。广告的推出、行业展会的促销活动和公共关系活动也都可以为酒店赢得商务客源。

关键词

商务客户　　延长入住　　行政楼层　　商务服务

练习

1. 以下哪一项是多数经济型商务客人选择入住酒店的主要原因？________

A. 地理位置　　B. 干净整洁的入住环境

C. 设施　　D. 常客旅行计划

2. 获得商务客源的主要途径是________。

A. 室外广告　　B. 电视广告　　C. 布置店外展台　　D. 以上都不对

3. 以下哪一项对于奢华型客人最为重要？________

A. 常客旅行计划　　B. 安静的氛围　　C. 时尚的酒店　　D. 低廉的价位

4. 为了使入住酒店的女性客人增加安全感，有必要________。

A. 安装精密的监控设备

B. 安排警察巡视酒店的区域和停车场

C. 派专人负责她们的安全

D. 以礼貌和专业的方式对待女性客人

5. 以下哪一种入住酒店的方式是商务旅行的延伸？________

A. 延长住店　　B. 中转式入住　　C. 度假式入住　　D. 以上全部

实务操作

● 权威部门调查得出的结果显示，酒店价格已不再是商务人士订房的主要影响因素，服务及舒适度取而代之成为首选。那些仅有价格优势而不重视服务质量的“小投入”旅店已经不能满足人们出差、旅行的需要。受访者当中，65%的人出差的住房标准在人均500～800元。如果是与同事结伴同行，500元左右的三四星级酒店将成为商务人士的首选：一方面是代表了公司的形象；另一方面可享受软、硬件都很不错的专业服务，拥有一份出门在外的好心情。值得关注的是，尽管人们对于价格关注度下降，但目前仍有21%的商务人士把价格作为选择酒店的首要因素。同时，基于旅行社与酒店之间的密切关系，三成左右的被调查者认为旅行社是最有可能拿到“最低房价”的订房途径。

由于“时间”对现代商务人士越来越重要，他们在酒店位置的选择上，也大都认为住宿酒店的位置最好方便他们的工作。有六成以上的人选择在临近“办事地点”和“商业中心”的酒店住宿；而选择“希望留宿郊外”的比例为零。可见人们因工作的关系对酒店地点的重视程度，同时也再次印证了选址对于酒店经营的重要性。北京的东三环和CBD地区、长安街周边，上海的静安区、虹桥开发区及浦东新区，广州的环市东路、中国出口商品交易会附近的酒店是商务旅客的首选住宿地，这些住宿地既不用受车程的干扰，又能领略城市风情，难怪北京王府井及金宝街附近、上海南京路上的酒店入住率都长期居高不下。

商务出差是公司根据业务安排的相关人员出行，除了一般性的例行外出，有许多外出属于临时出行。各家公司通常与相关的酒店定有长期的合同，酒店则提供优惠的价格。公司或大型企业在国内外的商务外出一般都选择该酒店在国内外的联号酒店。

思考题：

1. 商务人士选择酒店时通常会考虑哪些因素？

2. 酒店怎样赢得商务客源？

● 商务客人从出发地到酒店主要有三种交通方式，即飞机、火车、公务车。这类客人惜时如金，酒店选址必须满足其快捷、舒适的要求。一是行程短；二是堵车少；三是易寻找；四是有足够的停车场。天禧舜和商务酒店完全具备以上四项要求。从机场到酒店，车程仅需30分钟，入住这样的酒店，客人绝不会因路途堵车而心烦意乱。酒店停车场东西长80米，南北进深40米，可停车60辆，外部装饰为现代欧式风格。酒店前面无任何遮挡，加之整体设计独特新颖，楼顶中英文酒店名称灯光明亮，客人在东西200米外一眼就能看到该酒店。

该酒店为功能合理、配套齐全的现代化高档商务酒店，不仅为市容市貌增光添彩，更为商务客人提供方便、快捷、人性化、充分适应商务活动的FOB式服务。FOB是英文family office business的缩写，意指商务酒店的核心功能应为三大板块，即商务客人的家外之家，商旅途中的办公基地，客人商务活动中的好秘书、好管家。这既是商务酒店科学选址的依据，又是功能取舍、整体设计的依据，也是确定投资总额的依据，更是制定特色服务流程，培训、奖惩酒店员工的依据。

酒店的客房装修精美，物品齐全，配有全套办公用品，提供快捷的上网服务，适合商务人士使用。酒店内还有许多会议、餐饮和娱乐设施，如：80～100人的会议室、零点餐厅、各式自助餐厅、五星级豪华包房、棋牌室等。其他服务设施还有很多，如客人的商务洽谈室、精品屋、商务中心、急救药箱等。值得一提的是，商务客人特别怕吵怕闹，由于该酒店做了专业化装修，房间隔音效果好，客人在房间都听不到走廊的脚步声，给客人提供了一个安宁的入住环境。

思考题：

1. 商务酒店有哪些特点？应该如何定位？

2. 商务客人对酒店的设施一般有哪些要求？酒店应如何完善自身设施以最大限度地满足客人的要求？

要点回顾

1. 商务旅行常客可大致分为三个层次：经济型、增值型和奢华型。

2. 对于女性商务客户，以下四项酒店的特色是极为重要的：安全、舒适、便捷、丰富。

3. 商务入住的类型一般有以下几种：入住一晚、延长入住、中转式入住、度假式入住。

4. 行政或商务楼层是用来向商务客人提供一个安全、舒适的环境的。有些行政楼层单独建立起奢华型的客房服务，其客房的设计专门为高级商务人员打造。

5. 秘书服务、复印机、传真、计算机都属于酒店向商务客人提供的商务服务。

6. 酒店可以通过商务杂志和指南、国家行业委员会、邮政客户明细表和国家行业大会组织得到商务客源。其他商务旅行客源的获取途径包括行业集团的旅行管理人员、秘书文员俱乐部和旅行社、推出广告、行业展会的促销活动和公共关系活动。

知识链接

一、酒店针对商务旅游者的促销技巧

酒店营销可根据企业的销售要求，针对宾客的不同需要开发各种受宾客欢迎的组合产品，吸引客源，可开设的组合产品有以下几种。

1. 公务客人组合产品

针对公务客人的特殊服务，为公务客人提供优惠，如免费在客房供应一篮水果，免费提供饮料，免费使用康乐中心的设施和器材，免费参加酒吧的歌舞娱乐活动。

2. 会议组合产品

会议组合产品包括使用会议厅，会议休息时间供应点心、饮料，提供会议期间工作餐等。

3. 家庭住宿组合产品

家庭住宿组合产品有双人房供全家住宿，小孩与父母同住免费加床，提供看管小孩服务，小孩免费使用康乐设施，餐厅提供儿童菜单等。

4. 蜜月度假产品

蜜月度假产品只向新婚夫妇提供，一般需要漂亮而宁静的客房以及一些特殊的服务，如：布置漂亮的洞房，免费提供床前早餐，赠送香槟酒，客房里供应鲜花、水果篮。

5. 婚礼组合产品

这类产品主要针对当地居民市场，结合婚礼消费的形式，适应婚礼消费的心理，强调喜庆的气氛，吸引本地居民。该产品组合内容有豪华筵席，免费提供全场软饮料及多层精美婚礼蛋糕，以鲜花和双喜横幅布置婚宴厅，根据具体要求制造婚宴气氛，播放婚礼进行曲等。

6. 周末组合产品

周末组合产品可吸引客人在一周工作之余来休息和娱乐一下，因而需要策划组织一些娱乐体育活动，如举办周末晚会、周末杂技演出等，将娱乐性活动加上酒店的食宿服务组

合成价格便宜的包价产品。

7. 淡季度假产品

在营业淡季时以一周、十天住宿加膳食以包价提供给客人。同时，为了吸引客人，还要策划组织客人免费享受娱乐活动。

8. 特殊活动组合产品

这类组合产品的开发需要营销人员具有创造性思维，设计出既新颖又在经济和销售上可行的产品，可利用现有的设施和服务组织，如乒乓球、网球、保龄球赛等活动，以提高酒店的声誉及形象。

二、建设商务酒店的意义

建设商务酒店的意义，除具备投资项目的经济价值外，还可以给投资人带来更多的附加值，包括以下几个方面。

1. 品牌价值

酒店产品具有很好的延展性，同时又具有扩张性。所以一家单体店可以向规模化发展，通过输出管理，达到基本形成规模（大概 20 间店），再通过资本运作达到快速扩张，形成较大规模（大概 50 间）。品牌在这种规模的扩张中会逐步发展。品牌的策划要在第一家店时十分清晰有效地传递给客户，以后逐步通过经营和对市场、客源的细分来对品牌战略加以调整，逐步使品牌贴近客户，完善盈利模式。

2. 资本运作空间

无论是单店的运作成功还是连锁的快速发展，都给资本运作提供了广阔的空间。将一些贬值资产、无效资产通过管理进行重新调整和升值后再进行转让，是国际国内大多数资本运作高手惯用的手法，其中以 IT 行业最为突出。商务酒店的这种理念近年来逐步由国外传到国内，所以国内已经有了如锦江之星、如家、东方客栈等品牌的出现。

3. 投资者形象

投资者可以通过投资经济型酒店带来无形资产的升值，提升个人价值。

三、构建和提升中国商务酒店竞争体系

为了迎接日渐增长的商务旅行市场的到来，中国的商务酒店供应商必须在市场培育期就致力于以品牌和规模为核心的可持续竞争体系的构建和提升。一个没有品牌的商务酒店是没有希望的，一个无法以民族品牌为支撑的酒店产业也是承担不了商务旅游市场的长期发展目标的。

现在的问题是，一方面，国内的酒店集团无法通过有效的品牌区域来培育其成员酒店在商务旅游市场的稳定形象，国内酒店集团总是由一个业主所拥有的各种各样的酒店的集合体；另一方面，部分在区域市场上已经做出了自己的知名度的单体商务酒店又无法通过有效的区域化规模扩张来提高其市场占有率，给商务旅游市场的印象是缺少能够在全国范围内享有知名度和美誉度的品牌。如果在消费者中的认知度不高，没有相应规模的市场份额，商务酒店的品牌就不会真正地建立起来。而就单体酒店来说，大量的商务酒店和提供商务楼层的酒店之间出现了交叉，完全区分二者很难。这就导致了不少酒店的定位不明，经常可看到酒店宣传册上写着“服务设施完善，休闲功能齐全，是旅游、商务、会议、餐饮、娱乐的理想场所”，这样就没有自身明显的特色。同时，商务产品和服务单一，没有针对商务旅行常客推出的特色服务、优惠服务和各种商务服务，如此一来，商务客人又怎

会入住？

正是在上述背景下，中国商务酒店业的品牌亟待发育和扩张，特别是本土酒店的品牌成长和市场份额的扩大。从产业层面来看，只有把握住最有发展潜力的国内商务旅游市场，才能培育出真正有竞争力的酒店集团。毕竟只有本土酒店才真正了解中国商务旅游者的消费需求特征，真正了解商务客人的服务需求和商务酒店的产业运营环境。从商务客人方面看，有些商务客人是大型公司的高层人员，入住酒店的等级往往与所在公司的形象和自身的形象有直接关系，因此他们也希望所住酒店具有相应的知名度，体现公司的形象和实力以及自身的地位和品位。在供求两个方面的共同推动下，商务酒店的品牌化发展必将从必要走向可行。当然，在此过程中，政府的政策扶持、媒体的宣传引导和专业研究机构的前瞻设计也是必不可少的市场推动力量。

四、赢得商务市场机遇

酒店要赢得商务人士，首先要做的当然就是了解他们的需求。商务旅游与其他旅游形式相比，对酒店的设施需求、服务方式需求、消费模式等都有所不同。与一般人相比，商务客人有着特殊的消费需求。他们是因为商务活动需要而入住酒店的，所以商务客人对酒店产品的需求也大多与工作有关，他们更注重效率与信息的交流。在酒店硬件方面，商务客人每天为了处理各种商务活动，需要酒店提供现代化的办公场所、会议场地和互联网信息交换设施。在软件服务方面，商务客人希望酒店能够提供高效、快捷、方便的服务。其次就是酒店自身的定位，酒店在商务旅游市场上的档次，是高端、中端还是低端市场。根据自己的定位和确定的目标顾客，有针对性地进行营销活动。

1. 客源导向

商务客人在酒店总的客源结构中应当占有绝对主导的份额，这是将商务酒店和非商务酒店区分开的一个基本指标。从这个意义上说，那些位于商务活动比较集中区域的酒店更有可能成为商务酒店。当然，客源结构的最终形成也离不开酒店经营者的策略引导。比如：通过赋予酒店相应的品牌内涵和品牌联系，加上价格和产品策略的配合，酒店的客源结构是完全可以改变的。

2. 产品导向

酒店的地理位置、建筑装饰风格、设施设备、服务项目以及员工服务能力应根据商务客人的消费需求加以配置集成。商务酒店的商务设施要齐备，如配备传真机、复印机等；酒店还要提供各种先进的会议设施；客房里的设施设备也要符合他们需求，如配备打印机、网络接口等。

3. 价格定位

商务酒店的价格要高于同类型的酒店。商务客人的各项费用基本上都是由公司承担的，标准较高，所以，商务客人对价格的敏感度不大，同时在住宿、通信、宴请、交通方面较为讲究，注重酒店的环境和氛围。商务酒店为了满足客人的物质需求和心理需求，无论是在酒店设施设备的配备上，还是提供服务的质量上，都比一般的酒店要高，所以商务酒店的价格也自然要高于同级别的其他类型的酒店。

4. 地理位置

商务酒店的地理位置要具有优越性。一般是交通便利，临近中央商务密集区，便于参加商务活动和会议；周围有知名的特色餐厅，利于宴请宾客；离休闲中心近，利于商务客人办公结束后进行休闲活动。

5. 品牌

酒店要在消费者市场中具有品牌效应。一方面，品牌可以节省商务客人的搜寻成本，一旦住过某一品牌的酒店，客人也就能够熟悉任何地方的这一品牌的酒店。同时，酒店间可以共享客户档案，可以对商务客人提供个性化的服务，让客人有宾至如归的感觉。另一方面，品牌也是酒店档次和等级的反映，商务客人在商务活动中要向对方表现公司的实力和形象，所住酒店的品牌就是一个很好的反映。同时很多品牌商务酒店常常实行忠诚顾客奖励计划，这也是影响商务客人选择同一品牌酒店的重要因素。

6. 人力资源标准

好的商务酒店产品的各个组成要素都是相互匹配和兼容的。由于员工行为是酒店产品的核心成分，所以在考察商务酒店品牌的过程中，还需要看其受过良好训练的员工和职业经理人员占员工总数的比例。相对于一般意义上的酒店从业人员而言，这些专业人士更能深入了解商务客人的需求，并拥有丰富的酒店从业经验。而商务客人，尤其是国际商务客人，大多受过高等教育，对服务的要求也比较高，有时还要求酒店提供与其商务活动相关的各种服务，如秘书、管家服务等。从这个意义上说，一家好的商务酒店也是一家优秀的雇主单位，它更善于挑选、培训和激励那些酒店职业经理人员和专业技术人员为顾客提供尽善尽美的专业服务。

案例分析

“八五折”

某日，一位外国常客来到某酒店前台要求住宿。接待员 Kris 见是常客，便给他 9 折优惠。但客人表示自己经常入住该酒店，希望享受更低的折扣。这时正是旅游旺季，酒店的客房使用率很高，Kris 虽有权利给客人更低的折扣，但是他不愿在黄金季节轻易给客人让利。于是，外国客人便提出要见经理，Kris 见客人比较坚持，就同意到后台找经理请示，同时请外国客人先到沙发上休息片刻。

数分钟后，Kris 满面春风地回到前台，对客人说：“我向经理汇报了您的要求，经理听说您是我店常客，尽管我们这几天客房使用率很高，但还是同意再给您 5 美元的优惠，并要我致意，感谢您多次光临我店。”Kris 稍作停顿后又说：“这是我们经理给常住客的特殊价格，不知您觉得如何？”

外国客人计算一下，5 美元相当于 0.5 折，这样他实际得到的优惠折扣是 8.5 折，这对于位于商业区、又在旅游旺季的四星级酒店来说，已经是不小的折扣了，于是连连点头。

此外，客人还向 Kris 询问了周围有没有新开的酒吧和餐厅，有没有一些新的公司或者品牌店面开业，还询问有没有新的旅游路线可以提供，都得到了满意的答复。就在他办理入住手续这短短的几分钟内，获得了好多信息，并且跟 Kris 处得极为融洽。

阅读材料，请回答以下问题：

1. 请结合本章内容回答，该客户类型属于商务旅行的哪一种？

A. 经济性　　B. 增值型　　C. 奢华型

2. 在案例中，如果 Kris 在客人的不断要求下同意给予更多的折扣，会有哪些影响？

A. 让客人产生以下想法：酒店经营状况不佳，客人可以随便还价

B. 给客人留下这样的印象：接待员可以再多打一点折扣，但他不愿意，只要客人坚持，接待员就会让步

C. 客人会产生这样的概念：酒店员工培训工作做得不到位，处理问题不诚实

D. 无伤大雅，客人会认为无所谓，反正已经拿到优惠的价格了

3. 该客人所属的类型有什么特点？

4. 通常情况下，对于商务旅行的客人来说，酒店可以提供哪些服务？请在下表中对应项目前面画“√”。

	客房内用餐，但不需要关注餐品的质量
	客房内配备咖啡壶、熨衣板、传真机、多功能电话
	房间内放置各种各样的广告，杂乱无章
	娱乐设施，运动设施
	价格优惠，入住快捷，环境优雅
	秘书服务，会议服务，旅行服务

酒店概览

半岛酒店

半岛酒店由英籍犹太裔的嘉道理家族拥有及经营，由香港上市公司香港上海大酒店有限公司持有。嘉道理家族祖先世居伊拉克首都巴格达，18 世纪时迁居至印度孟买，后在上海发迹。嘉道理家族早期在上海经营酒店。旗下的半岛酒店品牌在世界各地管理多家豪华酒店，分布在北京、上海、香港、纽约、芝加哥、贝弗利山、东京、曼谷、马尼拉等地。

半岛酒店开业于 1928 年 12 月 11 日，是香港现存历史最悠久的酒店，位于九龙尖沙咀梳士巴利道 22 号，面对维多利亚港，中高层享有海景。酒店有 300 间客房，客房面积较香港一般酒店大，休闲与健身设施包括罗马宫廷风格的超大型游泳池及器材先进的健身俱乐部，地下商场多是名牌店。半岛酒店曾被选为全球十大知名酒店，一直以来都被誉为世界最佳酒店之一。曾入住的名人包括美国前总统理查德·尼克松和 NBA 球星迈克尔·乔丹等，英国女王伊丽莎白二世亦指定下榻该酒店。酒店有“远东贵妇”的称号，开业时是亚洲最先进、最豪华的酒店之一。当时的建筑物只有七层，呈 H 形。这座富有传奇色彩的酒店，融东方神韵与西方风情为一体，将高贵与优雅凝聚成一种无与伦比的非凡气质。1994 年酒店进行了扩建，在北面加建了一幢 30 层的新翼，顶楼设有直

升机场，方便重要贵宾直接乘坐直升机往来香港国际机场或畅游香港上空。同时，酒店著名的劳斯莱斯车队可为客人提供豪华接送和环港观光服务等。酒店拥有多家餐厅和酒吧，堪称全港最尊贵、最高雅的美食场所，吉地士（Gaddi's）被认为是全亚洲最佳的法国餐厅之一。位于28楼的Felix则提供太平洋沿岸美食，在这里用餐，维多利亚港的璀璨夜景可尽收眼底。大堂茶座以下午茶知名。嘉麟楼提供精致的广东菜，并曾与国泰航空合作推出空中特色飞机餐。二楼供应瑞士餐的瑞樵阁（Chesa）也享有盛名。

资料来源：http：//www. peninsula. com.

第十四章　针对休闲旅行市场的营销

学习内容

- 列举周末包价旅行计划。
- 讨论酒店如何满足家庭式旅行的需求。
- 描述旅游中间商。
- 区分过路旅游团和目的地旅游团。
- 讨论酒店包价旅游。
- 列举小型酒店向休闲游客推出的服务方式。

一　周末包价旅行

周末包价旅行的主题范围很广，诸如游览、美食、特别活动和购物等。由于人们开始普遍关注自己的健康，酒店和旅行社也联手推出了以运动项目为主题的旅游。周末包价旅行通常包含免费的早餐、免费的酒店健身设施等服务项目。

位于城市中心的酒店则可以推出周末购物游项目。在多数情况下，酒店向客人提供交通工具或特有的购物券，客人可持券到指定的大商场或联号商店购物。此外，客人持购物券也可以在酒店内部消费。

【相关链接】

休闲旅游

世界休闲组织前秘书长杰拉德·凯尼恩表示，休闲是一种渗入城市骨子里头的生活状态，社区的一个小型健身场所、广场的一场小型露天电影、池塘边的一次垂钓，都是休闲。“休闲是人类生存的一个良好状态，是21世纪人们生活的一个重要特征。优质的休闲对个人生活以及社会发展都十分重要，休闲可以促使人们更好地互相理解、和平相处。”

无论对休闲的理解如何，一个不可回避的事实是：休闲离我们越来越近，休闲经济对一个城市，尤其是旅游城市而言，显得越来越重要。1999年12月的英国《经济学家》杂志发表了未来学家格雷厄姆·莫利托的《全球经济将出现五大浪潮》一文，文中提出到2015年人类将进入休闲时代。

休闲旅游是休闲经济的一种类型，是休闲消费的一种方式，代表着人们休闲消费的一种积极取向。休闲旅游可以使人放松身心、缓解疲劳、促进交流、增长知识等，更重要的是一种自我的实现。另外，休闲旅游还促进了各地的文化交流，通过旅游可以影响当地的社会结构及改变人们的生活方式，可以促进地方经济的发展。

休闲旅游的概念相对宽泛，主要表现为观光、城郊、度假、商务、运动、文化六种类型。每年有1/3时间为节假日的中国人的休闲旅游活动已不再局限于旅游观光，而是具体表现为多种方式并存。

二　满足家庭式旅行的需求

酒店为了满足家庭式旅行的需求，可以向客人推出周末特价包价旅游，如未成年的儿童可以免费随父母入住酒店客房或进行餐饮消费。

喜好家庭式旅行的客人可以享用酒店推出的许多优惠服务，例如：提前30天预订旅游项目往往可得到30%的价格优惠。这样的操作是一种双赢的思维。客人得到实际的利益，而酒店也可以提前获得业务的保障。当然这种操作一般只局限于地理位置或客源比较一般的酒店。坐落在繁华的商业区或是客源充足的酒店一般不接受此类提前预订，其目的是尽可能地增加利润。

三 旅游中间商

旅游中间商主要是指负责组团的旅游经营人、旅游批发商和旅游零售代理。

上述三种旅游中间商的工作各具特色。旅游经营人通常不提供交通工具，他们与相关的专业交通运输部门联系，与酒店协作共同为客人提供客房和餐饮服务。他们经营的成功与否直接影响着游客的活动质量。

旅游批发商与旅游经营人一样组织包价旅游团，但其特点是与航空公司联手合作，而不是与陆地交通运输部门合作。大多数旅游批发商与酒店、航空公司及其他的旅行社提前几个月就开始项目的预订，然后通过旅游零售代理或他们自己的旅行社推出各个旅游项目。

旅游零售代理主要出售由旅游经营人和旅游批发商所提供的旅游团项目，同时也出售酒店制定的旅游项目。

四 过路旅游团与目的地旅游团

过路旅游团是在前往某一目的地途中入住酒店的旅游团队。酒店可以利用这种类型的团队增加自己的客房和餐饮的销售，但前提是服务应是快捷的。

过路旅游团已经在路上的景点滞留多时，客人们希望得到即时的服务。酒店一般向他们提供自助餐或餐饮服务，出发前的早餐更应准时。酒店常常根据离店团队的人数情况，灵活地安排员工的班次。

目的地旅游团是指要在酒店内入住至少两个夜晚的客人。酒店应该充分展示自己的产品与服务，尽可能地使入住酒店的客人使用本酒店的服务和设施，以提高本酒店的销售。

五 酒店包价旅游

酒店包价旅游是指独自经营的酒店或酒店联号组合的旅游。在这种包价旅游运营中，酒店提供一种价格之下的几项旅游产品和服务的组合，包括住、食、行李托运、娱乐设施、当地导游、景点游览和其他活动。酒店在这种包价旅游中也可以与其他的旅行供应商联营，如：航空公司、汽车租赁商等。

酒店包价旅游受到旅行社和客人的喜爱，因为这种旅游项目可以使用一个报价，这对于消费者是非常便利的。对于旅行社而言，酒店推出包价旅游意味着业务的确定和低成本的预订，因为旅行社不必向各个旅游供应商逐一预订相关的服务。

酒店包价旅游可以根据消费者的需求随时组建，也可以与当地的特色活动协调组建，如地区性的展会、美食节等活动。

六 小型酒店和休闲游客

小型酒店可以通过当地的报刊和活动指南打出本酒店的促销广告，也可以通过公共关系活动和其他的促销活动来提升自己的知名度。

小型酒店可以推出自己在本地区的特色来吸引休闲游客。另一种常用的促销模式是加入一些行业协会来促进本酒店产品和服务的销售。

关键词

周末包价旅行　　旅游中间商　　休闲游客

练习

1. 目的地旅游团________。

A. 通常需要至少两个会议房间　　B. 平均入住酒店的时间为 3～5 天

C. 通常要求团队集体进三餐　　D. 以上都不对

2. 购物型的旅游团队通常入住________。

A. 汽车旅馆　　B. 商业区酒店　　C. 大型酒店　　D. 以上都不对

3. 旅游批发商与哪一运输部门联手合作？________

A. 航空公司　　B. 地面运输部门　　C. 铁路系统　　D. 海运公司

4. 酒店在向过路旅游团的客人提供服务时，必须首先重视________。

A. 食品的种类　　B. 服务的方式　　C. 快捷的服务　　D. 行李的寄存

5. 酒店包价旅游的特色是________。

A. 快捷服务　　B. 地方特色

C. 价格便宜　　D. 一种价格，多项服务

实务操作

● 喜达屋酒店集团推出集团性酒店常客计划，名为“喜达屋嘉宾”（Starwood preferred guest）。喜达屋的常客计划是以与其他酒店的方案显著不同的形式提出的，其宣传口号是“具有无可比拟的竞争优势的常客项目”，雄心勃勃地要将其他常客奖励方案比下去。凡参加该计划的旅游者可以在该集团分布在 60 多个国家的 550 多家酒店及度假地通过住宿赢得积分并兑现奖励。客人在酒店每花费一美元，即可赢得 2 分。至于奖励，客人可有两种选择：一是免费住宿；二是折算成里程——喜达屋与 20 家航空公司合作，每 2 分可折算成 1 英里。酒店的奖励还包括随时入住，没有任何限制，包括饭店的旺季在内。

此方案刚实行就获得了很大的成功，在推出当年的 4 月份，寰鼎和喜来登饭店的登记入住率同期增长了 4 倍，获得了九项最高荣誉奖中的五项，被评为该年度最佳饭店常客计划，还被授予“最佳顾客服务”“最佳上层顾客方案”“奖励方案最佳实现”等荣誉，还被《今日美国》誉为“最好的饭店奖励方案”。

思考题：

1. “酒店常客计划”的特点和优点分别是什么？

2. 喜达屋的“酒店常客计划”和普通的常客计划有何不同？其取得成功的原因是什么？

● 以下是两家酒店的促销活动：

1. 太阳岛宾馆夏季家庭度假促销活动

门市价：标间 380 元/天·间，套间 450 元/天·间；促销价：标间 300 元/天·间，标准套间 410 元/天·间，三人套间 420 元/天·间。

以上房间提供免费早餐。

散客服务项目：提供就医咨询及旅游咨询服务，预订飞机票、火车票。

团体服务项目：10 人以上按团体接待，团队房价 300 元/天·间（含早餐），免费接站，提供电话预订服务、市内旅游车辆服务（按成本价收取费用）。

2. 钱塘大酒店促销活动

住宿满就送活动，活动日期：一年。

活动细则：

散客满八送一：每次入住客房，房价在门市价 6 折以上（含早餐）即送钱塘温情卡一张。集满八张，即可换免费房券一张（免费房券在“五一”“十一”黄金周期间不能使用）。

协议客：个人客房消费房价在 290 元（含早餐）以上，累计满 3 500 元，即可送免费房券一张（需用一张身份证登记）。

思考题：

1. 两家酒店促销活动的侧重点有何异同？

2. 酒店通常通过哪些促销活动来宣传自己的产品和服务？上述两家酒店的促销活动属于哪种？适用于哪些类型的客人？

要点回顾

1. 周末包价旅行的主题有游览、美食、特别活动和购物等。位于城市中心的酒店则可以推出周末购物游项目。

2. 酒店为了满足家庭式旅行的需求，可以向客人推出周末特价包价旅游，喜好家庭式旅行的客人可以享用酒店推出的许多优惠服务。

3. 旅游中间商主要指负责组团的旅游经营人、旅游批发商和旅游零售代理。

4. 过路旅游团是在前往某一目的地途中入住酒店的旅游团队。目的地旅游团是指要在酒店内入住至少两个夜晚的旅游团队。

5. 酒店包价旅游是指独自经营的酒店或酒店联号组合的旅游，酒店为这种旅游团队提供一种价格之下的几项旅游产品和服务的组合，包括住、食、行李托运、娱乐设施、当地导游、景点游览和其他活动。

6. 小型酒店的促销方式有：通过当地的报刊和活动指南打出本酒店的促销广告；利用公共关系活动和其他的促销活动来提升自己的知名度；推出自己在本地区的特色；加入一些行业协会来促进本酒店产品和服务的销售。

知识链接

一、休闲旅游者的含义与特点

休闲旅游者是指非工作目的的旅游者，他们自付房费。有时休闲旅游者是空闲时的商务旅游者，他们常常有家人陪伴，例如：探亲访友者、度蜜月的夫妇、希望结识新朋友的人、参加体育活动和特殊活动的人、携带孩子的夫妇或个人、包价旅游客人。以日本的休闲旅游市场为例，该市场主要由以下细分市场组成：散客、团队客人、蜜月旅行者、办公室女士、高收入男士、银发市场、有小孩的家庭以及高尔夫爱好者。此外，休闲旅游者也包括团队旅游者——有组织的休闲度假客人团体。

休闲旅游者的特点有：大多以家庭为单位或与朋友结伴出游，希望有单独的空间放松或与家人朋友分享快乐；旅游季节性强，选择自由度大，对价格十分敏感，注重酒店温馨轻松的气氛；通常要求酒店干净整洁、舒适、物美价廉，家庭及学生群体对享受性娱乐设施要求较低。

二、酒店对休闲旅游者的主要促销手段

酒店对休闲旅游者的促销手段主要分为两种：针对不同客源的促销和不同类型酒店的促销。

1. 进行价格折扣奖励计划

休闲游客为自付费用客人，对价格比较敏感，因而各种形式的价格折扣非常重要。

2. 与旅游代理商紧密联系

对美国旅游代理商的一项研究表明，一半的休闲游客在选择目的地时事先只有一个大概的计划，这些游客中的68%在选择饭店时会咨询代理商的意见。

3. 组织代表团

组织目的地客人及代理商来酒店参观体验，这对国际酒店尤其适用。

4. 赠送小礼物或举办活动

休闲游客重视温馨环境，要从情感上打动客人。

5. 加强网络营销力度

休闲游客也常常通过网络获取信息，因此要加强网络营销力度。

三、旅游代表团

旅游代表团指通过组织目的地旅游供应商访问目标客源市场，以激发顾客的兴趣，与客户建立联系、促进预订等。加入旅游代表团可以吸引更多的游客来目的地旅游。如果酒店重视的话，旅游代表团可能会给酒店带来很多新业务，但是在加入代表团之前，酒店需要判断是否能从中获得利润。如果酒店位于城市中心，其主要顾客是不能自由支配旅行的商务游客和会议客人，那么加入旅游代表团就可能不会给酒店带来很大的收益；反之，酒店主要针对休闲旅游和奖励旅游市场，那么加入旅游代表团就是值得的。

通过精心的策划和组织实施，旅游代表团带来的展示和媒体报道，为营销者提供了与公众接触的良好机会。如果旅游代表团由本国的娱乐团体陪伴，则能吸引到更多的观众，因为没有比娱乐表演更吸引人的了。旅游代表团的活动安排应该适合观众的特点和有利于实现代表团的目标。旅游代表团应该尽量以一种活泼的方式来分发宣传材料。例如：使用各种视听手段来进行生动的宣传。

四、熟悉线路旅行

熟悉线路旅行体现了一个传统的营销观念：越了解情况的推销员越是好的推销员。酒店之所以参与为旅行代理商、批发商或奖励旅游设计者安排的熟悉线路旅行，其主要原因是为这些潜在销售中间商提供了体验酒店产品的机会。出于同样的目的，酒店会组织由旅行作家、摄影家、电视广播人员等能够影响公众观点的人员组成的熟悉线路旅行。此外，酒店可以利用互联网和手机应用程序向客人宣传各类活动项目。

酒店可以与当地旅游局和其他旅游供应商合作组织熟悉线路旅行。根据促销预算，酒店可以选择为参加者提供住宿或者举办宴会等活动。一般来说，国家旅游组织和当地旅行商协会会帮助酒店挑选最适合参加熟悉线路旅行的人选。在接待国外的熟悉线路旅行团时，应该安排知识广博、富有经验的导游陪同。熟悉线路旅行团的活动内容需要精心设计，活动结束后也需要适当进行联系。

除了熟悉线路旅行之外，一些酒店常常向一些重要人士发出免费住宿邀请，其对象主要包括旅游中间商、旅行作家，以及一些特殊专栏如食品、运动、娱乐和休闲等栏目的报刊编辑。

五、度假酒店经营要点

1. 处于优雅的自然环境之中

处于喧嚣的闹市中心的酒店是无法吸引度假客人的。度假酒店最理想的位置应当在气候适宜的旅游胜地或大城市风光秀丽的郊区，这样才能拥有稳定的客源。

2. 齐全而不断推陈出新的娱乐和美食项目

度假是一种经历，客人希望体验和尝试到新的东西，尤其是娱乐与美食。再好的东西，如果长期一成不变，也会让人觉得乏味的。度假酒店需要让客人经常有“惊艳”的感觉。

3. 轻松而有文化品位的酒店氛围

度假酒店不追求豪华，而是追求轻松、精致和文化品位。最能体现这些的是酒店员工的服装、装修风格、艺术小品、广告与文案、自然环境与特色产品。

4. 富有度假特色，能给人留下深刻印象的服务

现在有些酒店推出了“坐式登记”服务，非常适合度假酒店，甚至可以再进一步，考虑“咖啡加登记”，客人订一间客房就像点一杯咖啡一样方便。

5. 不断举办度假主题活动

商务酒店是必需品，而度假酒店是奢侈品。如果没有亮点，要把奢侈品卖出去并且使它长盛不衰并不容易，所以度假酒店必须经常为客人制造新奇和快乐，如舞会、钓鱼比赛等。

6. 与酒店定位一致、风格独特的广告宣传

度假酒店知名度的大小与酒店的生意好坏成正比。市中心的酒店本身就是非常好的广告，而度假酒店则往往需要长时间积累才能吸引客人，因此它要比一般酒店在广告上面花更大的精力与金钱。

7. 良好的媒体关系

很多新的产品、活动和观念都是依靠新闻媒体的传播才渐渐流行起来的。度假酒店必须学会与媒体建立良好的关系，才能把新的产品与服务项目更有效、更省钱地推销出去。

8. 对公共策划的巧妙运用

度假酒店比商务酒店更需要注重“概念”的包装、品牌的塑造和形象的宣传。好的公关策划比纯粹的广告更有效。

9. 多请名人免费下榻

用几间豪华套房、几顿美食，换来新闻媒体对名人在酒店趣闻的报道，是非常划算

的，而且名人还会留下一些东西，如签名、在酒店的照片、故事等，对于提高酒店的知名度很有帮助。

10. 灵活运用价格杠杆进行促销，平衡淡旺季

度假酒店最难经营的一点，就是季节性非常强。旺季时人满为患，淡季时门可罗雀。所以灵活地运用价格杠杆进行促销就非常重要，价格差距不妨拉大一点。此外，在淡旺季时都要注重会议团队的促销，度假酒店最好有齐全的会议设施，这样就可以同时是会议酒店。最理想的状态是：旺季做度假，淡季做会议。

案例分析

开在社交圈里的度假酒店

几年前，在预订酒店或者选择度假地点的时候，旅行者最在意具体的设施环境，比如房间是否配有私人浴室、空调等，那么今天的旅行者最关心什么呢？

马略卡岛上的索尔维之家酒店（Sol Wave House）在推特（Twitter）上建立了一个虚拟的社交圈，客户只要在Twitter上关注酒店，就可向酒店发送信息。酒店用“主题标签”将酒店所有服务分类，并在Twitter后台设定，客户只要发送关键词给酒店，就能得到酒店的自动回复。索尔维之家的Twitter酒店是“世界首家Twitter酒店”，客户发送一条简单的信息，酒店就能很快送来客户需要的东西。比如房内订餐，客户只要将套餐信息发给酒店（如A套餐），所预订的套餐就已经在送来的路上了。

索尔维之家Twitter上的两个“礼宾生”都十分尽责，不管是现实世界还是虚拟世界，他们的服务都十分到位。负责Party Suites（Twitter账号）的“礼宾生”非常重视客人发来的每个需求，负责Pool Party（Twitter账号）的“礼宾生”也会组织虚拟社交圈内发言的旅客在现实生活中见面交流。

西班牙的乌斯怀亚伊维萨海滩酒店（Ushuaia Ibiza Beach Hotel）也标新立异，为客户提供拍照柱，利用柱子上的摄像头拍照，之后点击屏幕上的“Facebook”，即可一键分享照片至自己的Facebook账号上，世界各地的好友便能看到上传的照片及客户当前的地理位置信息，这样一来，即便没有Wi-Fi，客户也能上传这些具有纪念意义的照片。乌斯怀亚伊维萨海滩酒店的另一创新是采用指纹支付（Pay Touch），即酒店内的任何消费都可通过Pay Touch的方式结算，客户无须再填收据。

其他连锁酒店又是如何做的呢？英国的丽笙蓝光爱德华酒店（Radisson Edwardian）允许在Foursquare（一家基于用户地理位置信息的手机服务网站）和脸书（Facebook）上办理入住手续的客户推迟退房的时间。美国的凯撒宫大酒店（Caesars Palace）向在Twitter和Instagram（一个免费提供在线图片及短视频分享的社交应用平台）上分享照片的客户送积分。万豪（Marriott）在加拿大的分店开始聘用年轻的礼宾生，因为万豪认为他们可以解答Twitter和Facebook上青年旅客的需求。凯悦（Hyatt）提供24小时的在线客服，回复客户的任何问题。

许多酒店都已开展社交媒体营销，并挖空心思赢得更多粉丝的关注。另外，向客户提供奖励计划也是一个提高酒店收入的好办法。或许这些营销策略的营销成果不会立马显现，但请记住，千万不能在营销方面落伍！因为在日新月异的数字时代，只有紧跟科技发展脚步的酒店才能走得长远。

阅读材料，请回答以下问题：

1. 材料中突出了度假酒店哪种经营特点？

A. 举办度假主题活动

B. 良好的媒体关系

C. 对公共策划的巧妙运用

D. 与酒店定位一致、风格独特的广告宣传

2. 请根据材料，回答文中提出的问题："今天的旅行者最关心的是什么？"

3. 谈谈你对这种酒店营销模式的看法。

酒店概览

阿玛瑞酒店集团

阿玛瑞（Amari）酒店及度假村集团于1965年在泰国组建，是一家私营酒店管理公司，也是在泰国最受推崇的连锁酒店。旗下拥有两个主要品牌：阿玛瑞酒店和度假村——四星或五星级酒店，提供国际标准的豪华设施；阿玛瑞合作酒店——价廉物美的小型酒店，房价优惠。集团现有33处物业，分布于曼谷、清迈、芭提雅、苏梅岛、普吉岛、董里和阁昌岛。此外，集团还管理泰国北部的一处自然度假村、黎府的一处物业、两家城市旅馆以及圣詹姆斯酒店。阿玛瑞在泰国酒店业保持一贯的领先地位，以物有所值的优质服务享誉全球。

阿玛瑞机场酒店：位于曼谷，空调走廊从机场直通酒店，是中途停留或转机旅客的理想选择。酒店共有432间隔音的客房和套房，包括专设的女士和行政楼层。餐饮设施包括：时尚雅致的瑞穗日式料理店、美式酒吧和烧烤屋、以牛排和海鲜为特色的泰国餐厅、提供各国风味自助餐和点菜服务的Zeppelin餐厅，以及位于酒店与机场间天桥上的Arriva咖啡厅。高级宴会及会议设施包括：可容纳1 000人的无柱式宴会厅、设施齐全的商务中心、带桑拿和按摩室的健身房、带池畔酒吧的室外泳池、购物长廊、往返市中心的穿梭巴士、日间用房及短时停留的特价房。

阿玛瑞大道酒店：拥有315间客房，位于曼谷市中心，交通便利，距离机场500米。优越的地理位置提升了商务人士的工作效率，观光客人则可以尽情享受周边的购物和娱乐设施。Peppermill餐厅提供各式自助餐、日本料理、泰国特色菜。Season餐厅以热带花园为背景，供应正宗泰国菜。无论是餐前小饮、午后小酌，还是夜晚放松，24小时开放的大堂酒吧都是不错的选择。阿玛瑞大道酒店还设有健身中心、带阳光甲板和池畔酒吧的室外泳池、商务中心和高级会议宴会设施。

阿玛瑞水门酒店：五星级的豪华时尚酒店，位于曼谷商业及购物中心区，交通便利，拥有575间设施齐备、宽敞舒适的客房，精致的餐厅和各种休闲娱乐设施，专设行政楼层以及高级宴会会议设施和商务中心。有酒吧及烧烤屋、中国餐厅、泰式餐厅、意式餐厅以及面包店。健身中心内设壁球场、有氧健身房、桑拿、蒸汽和按摩室、不规则泳池、阳光

甲板和池畔酒吧。

阿玛瑞中庭酒店：拥有577间客房，豪华精致，坐落在繁华的碧武里路上，为客人提供全方位的周到服务，拥有商务中心、设施齐全的健身中心以及各类餐厅，使客人在充分休息的同时留下美好的回忆。

阿玛瑞珊瑚海滩度假村：帕通海滩是普吉岛最著名的海滩，阿玛瑞珊瑚海滩度假村就坐落在其南端隐秘的悬崖之上，周围环绕着27万平方米的青葱森林，美丽的海湾风情令人迷醉。200间客房和套房都带有私人观景阳台。休闲娱乐设施包括两座泳池、慢跑健身道和各种美味餐厅。海湾边的La Gritta餐厅情调浪漫，供应意式佳肴；Kinaree泰国风格浓郁，以品种丰富的泰国菜见长；Rim Talay提供各国菜式和亚洲风味。

阿玛瑞董里海滩度假村：位于董里，迷人的热带岛屿风情与朴实无华的昌朗海滩、婆娑起舞的麻黄树完美融合，将拥有138间客房，外观豪华雅致且楼层不高，提供各国美食和泰国菜肴。

此外，阿玛瑞在管理物业方面有着良好的信誉，在世界领先物业品牌的管理方面保持着自己的特色。如今阿玛瑞酒店集团已走出东南亚，管理的物业已延伸至印度洋、阿拉伯海湾等地区。

资料来源：http：//cn. amari. com.

第十五章　会议销售

学习内容

- 描述会议的主要种类。
- 讨论会议计划的因素。
- 描述会议销售的组织工作。
- 讨论对关键客户的管理。
- 确认奖励会议的特征和重要性。

一　会议的主要种类

酒店除了提供客房和餐饮之外，还有一个极为重要的利润创收途径——承办会议。承办会议可以直接销售会议室、客房和餐饮，还可以提升本酒店的声誉，吸引客源。因此，目前越来越多的酒店开始关注这一业务，有的教育机构也开始系统地培养熟悉这一专业的专门人员。会议的种类很多，大致可分为以下几种。

（一）全国性和地区性销售会议

全国性销售会议的出席人员为地区销售经理和代表，一般会期为3～4天。地区性销售会议规模较小，一般持续2～3天。

（二）新产品发布或分销商会议

此类会议规模大到上千人，小到十几人，会期为3～5天。不仅有销售人员参加，也会吸引公司高层管理人员、股东和媒体出席，是展示酒店的最好机会。

（三）专业会议或技术会议

使用研讨会和专题讨论会的形式，经常邀请顾问、教育家以及商务人员来进行展示或讲演。

（四）管理层会议

管理层会议是指各级管理人员参加的会议，通常持续两天。

（五）培训会议

培训会议的人数一般在50人以下，一般持续三天。要求不受干扰，需要快捷的餐饮服务和茶点。

（六）股东会议

股东会议的人数从十几人到上百人，一般持续一天，是展示酒店产品和服务的好机会。

（七）奖励会议

公司奖励超额完成任务的员工参加旅游和特别的会议，可为旅游业带来巨大的收入。与会者会大规模地使用酒店的产品和服务。

二　会议计划的因素

（一）时间

大多数的会议常会在每年的同一时间举行，如：同一季节或某个节假日。酒店应合理安排会议举行的日期。

（二）提前筹会期

公司或协会的提前筹会期各不相同，长则几年，短则几个月或几周。

（三）地域模式

许多公司的会议都按惯例在某一特定的地区举行，也有的公司在几个城市间轮流举行会议。

（四）会议出席人员

由于会议的类型和性质不同，出席会议的人数有很大的差异。

（五）会址选择

会议场地的氛围、客房的数量、酒店员工的服务水准、价格、交通运输工具等都构成了会址选择过程中的因素。

三 会议销售的组织工作

酒店总收入中，大约有一半来自各类会议的销售，包括会议室的租用。但要达到或保持这个比例并非易事，仅仅派销售人员去招揽各种会议是远远不够的，酒店应协调店内各部门的工作，争取得到会议服务的最大回报。

每个酒店，无论规模大小，都需要某种形式的销售部从事各种促销工作。

销售部门要与酒店内的各个部门协调工作，在每日的例会上交换各种信息。在这个层面上，销售部、宴会会议部、餐饮部、客房部等部门应该加强横向联系。

【相关链接】

酒店接待会议的好处

（1）利润高。会议旅游者的经费来源可靠，消费水平高，一般会议旅游者的平均消费是普通旅游者的三倍。

（2）有利于扩大酒店的影响，提高酒店的知名度。

（3）可调节酒店的淡季市场。

四　关键客户的管理

会议服务的对象具有各自不同的业务，例如：各类年会、颁奖典礼、培训总结会等。因此，酒店应该首先对客户分类，然后根据具体情况向这些客户销售并进行预约拜访及完成后续工作。对关键客户的管理指按照客户的创利潜力排出等级档次，在销售过程中，80%的业务是来自20%的客户。对关键客户的管理通常分为五个级别：

（1）有很大潜力的新老客户。每年至少要对他们进行五次个人拜访和五次电话联系。

（2）已经给予大量业务的颇有潜力的客户。对于他们，应该继续跟踪这些优质市场客源，通常每年进行四次个人拜访和四次电话联系。

（3）具有中等潜力的新客户和那些没有达到所期望的中等潜力的客户。通常每年进行三次个人拜访和三次电话联系。

（4）具有中等潜力并且提供了足够业务量的客户。每年进行两次个人拜访和两次电话联系。

（5）潜力很低的新客户和不需要花费大量时间的老客户。酒店应该在拜访重要客户时顺便走访这些客户，或在处理了所有的工作之后再进行工作问候。

五　奖励会议

奖励会议是公司会议市场的一部分，这个市场主要针对的是风景区酒店，现在受到人们越来越多的关注。奖励会议是一种公司激励员工的方式，它能减少优秀员工外流并达到特别销售的目标，大部分奖励会议持续五天到一周。

奖励会议的与会者的配偶常常也被邀请出席会议，这对酒店是一个很好的促销机会。餐饮部门和酒店的礼品店都应适时推出有特色的产品和服务。

关键词

筹会期　　会址选择

练习

1. 除了直接获得收益外，酒店提供会议服务的另一重要原因是________。

A. 创建新产品和服务　　B. 扩大酒店的声誉，赢得更多的业务

C. 促销酒店的客房　　D. 建立会议服务标准

2. 新产品发布会的出席人员包括________。

A. 销售人员　　B. 高层管理人员

C. 股东和媒体　　D. 以上全部

3. 奖励会议可为酒店带来可观的收入，因为________。

A. 产品和服务的价格高　　B. 参加会议的人员多

C. 酒店的产品和服务被大规模地利用　　D. 会期较长

4. 在小型的酒店中，销售人员通常要________。

A. 处理多种形式的销售工作　　　　B. 关注某一特定领域的工作

C. 每天单独拜访会议策划人　　　　D. 以上都不对

5. 每年需要拜访三次或进行三次电话联系的客户属于________。

A. 中等潜力的新客户和没有达到所期望的中等潜力客户

B. 潜力很低的客户

C. 已提供大量业务的客户

D. 不需要花费大量时间的老客户

实务操作

● 在美国，新药制造商们在得到政府的批准后，都会迫不及待地与销售代表见面，让他们把药品推介给医生、分销商和各大科研机构。旧金山万豪酒店经理嘉格雅迪曾担任过迪斯尼和希尔顿的商务会议策划人，她决定利用药品发布会来弥补酒店空置。其中一场发布会是介绍阿斯利康公司开发的用于治疗双向情感障碍的药品。为赢得这场发布会，她专门花重金改造了酒店餐厅，以便为发布会腾出更多地方。

思考题：

1. 万豪不惜花重金改造餐厅为发布会腾出地方，说明了什么？

2. 会议销售在酒店销售中占有怎样的地位？

● 碧水湾度假村酒店38%的客源是会议，却创造了52%的营业收入。酒店领导眼光敏锐地看到了会议市场向景区酒店转移和延伸的动向，果断地把酒店发展重点转向会议接待。

这家拥有260间客房的酒店共有大小不同的7个会议室，很好地满足了会议市场的需求。如：有适合小型董事会、签合同、谈生意的，也有适合大型会议的，且均有完善的投影、网络和音响设备。

酒店董事长说，他们正在筹建一个更大的梯形会议厅，以适应会议市场的需求。该酒店每年10月到次年5月是旺季，会议室全部满负荷利用；在淡季每天也有2～3个会议。除会议场租的直接收入外，会议同时也带动了餐饮、温泉、购物等各方面的收入。如：有些高级会议，会议中间休息须提供点心、茶水和水果，则又增加了每位50～100元不等的餐饮收入。会议餐费要比旅游团队高得多，旅游团队只有60～75元/人的标准，而会议最低100元/人，遇到宴请，人均消费水平还会直线上升。

会议设施齐备，会议服务也须跟上。碧水湾度假村酒店有着高素质的会议服务队伍、完善的会议服务规范和确保整体服务质量的快速反应机制。在一般情况下，20人以下会议配备1名服务员，150人以下会议配备3名服务员，更大型会议则视情况而定。

酒店营销部是会议服务的枢纽，起到“司令部”的作用。所有会议都从营销部落实信息、开出确认单起始，然后做出统筹安排。酒店在每周四、周五两天召开全店的协调会，对重要会议和活动，由营销部组织临时协调会。酒店在大堂和营销部设立两个固定的投诉点，并将之告知会务组。酒店董事长很客观地分析市场，他说：“要论温泉，碧水湾谈不上最好，广东各地温泉都各有特色，有的名气还很响。但我们以会议为先导，就把温泉带动起来了。目前能有种类齐全的会议设施和高质量专业会议服务的景区酒店不多，而我们抓住了机遇。”打开酒店营销部的记录，订货会、展示会、发布会、总结会、董事会、研讨会、行业会、政府会、评审会和培训班，什么会议都有，日程被排得满满的。这些会议光房价一项每间就比旅游团队高出 260 元左右。可见，酒店瞄准会议市场，既增加了客源的“量”，平衡了平日与周末的落差，又提高了客源的“质”，人均消费高，酒店营业收入也大幅度上升。

思考题：

1. 碧水湾度假村酒店的经验证明，度假村酒店可以充分开发会议市场作为新的经济增长点。度假村酒店该如何开发这个市场的潜力？

2. 酒店要积极拓展会议这个细分市场，需要什么投入？如果成功的话又会获得哪些回报？

要点回顾

1. 会议的种类很多，大致可分为：全国性和地区性销售会议、新产品发布和分销商会议、专业会议或技术会议、管理层会议、培训会议、股东会议、奖励会议。

2. 会议计划的因素有：时间、提前筹会期、地域模式、会议出席人员、会址选择。

3. 每个酒店都有各自的销售部，销售部门的员工不仅要处理各类型的业务、招揽会议，还要与酒店内的各个部门协调工作，争取得到会议服务的最大回报。

4. 对关键客户的管理通常分为五个级别：有很大潜力的新老客户、已经给予大量业务的颇有潜力的客户、具有中等潜力的新客户和那些没有达到所期望的中等潜力的客户、具有中等潜力并且提供了足够业务量的客户、潜力很低的新客户和不需要花费大量时间的老客户。

5. 奖励会议是公司会议市场的一部分，是一种公司激励员工的方式，能减少优秀员工外流并达到特别销售的目标。

知识链接

一、酒店会议促销的重点

会议对于酒店来说是一种能产生较大经济效益的“辐射性”产品，即会议客人除了使用会议室之外，还可能使用客房、餐厅、娱乐设施等其他任何酒店的服务设施设备，所以了解会议这种产品的市场需求特点并制定恰当的促销手段就显得特别重要。国内外酒店管理专家学者的研究发现，影响会议组织者选择酒店的因素也就是酒店会议促销的重点，主要体现在以下几个方面。

1. 有形产品方面

酒店有足够数量、大小不等的会议室，以便于举行各种大会及分组讨论会，这一点都无一例外地被会议组织者放在了第一位。可见，会议室的大小、多少是吸引会议组织者选择酒店的最关键的因素。

客房的大小、多少是保证所有会议参加者都能同时入住同一酒店的基础条件，对于会议的组织者来说，所有的会议参加者住在同一酒店有利于管理，这一因素也是会议组织者选择酒店时较多考虑的。

会议通常要求酒店有丰富的娱乐项目来举行各种晚会、活动，度过会议之外的闲暇时间。除此之外，餐厅的卫生状况、员工的仪表、酒店的位置、会议室的设施配备、酒店设施的新旧程度也是会议组织者较为关心的因素。

2. 无形服务方面

一些学者的研究结果显示：一线部门服务人员的服务质量一直被会议组织者认为是最重要的因素，顾客对酒店的评价源于他们对酒店各种服务的感受，而会议组织者正是通过会议参加者的信息反馈对酒店进行评价的。

酒店为会议提供的辅助性服务是指酒店为客人提供订飞机票、组织旅游等一系列服务，这些服务的提供也成为影响会议组织者选择酒店的因素。

酒店员工以往接待会议客人的经验、酒店曾经接待过的各种类型的会议，往往会被会议组织者理解为酒店了解会议运作的全过程，具有处理突发事件的能力，所以也通常是会议组织者选择酒店的一个较为重要的因素。

酒店为会议提供专门的联络人，监督会议进展情况、处理会议不可预见的突发事件及调节双方的分歧，这也是会议组织者认为比较重要的环节。

二、酒店会议促销的方法

会议型酒店可采用以下几种方法进行促销。

1. 人员推销

人员推销是指推销人员通过面对面的洽谈业务，向客户提供信息，劝说客户购买本酒店产品和服务的过程。由于人员推销有面对面交往、可培养关系和便于直接成交的优点，所以人员推销成为会议促销中最常用的一种手段。通常酒店在收到某公司或集团要举行会议的信息之后就会派销售人员前往拜访会议组织者。推销人员在推销过程中，应注意以下几点：

(1) 善于察言观色。推销人员在推销的过程中要细心观察客户的表情、反应，对客户不感兴趣的话题要及时转移，做到适可而止，不可太过强烈地表达出急于成交的心态。

(2) 充分展示酒店信息。在与客户面谈时应准备好酒店的各种宣传资料、照片、电脑ppt演示甚至电视宣传片，抓住时机向客户展示，以弥补在酒店以外区域有形证据展示不足的缺陷。

(3) 强调酒店在举行会议方面的经验。不失时机地向客户介绍酒店曾举办过的有典型意义的会议，向客户展示举办这些会议的照片和到会的重要人物，如：领导、名人等，都可强化客户对酒店成功举办会议的信心。

(4) 抓住时机提出成交。人员推销的前期所有工作都是为了一个目标——成交。若没有达成交易，至少当次促销是失败了。关于这方面的技巧，酒店应加强对推销人员的培训，使他们善于根据洽谈对象的言行来判断提出成交的机会。此外，人员推销中客户通常会在最后成交前前往酒店参观，酒店应认真对待此环节的各项工作，通知各相关部门认真对待，圆满完成接待任务。

(5) 连续促销。在与客户签订合同之后，酒店除了要认真履行合同的条款之外，还应该继续保持与客户的联系，一方面解决客户提出的新问题，另一方面与客户建立起业务关系以外的关系，为酒店的关系营销奠定基础。

2. 广告

广告是酒店业常用的一种促销手段。酒店可选择的广告媒体有很多种，如：电视、报纸、杂志以及互联网和手机应用程序。但是无论酒店采取什么媒体做广告，都应该注意以下几点：

（1）选择媒体的有效性。酒店在选择广告媒体时应详细了解所选媒体的覆盖范围、目标细分市场。同时，也要明确酒店的目标细分市场，找到三者之间的结合点，才能使广告有效。

（2）广告宣传的内容。从文献研究的结果来看，会议型酒店无论在哪种媒体上做广告都应充分地展示酒店的各个会议室、足够的客房、丰富的娱乐设施、优质的服务等会议组织者较为关注的各种服务，以达到向会议组织者传递酒店信息的目的。

3. 公共关系

公共关系是指企业、组织、个人与公众发展良好关系所使用的方法和所进行的各种活动。良好的公共关系可以加强酒店与外界的联系，提高本酒店的知名度，树立良好的市场形象，并通过社会舆论影响客户的购买行为。这种促销手段主要要求：

（1）酒店经常与相关单位、机构保持联系。这里所说的联系应该是非商业性质的。酒店应在节假日拜访老客户、潜在客户，甚至非客户，向他们介绍酒店的新情况（切忌变成变相的人员推销），加深双方的感情联系，为关系营销打下坚实的基础。

（2）注重新闻宣传。新闻宣传是酒店建立市场形象、提高知名度的重要手段。除了新闻单位主动上门采访之外，酒店还应将酒店内部发生的反映高尚品格、良好思想、对社会发展有益的事及时地向各新闻单位介绍。

4. 内部促销

会议型酒店可以利用酒店内部的各种宣传资料，以及员工的宣传向客户宣传酒店的各种服务项目，同时还可向潜在客户宣传酒店的会议设备、设施以及会议的接待能力。

（1）培训一线员工的促销意识。酒店应加强员工对酒店情况的了解，强化他们的促销意识，使酒店员工个个都成为酒店的推销员。

（2）准备足够的宣传册。宣传册应印刷精美、具有吸引力，这样才能激发客人阅读的欲望，进而留下较深刻的印象。促销是吸引目标细分市场的一种手段，但是其前提条件是酒店本身为顾客提供优质的服务。没有优质的服务，酒店无法实现促销活动中提出的承诺，只会让顾客产生“上当”的感觉，进而减少顾客成为回头客的可能，这是与酒店加强顾客关系、建立顾客忠诚感的目标相悖的，所以酒店一定要强化管理职能，提高服务质量，为促销活动的正常开展打下坚实的基础。

三、会议筹办人员促销

销售人员与客人之间的交流，不仅是信息的双向沟通，还提供了面对面的服务。久而久之，加深了销售人员与客人之间感性的交流，建立了友谊，形成长期友好的合作关系，维持稳定的客源。此外，销售人员直接与客人接触，能够及时收集客人的意见和竞争对手的情况，有利于酒店调整销售策略、改进服务程序、提高服务质量、增强竞争力。

1. 销售前的准备

酒店销售人员在拜访客户或洽谈业务之前，一定要准备好酒店的简介，如：ppt、宣传册、价目表、酒店设施设备和服务项目，还应配有图文并茂的预订单、明信片、销售记录卡、名片及有关酒店产品和服务的各种资料。

访问重点客户或大客户要拟订销售访问计划，明确访问的目的，比如或是获得订单，或是达成某个协议，或是想通过被访者介绍新的客户。访问前要锁定访问的对象以及要达到什么目标，拟好要点，按顺序排列，依次执行。

2. 拜访客户

确定拜访客户的时间、方法，做好谈话提纲，确定销售的方式。拜访过程如下：

(1) 问好。对老客户问好后顺便询问客户对以前交往的印象如何、有何建议；对新客户，先自我介绍，要态度热情、诚恳大方，并及时送上名片。

礼貌和技巧性地客套问话："打扰您了！""能占用您几分钟时间吗？"让对方有所准备，不至于令其反感或回避访问。

(2) 开门见山，说明来意。对老客户，首先感谢客人的支持，顺便递上酒店新产品或服务的介绍资料，征求改进意见；对新客户，应送上酒店详细的介绍资料，要察言观色，揣摸对方心理，赢得对方的好感，引起对方的兴趣，介绍酒店产品和服务，包括优惠及折扣，争取客人的明确答复，随即抓紧时间签约，然后向客人道谢。但销售人员在洽谈时不可操之过急，不能让对方产生一种你是来推销的印象，特别是潜在客户。必要时可以聊聊双方关心的问题或感兴趣的话题，密切双方的关系、拉近距离。

(3) 销售人员在销售时说话不能迟疑不决，或是吞吞吐吐，否则会影响对方对你的信任。销售时不要采取强迫的推销方式，潜在客人愿意主动购买，而不是被动购买。循循善诱的方式比较容易为客人所接受。

(4) 客人对酒店产品或服务有抱怨、投诉时，要虚心接受，表示歉意，并表示下次一定让客人满意。不要辩解、不要解释，即使你没有错，或错在客人。对于抱怨与投诉，处理得当就会缓解矛盾，平息对方的怨气。

3. 拜访后的工作

拜访活动结束后，要立即填好记录卡，对预订的情况立刻向有关部门，如前台部、客房部、餐饮部、宴会部等通报，做好接待安排计划，对贵宾要填贵宾卡，拟订接待规格，对客人的多种要求要尽量满足。对客人的投诉要记录在案，并尽快处理，将书面材料送达相关部门或领导。

4. 销售技巧

(1) 销售人员在销售时要有这样的认识：我们不是在向客人销售房间或餐厅，而是在向客人提供舒适、享受、豪华的感觉，在向客人提供一段愉快的经历。

(2) 对于不同价格的客房，应强调其不同的设施和服务，报价格时可以采用先报基本房价，再加服务费，再加税额，不要只报总价格，否则会给人以价格太高的感觉。也可采用"三明治"报价法，即逐项服务报价。

(3) 对于不同的客房，要说明其优点和缺点，不要掩盖缺点，更不要欺骗客人。但缺点要一带而过，应详细地说明其优点和特点，如套房要强调豪华舒适，便于社交或商务活动；靠近走道或电梯的客房强调进出方便；无窗的客房强调其清静和安全等。

(4) 推销附加服务。客人白天入住时，可以介绍康乐中心的服务项目、美容厅、桑拿浴及餐饮服务；客人夜间入住时，可以介绍房间用膳服务、娱乐服务项目、餐饮特色项目等。

(5) 争取每一个客人。要尽量向客人提供全面的信息。详细介绍酒店的产品和服务，陪同客人参观房间及营业场所和各种服务设施，让客人身临其境深刻地感受，才便于其选择。对性格内向、不善言辞的客人要耐心介绍，实事求是地提供信息，帮助对方决策；对于有主见的客人，介绍完毕后让他自己考虑并做出决定。

(6) 向客人销售时，要察言观色，根据客人的需求来介绍。生动描述酒店产品的优点，以及能够给予客人的方便和优惠，还有附加的心理方面的满足感，会取得较好的效果。在销售中，要避免说“我不知道，让我查一查”，这会让客人感到你业务不熟练。要尽快记住客人的名字，称呼客人的名字会使客人感到亲切。

四、销售技巧

1. 招徕

先介绍酒店产品和服务的特色，再介绍价格，即使客人感到价格太高而选择低一档的价格，前者的特点或服务也会在客人心中留有印象，以后也许会尝试一下。有时，客人在比较了价格和服务之后，还会重新选择前者，这是招徕产生的影响。

2. 吸引

带客人参观各种档次和规格的客房、餐厅及服务设施，或让客人试用，或品尝某些菜肴和点心，使其依依不舍、无法拒绝。客人品尝了美味食品，或受到温馨典雅环境的吸引，对价格也就不会那么关注了，这就是吸引策略。

3. 包围

在接待客人时，将接待逐步升级，先是由销售人员出面，然后是销售部经理出面，再是销售总监出面，最后是老总出面，使对方感到受到极大的重视，处于酒店各层要职的包围之中。

4. 滚雪球

利用长住客人或 VIP 客人的口碑或影响，提高酒店知名度，扩大客源队伍。许多酒店的商务客人或散客是由长住客人介绍进来的，酒店的长住客人和常客会成为酒店的义务推销员，起到积极的作用，所以酒店要定期或不定期地拜访长住客人和常客，关心他们，在节假日时问候他们或邀请他们参加节庆活动。

五、中国会议酒店发展的现状

1. 会议酒店市场巨大

会展市场保持持续、快速增长为会议酒店提供了稳定的客源，从而支撑其迅速兴起。近年来，随着世界经济的繁荣发展以及全球经济一体化的不断深入，跨国、跨区域的经贸会议、展览活动日益频繁。目前，全球每年会议收入约 2 200 亿美元，且以每年 8%～10%的速度增长。

随着中国在世界上的政治、经济地位日益提高，中国与世界各国的政治、经济、文化交流与合作日益紧密与频繁，越来越多的国际大型会议和国际赛事在中国召开或举办。例如：昆明世博会、博鳌亚洲论坛、亚太经合组织领导人非正式会议等，中国占据国际会议市场的份额越来越大。同时，国内经济持续快速增长，各种类型的国内商贸会议、展览活动也日益繁荣。北京奥运会和上海世博会更是带动了交通、酒店、通信等十多个相关产业的发展。2019 年北京世园会，将国际会议主题和人们的生活紧密连接为一体，赋予住和行新的理念。2022 年北京冬奥会也必将为酒店业带来新的机遇。酒店业是与会展业联系最为紧密的关联行业之一，会议型酒店是开展会展活动的必要组成部分，会展业的快速增长为中国会议酒店的发展开拓了广阔的空间。

2. 会议型酒店竞争激烈

在国内会展旅游市场兴起的背景下，越来越多的国内高星级酒店看好会议型酒店发展前景，纷纷转型为会议型酒店或者改造、更新酒店的会议设施设备以强化酒店提供会议服务的能力。例如：在北京，中国大饭店、北京饭店、王府半岛饭店、北京国际饭店、北京金融街洲际酒店、北京东方君悦大酒店、新世纪饭店等都已开始从雷同单一的旅游饭店定位转向多层次发展，向商务客人提供商务酒店和会议型酒店的服务；广州中国大酒店改造的重要内容之一就是增加会议型设施。

国内大量高星级酒店涌入会议型酒店市场直接导致了会议型酒店市场竞争日趋激烈。尤其是中小型会展市场，由于其所需的会展场所较小，对会议设备要求不高，很多高星级酒店都能够满足这部分市场需求，市场门槛相对较低，市场竞争尤其激烈。

同时，越来越多的世界著名酒店集团看好逐渐兴起的中国会议市场，纷纷大举进入这一市场。例如：洲际酒店集团已经将其旗下高档酒店品牌皇冠假日酒店定位为会议型酒店，主攻展会市场。此外，香格里拉、凯悦、雅高、喜来登、日航、希尔顿、半岛、凯宾斯基等国际酒店集团也开始抢占国内高端会议市场。可以预见，随着国际酒店集团介入会议市场的程度不断加深，中国会议型酒店的市场竞争也会越来越激烈。

3. 会议型酒店布局集中

会议型酒店选址考虑的重要因素之一是会议客源。因此，会议型酒店市场布局主要集中于会展业发达的区域与城市。我国会展业格局已经初步成型，形成了分别以北京、上海和广州为中心的渤海湾、长三角、珠三角三个主要会展经济带。中心城市发展的同时拉动和辐射了一批周边区域。以上海为例，周围的苏州、杭州、南京、宁波等城市的会展业蓬勃发展，区域集聚效应凸显。会议市场的区域集聚导致了会议型酒店布局的区域聚集。而在国内其他二线及中小城市，由于不太具备规模会议市场需求，更多的是多元化、小规模的中小型会议市场。因此，大多二线及中小城市都没有专门的大型会议型酒店，主要由星级酒店满足会议市场需求。总之，会议型酒店市场布局受市场需求驱动的影响，呈现出两极分化的特征：分别以北京、上海、广州为中心的渤海湾、长三角、珠三角三个主要区域会议型酒店大量聚集，酒店数量与规模呈加速发展态势；大量二线及中小城市的会议型酒店数量少、分布散、发展缓慢。

案例分析

该怎么办？

案例一：年底，销售部王经理将在酒店接待一个商务公司的年终报告会议。他吩咐酒店相关负责人将此次会议需要的120人剧院式会议室效果图尽快发送给他。会议开始前一周，王经理将备忘录发送给相关部门，并将一切准备妥当。会议前一天晚上，该商务公司年终报告会议主管到酒店入住，并参观会议室。参观之后，他要求将会议室布局由120人剧院式改为150人课桌式。此时，客房服务员已经下班，人手不多，但是王经理又不能拒绝客人。

案例二：某酒店营销部经理李某正在接待某培训机构的会议，会议室突然停电，整个会议室漆黑一片。举办会议的相关负责人十分生气，随即找到李某，与其理论，并要求赔偿。

案例三：酒店年初接到医院的一个会议团房，计划5月3—8日入住5天，预订标准房28间，会议学员将直接到酒店大堂报到并办理入住手续，医院会议负责人在5月2日突然提出要增加预订20间标准房。由于正值旅游旺季，该酒店其他房间均已订满。但会议负责人态度十分强硬，要求必须将所有学员安排至本酒店，且之前已通知所有学员该酒店为指定酒店。

阅读材料，请回答以下问题：

1. 在案例一中，如果你是王经理，你该怎么办？（多选）

A. 向客户做好解释工作，因服务人员已下班，需要晚点安排人员调整会场，但是会尽快安排

B. 报告当天值班经理，尽快处理此事

C. 给各部门发送备忘录时，首先落实会场要求及所有细节

D. 想办法拖延，直至会议结束

E. 需向客户提前说明，如临时调整会场，酒店出现人员不足的情况，可能会耽误会场的安排

2. 在案例二中，如果你是李某，你该怎么办？（多选）

A. 立即向客户致歉，通知工程部到现场处理此事

B. 耐心听取客人意见，并安抚客人情绪

C. 与客户据理力争，逃避责任

D. 向客户解释我们的难处，让客户理解

E. 会议开始前通知工程部调试各项设备

3. 在案例三中，如果你是该酒店负责人，你该怎么办？

酒店概览

凯莱酒店集团

凯莱酒店集团（Gloria Hotels & Resorts）系中粮集团有限公司（COFCO）旗下的香港鹏利集团有限公司（Top Glory Holding Company Ltd.）投资并直属的子公司，主要负责投资开发和经营管理凯莱系列酒店及度假村。

凯莱酒店集团是一家不断发展壮大的专业化酒店管理集团，现已逐步发展成为国内最具规模和实力的酒店管理集团之一，在旅游业内颇具影响力。集团在香港、北京、上海、深圳均设有办事处，旗下有凯莱大饭店、凯莱酒店、凯莱度假酒店、凯莱逸郡酒店、凯莱悦享酒店和凯莱公寓酒店几大品牌。在中国共有34家不同星级的连锁酒店。自1997年

起，凯莱酒店集团始终位列酒店管理集团全球300强。

凯莱酒店集团之所以能在短时间里就一跃发展成为中国乃至世界的著名酒店管理集团，得益于其成功地创立出一套古今交融、中西合璧式的“两权分离，责权明晰”的权限机制、“竞聘上岗，优胜劣汰”的激励机制、“立体滚动，纵横扩张”的发展战略、“推陈出新，奇特制胜”的营销战略、“物有所值，质量第一”的竞争战略和“防患未然，超前应变”的生存战略，从而有效地激发了集团内在的活力和外在的竞争力，使其在强手如林的中国酒店市场赢得了自身的立足之地和生存空间。

资料来源：http：//www. gloriahotels. com/cn.

第十六章　酒店电子营销

学习内容

- 综述电子商务的现状。
- 了解电子商务在酒店行业的应用现状和发展优势。
- 讨论酒店未来的发展趋势。
- 确定酒店电子商务应用与架构。
- 解释酒店信息化管理。

一　电子商务的含义与现状

电子商务（electronic commerce），从狭义上讲，是指利用电子信息网络实现的商品和服务交易；从广义上则可以定义为基于互联网、广播电视网和电信网络等电子信息网络进行的生产、营销、消费和流通活动，是以实现整个商务过程的电子化、数字化和网络化为目的的新型经济活动。电子商务是互联网时代的产物，随着互联网的高速发展，它已经不再是一个单纯的商业概念，而是一个以互联网为支撑的集信息流、商流、资金流、物流为一体的整个贸易过程。它不仅会改变企业本身的生产、经营、管理活动，而且将影响到整个社会的经济运行与结构。

随着互联网的快速发展，网民数量每年都以惊人的速度在增长，电子商务在世界范围内得以迅猛发展，网络购物也在快速发展，成为当今社会的一种时尚。

电子商务对全球经济的影响也日趋扩大，具体表现在以下几方面：

（1）经济政策：电子商务已成为各国制定经济政策的主要依据，是21世纪WTO各成员国探讨的中心议题之一。

（2）信息基础设施：全球化的信息基础设施还处于初级阶段，正不断地改变着我们的世界和每天的工作与生活。

（3）商业企业：电子商务可最大限度地降低企业运作成本，特别是交易成本，降低幅度达40%～70%。

（4）商业模式：电子商务重新定义了商业模式，有助于开拓新的市场。

（5）战略伙伴：电子商务可帮助企业间在世界范围内建立战略合作关系，如一家书店可以与一家电信公司或跟一家银行建立战略合作关系。

（6）就业机会：电子商务可以创造许多就业机会、减少贸易赤字、降低通货膨胀率。

【相关链接】

电子商务在旅游与酒店行业的应用现状和发展趋势

随着经济的迅猛发展和人们生活水平的不断提高，外出旅游逐渐成为越来越多的人度假方式的第一选择。快节奏的生活使人们不再满足于低效率的传统旅游方式。一方面，人们希望在出门之前就能对与旅游相关的各种信息有一个全面的了解，并且可以享受到各种方便快捷的服务；另一方面，旅游企业需要及时向潜在的客户群体提供丰富的旅游景点的信息，及时了解国际国内客源市场信息，根据客户的需求提供各种相关服务。旅游企业对客户需求的满足程度，从根本上决定了一个旅游企业在激烈的旅游业竞争中能否获得更多的生存发展机会。作为当今发展最快的一种新兴势力，电子商务以其特有的跨越时空的便利、低廉的成本和广泛的传播性渗透到了国际旅游业的各个环节，在很大程度上为旅游企业注入了新的活力。各国旅游部门纷纷着力开发旅游电子商务系统，并取得了较大进展。

二 旅游电子商务系统的功能

一个完善的旅游电子商务系统至少应该提供如下功能（以携程网为例）：

（1）信息查询服务：其中包括旅游服务机构相关信息（如饭店、旅行社以及民航航班等信息）、旅游景点信息、旅游线路信息以及旅游常识。

（2）在线预订服务：主要提供酒店客房、民航班机机票、旅行社旅游线路等方面的实时动态和在线预订业务。

（3）客户服务：提供可实现在线旅游产品预订的客户端应用程序。利用这种客户端，客户（指通过系统进行预订的个人以及机关团体）可以与代理人（指上述的酒店、民航、旅行社等相关旅游服务机构）进行实时的网上业务洽谈，管理自己的预订记录。

（4）代理人服务：提供给酒店、民航、旅行社等企业多种旅游产品代理端应用程序。在此，代理人可以与客户进行实时的网上业务洽谈、管理其旅游产品的预订记录、查阅其账目。

通过旅游或酒店网站，可以使旅游者坐在家中就能够凭借接入互联网的计算机或手机应用程序进入相关电子商务系统，查询到前往城市的相关旅游信息（如城市简介及旅行常识、旅游景点和线路、酒店、票务代理中心、旅行社等）；轻点鼠标，旅游者就可以根据自己的需要和旅行预算选择并预订入住酒店及相关服务（如客房、娱乐、餐饮、交通以及接待等）、旅行社的旅游线路和导游服务等。整个过程方便快捷，节省费用。

三　电子商务在酒店行业的应用现状和优势

酒店电子商务是指酒店利用互联网这个快捷、灵活的信息沟通渠道来推销酒店产品的一种市场营销活动。国内的酒店与大型专业网站和国外的知名酒店业预订系统携手，如中国酒店预订热线、中国酒店预订网、携程等，实现了国内外酒店一体化预订服务。但有许多地方需要完善和改进，如网页设计、语言设置、数据分析和支付方式等。

酒店电子商务是当今酒店业发展的必然趋势。通过特有的系统连接上互联网，酒店就可以向全球客户全面地展示自己的风貌、特色，推销自己的客房和各种服务，并可依此组成酒店连锁业，与其他企业结成战略联盟，以强劲灵活的营销手段做市场推广。酒店电子商务可以向众多的客户提供面对面的营销方式，它开拓了市场的广度和深度，这些都是传统营销方式所无法比拟的，它代表了最新和最有效的营销方式，为酒店开发客源市场带来了无限的商机。

受经济大环境的影响，经济增长放缓给酒店的发展蒙上了一层阴影。然而，电子商务看起来却未受什么影响，随着营销预算的不断削减和限制条件的增多，电子商务的优势越来越多地显现出来，具体表现在以下方面：

（1）为客人提供方便快捷的服务。互联网将酒店产品的信息集中在一个平台上展示，为客人提供 B2C（business to consumer）的直接预订渠道，客人按其需求进行选择和确认即可。同时，B2B（business to business）、C2C（consumer to consumer）的操作模式也在迅猛地发展。此外，付费搜索引擎也为客户提供了方便的查阅途径。

（2）拓宽酒店的销售市场，扩大预订消费群体。互联网使得酒店业务有可能延伸到以往从未到达的地方，将酒店产品信息传递到世界各地，并将对酒店产品有需求的客人与酒店相连接，使酒店产品信息的传播在空间上得到前所未有的拓展，因此电子商务可以给酒店业经营增加新的销售渠道，扩大消费群体。

（3）使酒店产品有形化，增强预订群体对酒店产品的信任度。酒店产品具有无形的特点，客人在预订、购买这一产品之前，无法亲自了解到所需产品的信息，互联网可以提供虚拟酒店和大量的酒店产品信息。通过网络，客人可以非常方便地了解酒店产品，对酒店产品产生预先的体验。这样，酒店网络预订不仅培养和扩大了消费群体，而且使无形的酒店产品有形化，增强了预订群体对酒店产品的信任度。

（4）电子商务使酒店增加了新的服务内容。酒店电子商务的开展给酒店业的经营增加了新的服务内容，满足了市场的新变化。因为游客（特别是商务客人）在旅途期间仍然需要互联网服务，于是电子商务的开展使得酒店增加了对客服务的内容，为客人带来了方便。

（5）电子商务能给酒店带来财务等方面的好处。酒店通过互联网采购设备，可以方便地实现规模采购和享受熟客优惠。对于数额较大的采购项目，酒店可以采用优先决策方式做好管理控制。电子商务的开展提供了售前、售中和售后的全过程服务，包括从酒店需求计划的制订、价格查询、预订、支付、配送等所有环节，可以为酒店节约大量的人力、财力和物力成本。

四　酒店电子商务系统的应用与架构

酒店开展电子商务，需要从以下几个方面做出努力：一个好的网站、一个好的网络营销管理员、一个好的 GDS 终端接入、一个好的客户维系方法和系统、一套好的前台信息系统、一套好的网络预订管理制度。

（一）酒店电子商务系统的应用

酒店的核心业务是客房销售，因此，酒店电子商务的主要内容包括电子销售、网络营销以及客户关系管理等。

1. 电子销售

电子商务的手段为酒店提供了电子销售的可能，目前主要有以下电子销售的方式：自己网站的客房销售、综合性门户网站的客房销售、中央预订系统（CRS）的客房销售、全球分销系统（GDS）的客房销售以及专业旅游网站的客房销售。

2. 网络营销

网络营销是酒店电子商务的核心内容，包括以下几种网络营销方式：综合性网站的网络营销、电子分销系统（含 GDS）的网络营销、搜索引擎的网络营销以及电子邮件一对一的网络营销。

3. 客户关系管理

客户关系管理对于酒店经营非常重要。一般来说，酒店电子商务中的客户关系管理通过集成软件来实现。

客户关系管理（CRM）是指通过赢得、发展、保持有价值的客户，增加企业收入，提高客户满意度的商务战略。有时酒店采用一对一的针对性销售策略，获得更多的客户线索，更广泛地共享客户信息，协同工作，增加收益，提高给客户的价值，最终实现企业和客户的双赢。

客户关系管理是建立在信息技术平台的基础上，分析并影响消费者行为的管理技术。它具有以下特征：

（1）能够确定客户满意度；

（2）能够对客户构成进行分析；
（3）能够深度分析利润构成；
（4）分析具有连续性的特点；
（5）能够巩固现有客户的忠诚度。

（二）酒店电子商务系统的架构

酒店电子商务系统是一个集成系统，包括硬件系统和软件系统。硬件系统是指网络基础设备，是开展酒店电子商务的平台。软件系统包括酒店的所有应用软件，如网站、内部信息系统以及酒店与其他合作伙伴之间的信息系统等。

1. 硬件系统

硬件系统包括以下设备：计算机硬件系统（包括服务器主机、部门工作站机等，其中服务器主机是影响系统性能的主要因素，选择时需要考虑速度、存储容量以及并行处理能力等技术指标）、网络设备系统（包括路由器、集线器、交换器、负载均衡器、网络打印机等设备，还包括防火墙等安全设备）。

2. 软件系统

酒店电子商务系统是一个整合性的软件系统，世界各大酒店集团都建有自己的预订管理系统，包括酒店内部的信息系统以及协作性的信息系统，具体架构如下图所示。

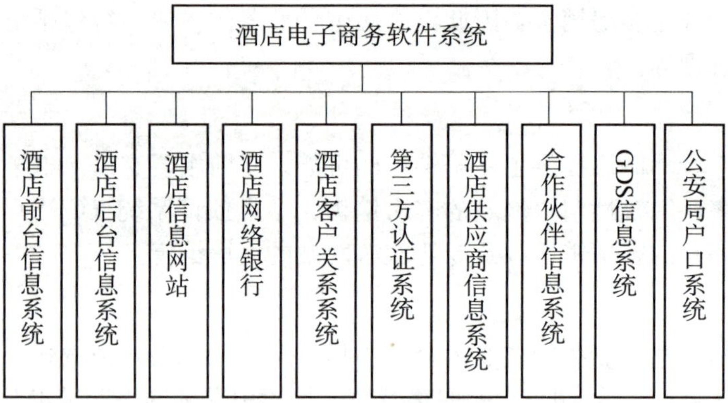

酒店电子商务软件系统架构

五　酒店信息化管理

酒店信息化管理是指酒店在其制定的信息战略的指导下，采用先进的管理理念，对酒店信息资源进行深度开发、综合分析和广泛利用，不断提高生产经营决策和管理的效率与水平的过程。

（一）酒店信息化管理的主要特征

信息化管理是一个渐进式的过程，它需要不断投入、不断改进和不断深化。从现阶段来看，衡量一个酒店的管理是否信息化，可以从以下几个特征来衡量：新型的组织管理机构、经营办公无纸化、工作环境网络化、信息资源化、营销电子化和网络化以及客户互动虚拟化。

（二）酒店信息化管理的交叉功能

酒店信息化管理依托各种类型的信息系统，这些信息系统是整合在一起的集成系统，存在各种交叉功能，这些交叉功能可以减少信息孤岛的存在，具体如下图所示。

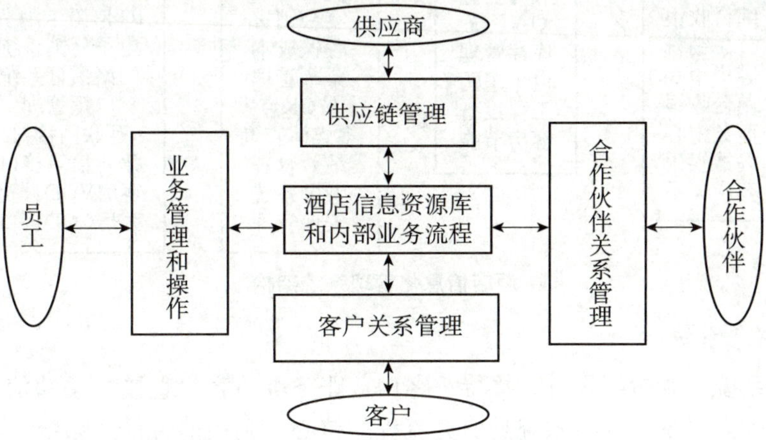

酒店信息化管理的交叉功能

1. 业务管理和操作

酒店业务管理和操作通过内部网和内部的管理信息系统解决，如酒店前台信息系统、酒店后台信息系统等。

2. 合作伙伴关系管理

酒店的合作伙伴关系管理通过外部网和企业间信息系统解决，一般企业间信息系统是基于互联网的信息系统，或是虚拟专用网（VPN）的信息系统，主要用于企业间的业务协作。

3. 供应链管理

酒店采购相当频繁，与酒店用品供应商可以采用外部网建立协作关系，实现在线采购，同样是通过企业间的信息系统来实现。

4. 客户关系管理

客户是上帝，是酒店经营的重要资源。客户一般通过互联网进行沟通，实现对客户的营销、销售和服务。

酒店信息化管理的关键是酒店业务流程的整合，否则，业务的交叉功能就很难实现。

（三）酒店信息化管理的主要系统

酒店信息化管理的主要系统有前台信息系统、后台信息系统。前台信息系统主要是经营管理信息化，后台信息系统主要是办公流程信息化。此外，还有扩展信息系统和接口系统等，见下图。

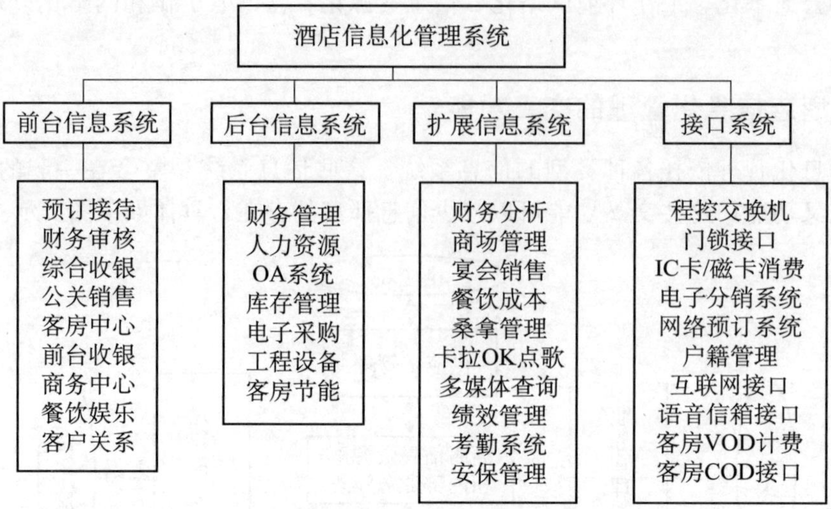

酒店信息化管理系统架构

1. 前台信息系统

前台信息系统主要包括预订、接待、客房、账务等与客户直接相关的信息系统，还包括客户关系管理等系统。这些系统是商务流程的核心。利用前台信息系统，客户可以直接浏览或对比预订房间的类型和房态，更为快捷地完成预订和入住。

2. 后台信息系统

后台信息系统主要包括财务信息系统、人力资源信息系统以及工程设备管理系统等，这些系统是支持前台经营的重要系统。以人力资源为例，酒店可以借助电子信息管理，清楚地查看到特定时间段内员工的构成、员工流失率及流动状态。通过财务信息系统，财务部可以直接与国际支付组织接轨，快速完成各项财务数据和支付状态查询。

3. 扩展信息系统

扩展信息系统主要包括财务分析、成本控制管理等信息系统，这是酒店经营的辅助性信息系统。对这类信息的分析直接影响着整个酒店的运营，如人员与客人的比例搭配是否合理、某时段餐饮或酒水的销售是否正常。

4. 接口系统

接口系统包括程控交换接口及外部系统接口等。

除了以上的管理系统，各大酒店还根据运营的原则制定出该企业的职业道德规范和相关的对应措施，防止因电子商务规模扩大及信息快速流动，而产生的线上和线下的价格不统一，或外界利用电子技术对企业造成的负面影响甚至网络攻击。酒店的信息化管理还涉及企业的社会义务，包括对社会和社区的回报，如提供具体的就业信息、关注环境可持续性发展的措施安排、开展请员工家属进店交流的活动，目的是最大化地宣传本酒店的经营原则。

关键词

电子商务　　客户关系管理

练习

1. 电子销售的方式包括________。

A. 自己网站的客房销售　　B. 综合性门户网站的客房销售

C. CRS 的客房销售　　D. 以上三项

2. 客户关系管理具有以下特征________。

A. 确定客户满意度　　B. 对客户构成进行分析

C. 深度分析利润构成　　D. 以上三项

3. 后台信息系统主要包括________。

A. 财务信息系统　　B. 接待　　C. 客房　　D. 账务

4. 酒店电子商务系统是一个________。

A. 硬件系统　　B. 集成系统　　C. 非软件系统　　D. 以上都不是

实务操作

● 为了避免在线旅行社（online travel agent，简称 OTA）以高额的佣金蚕食其利润，酒店会利用会员积分兑换服务的方法吸引客人直接在酒店官网预订酒店。酒店都希望客人能够直接在酒店官网预订酒店客房，这样酒店可以获得更多的与 OTA 议价谈判的能力。业主希望客人直接在酒店官网预订酒店客房，因为这是获得酒店预订最廉价的渠道。经营者希望客人直接在酒店官网预订酒店客房，这除了能获得业主的赞许之外，还因为直接预订使酒店可以在客人未到达酒店前就能与客人建立联系，提升客人的入住体验，增加回头客。酒店说服客人直接在酒店官网预订的最好方式之一就是通过会员忠诚计划。直接预订和会员忠诚计划就像“鸡生蛋，蛋生鸡”的道理一样，忠诚计划可以提升直接预订，直接预订又可以提升客户忠诚度。格林伍德酒店集团（Greenwood Hospitality Group）收益管理副总裁保尔·伍德（Paul Wood）曾谈到：如果一个客人入住酒店，80%的时候都选择住格林伍德酒店，20%的时候不选择住格林伍德酒店；格林伍德酒店想要获得这 20%的酒店业务，只需要向客人提供双倍的积分就可以了。此外，移动端酒店网站的直接预订业务增长迅速，而且这批客人忠诚度也更高。格林伍德酒店集团的 9 个市场中，有 5 个市场的手机预订量增长超过 10 倍。

思考题：

1. 酒店希望客人通过官网预订酒店，以另一种方式实现“直接预订”。酒店方这样的营销策略的特点体现在哪里？

2. 这种营销策略分别会对客户和酒店带来哪些好处？

● 摆脱酒店定价的传统模式，由消费者主导制定入住价格，这种全新的酒店在线预订模式已在去哪儿网内部公测上线。

去哪儿网新推出的酒店预订产品“越狱”开启内部测试，邀请资深酒店消费者测试体验。据去哪儿网酒店业务高级总监介绍，“越狱”是一种全新的酒店预订方式，以“酒店价格你来定”为口号，让消费者第一次站在了价格制定的前端，是一种“倒定价”模式。据介绍，消费者使用“越狱”预订酒店的操作十分简便：选出心仪的酒店类型；给出愿意接受的价格；在线支付。之后，去哪儿网将根据消费者的需求向符合条件的酒店询价，如果酒店接受则达成交易。

按照这种方式，消费者事先并不知道酒店的名字，只知道商圈、地理位置、星级等信息，交易达成后，去哪儿网才会将对应酒店的名称、地址、联系方式等信息告知消费者。据介绍，“越狱”的精髓就是帮助消费者实现“花最少钱，享受最好服务”的愿望。测试结束后，“越狱”产品正式向所有用户开放。

思考题：

1. 去哪儿网这次“越狱”公测体现了当下酒店营销的何种趋势？请结合本章知识点谈谈你的想法。

2. 实际启动这种营销模式会遇到哪些方面的问题？去哪儿网在哪些方面需要改进？

要点回顾

1. 电子商务，从狭义上讲，是指利用电子信息网络实现的商品和服务交易；从广义上则可以定义为：电子商务是基于互联网、广播电视网和电信网络等电子信息网络进行的生产、营销、消费和流通活动，是以实现整个商务过程的电子化、数字化和网络化为目的的新型经济活动。

2. 酒店电子商务的优势表现在：（1）为客人提供方便快捷的服务；（2）拓宽酒店的销售市场，扩大预订消费群体；（3）使酒店产品有形化，增强预订群体对酒店产品的信任度。

3. 酒店的核心业务是客房销售，因此酒店电子商务的主要内容包括客房销售、网络营销以及客户关系管理等，酒店可利用网络提高酒店销售、营销、客户服务的效率和效益。

4. 酒店信息化管理是指酒店企业在其制定的信息战略的指导下，采用先进的管理理念，对酒店企业信息资源进行深度开发、综合分析和广泛利用，不断提高生产经营决策和管理的效率与水平的过程。

知识链接

一、酒店电子商务的几个应用

酒店电子商务可运用于以下方面：采购管理、网络订房、办公自动化等。

1. 采购管理

电子化采购可以使酒店企业通过网络寻找合适的供应商和物品，随时了解市场行情和库存情况，编制销售计划，在线采购所需的物品，并对采购订单和采购物品进行在途、台账和库存管理，实现采购的自动统计分析。电子化采购使采购流程得以优化，并在降低采购成本、提高采购效率、增加采购透明度等方面使采购企业和供应商双方受益，实现双赢。

(1) 电子化采购可使酒店企业掌握采购主动权。首先，企业根据自己的实际需求，通过网络公布采购的物品及采购的要求，供应商按需求提供采购物资，从而减少了采购的盲目性；其次，企业利用网络发布所需的物品，供应商展开网上价格和质量竞争，中标者将质优价廉的商品配送到指定地点；最后，企业可以通过网络随时和供应商进行沟通，以便及时获取售后服务。

(2) 电子化采购可使酒店企业降低采购成本。网上采购扩大了供应商范围，酒店企业从中选择报价和服务最优的供应商，这就突破了传统采购供应商数量的局限性，实现了本地化采购向全球化采购的转变。同时，网上采购可节省差旅费开支，通过网站信息的共享，实现无纸化办公。

(3) 电子化采购可使酒店企业提高采购的透明度。电子化采购能够实现采购信息在网站公开、采购流程公开，避免交易双方有关人员的私下接触，由计算机根据设定标准自动完成供应商的选择工作，有利于实现实时监控，从而避免了“暗箱操作”，提高了采购商品和采购价格的透明度。

(4) 电子化采购可使酒店企业提高采购效率。首先，企业利用互联网可快速获取信息和传递信息，节约了寻找所需物品的时间，企业也可根据自己的要求自由设定交易时间和交易方式，缩短了采购周期；其次，电子化采购实现了采购信息的数字化，提高了采购的准确性；最后，采购流程的自动化有效地提高了采购的管理效率。

(5) 电子化采购可使酒店企业优化采购管理过程。电子化采购是在对业务流程进行优化的基础上按软件规定的标准流程进行的，从而可以规范采购行为和采购市场，有利于建立一种比较良好的经济环境和社会环境，减少采购过程的随意性。另外，电子化采购是一种“即时性”采购，使企业由“为库存而采购”转变为“为订单而采购”，提高物流速度和库存周转率，实现采购管理向供应链管理的转变，达到逐步由高库存生产向低库存生产转变的目的，直至实现零库存生产。

酒店通过互联网采购设备，不但可以很方便地实现比价采购，而且可以很方便地实现规模采购和享受常客优惠。综合国内采购管理的经验，做好这项工作的关键是充分利用市场竞争规律，即充分利用比价原则。对于数额较大的采购项目，一般可以采用多中选优的决策方式，做好管理控制。快捷、可靠的信息源是解决这个问题的根本。电子商务的开展提供了售前、售中和售后的全过程服务，包括制订酒店需求设备的计划、价格查询、预订、支付、配送等所有环节，比价选购也十分方便，可以为酒店节约大量的人力、财力和物力。因此，电子商务必将大大削减酒店采购的成本。

2. 网络订房

在信息时代，现代人的工作、生活已离不开网络。借助于网络，人们可以提高工作效率，同时提高生活质量。借助于网络，人们的交往更密切了、信息更丰富了、服务更透明了。通过网络，人们进行商品交易会更方便，选择的范围会更大，企业交易的成本会更低。总而言之，网络已成为当今社会不可缺少的信息链路，是社会的神经中枢，是社会进步的重要标志。

酒店业同样离不开网络，利用网络开展网络订房服务是现代酒店经营的重要标志之一。作为现代酒店企业，面临着全球性的经营竞争。通过网络，客户可以查询任何目的地的酒店经营信息和客房价格。酒店必须面对客户开展诚信经营，并利用现代网络建立忠诚客户群。因此，在信息时代，酒店开展网络订房已是必然趋势，也是酒店开展电子商务的基础。

3. 办公自动化

随着酒店业的发展，酒店业从业人员越来越多，分工也越来越细，如何更好地管理内部员工，已成为每一个酒店所面临的严峻现实问题。随着电子商务的发展，酒店的局域网就很好地解决了这个问题。

酒店的局域网在自动处理商务操作与工作流程的同时，还可增加对重要系统和关键数据的存取，共享信息，共同解决客户问题，并保持酒店企业内部的联系。就办公自动化而言，酒店企业内部电子商务所具有的主要功能包括以下两个方面：

（1）电子信息发布。采用电子化工具，可以起草、管理、发布和传递人力资源手册、产品详细说明、内部新闻等文档。降低文档印刷、传递的成本，实现信息快速传递，避免信息文档的过时，并为企业的战略决策提供有效的支持。

（2）信息的交流与收集。电子商务技术为酒店企业提供了生产与销售之间、企业与客户之间的信息交流平台，使企业能更好地掌握市场动态和竞争对手的信息，为决策提供帮助。

二、电子商务的规范化与标准化

1. 电子商务理念：从“以交易为中心”转向“以服务为中心”

未来的酒店电子商务应向增强与客户的双向交流、改善信息服务、通过个性化服务增加附加值的方向发展。目前，我国酒店电子商务“以交易为中心”的色彩较浓，未来，酒店电子商务将在服务上更加完善，更加人性化。

2. 电子商务规范与标准：整体制定与推行

酒店电子商务是一个新兴领域，因此，酒店电子商务下一阶段发展的重点应是电子商务规范与标准的整体制定与推行。

首先是规范化，即建立健全酒店电子商务规范体系，为酒店电子商务的实施和监管、企业和消费者的市场行为、信息内容和流程、技术产品和服务等提供指导与约束，预先对那些可能对酒店电子商务活动产生不利影响的潜在因素加以防范，这些规范化手段是推动酒店电子商务持续、稳定、健康、高效发展的关键。

其次是标准化，即酒店内部信息系统与酒店电子商务平台之间、酒店业与银行的信息系统之间应能实现互联，以自动处理频繁的信息数据交换。在国外，通常是由专门的组织制定出一套统一的数据格式和接口标准，各酒店在开发电子商务网站和管理信息系统时都遵守这套标准，这样在一开始就保证了酒店的电子商务系统与其他单位的信息系统能够无缝链接。我国酒店电子商务系统也已经实施了产品标准化，并与国际接轨。

3. 新技术应用：移动电子商务将成为主流

移动电子商务结合智能网络技术，是真正实现以人为中心的电子商务应用。如移动支付技术的应用，使顾客无论在何时何地，均可通过手机或移动终端等完成对企业或对个人的安全的资金支付。新技术的应用将使酒店电子商务功能更加完善，应用更加广泛。

4. 人才培养方向：复合型酒店电子商务人才

目前人才的短缺正成为中国酒店电子商务发展的瓶颈。由于酒店电子商务是酒店业和电子商务的整合，其使用的软件和系统都是特定的，如：Fidelio和Opera几乎是所有国内高端外资酒店的共同选择，房间门锁系统普遍采用VingCard，所以只有既具备电子商务知识又具备酒店业知识的复合型人才，才能将电子商务的技术完美地与酒店业相结合。

教育部门应顺应时代要求，着力培养三个层次的酒店电子商务人才：善于提出满足电子商务需求的商务型人才；精通电子商务技术，又具备足够的酒店管理专业知识的技术型人才；通晓全局，具有前瞻性思维，熟知酒店业电子商务理论与应用，能够从战略上分析和把握其发展特点和趋势的战略型人才。

案例分析

“住享”里程数

自从洲际酒店的优悦会于2015年7月修改了累计积分的规则之后，所有的积分都与消费挂钩，消费高，积分就多。比如，IHG旗下的假日智选酒店在中国的二、三线城市的标间价格基本上也就几十美元一晚，这样就累计不了多少积分。有时候出差去某个二、三线城市就只住一晚，次日就离开，仅仅是为了睡一觉而已，比如某加拿大客商要从中国回加拿大，往往提前一天到达北京，在北京休息一个晚上后，次日乘坐加拿大航空公司下午六点左右的飞机返回加拿大。

遇到这样的情况，一定不要忽视优悦会的另外一种积分方式：累计合作伙伴航空公司的里程，这些奖励往往是按照入住的次数给予500～800的固定里程，所以最划算的情况是入住便宜的假日智选酒店，只住一个晚上，刚好算作一次有效入住。

我们可以算一下回报率（以中国国航的里程点数作为参考）：一次有效的入住，如果选择累计积分为中国国航的凤凰知音里程，可以固定获得800里程。这里我们来随意找一家中国比较便宜的假日智选酒店：合肥的假日智选酒店。只要你不选择比较热门的节假日等日期，这家酒店的价格不会超过300元一晚。我们保守一些，姑且算作300元。你只需要住一个晚上，就算作一次有效入住，然后你选择累计到国航的凤凰知音常旅客卡，那么你这次入住可以固定获得800里程。国航的里程在某些交易市场上，收购价格为200元/1 000里程左右；如果你自己用来兑换免费的头等舱机票，价值远远不止200元/1 000里程。也就是说，通过一次入住IHG旗下的假日智选酒店，你可以获得800的国航里程，方便自己以后用里程换机票，价值约合200元。那么，这次你出行入住假日智选酒店的成本不会超过200元，同时还赚到了一个有效入住。

阅读材料，请回答以下问题：

1. 假日智选酒店一次有效入住即可转换为里程数，是酒店与航空公司联合促销的典范。在当今网络时代，这种促销方式实现了促销的________化。

2. 请结合本章知识，通过本案例谈谈酒店电子营销的优势。

酒店概览

全球著名酒店预订网

1. 智游

智游（Expedia）是全球最大的在线旅游公司，其业务量约占全球在线旅游市场的1/3。智游为众多国家和地区的游客提供本地化网站，包括：美国、加拿大、法国、德国、意大利、丹麦、奥地利、比利时、爱尔兰、荷兰、挪威、西班牙、瑞典、英国、澳大利亚、新西兰、日本、印度、中国（注资艺龙旅行网）和新加坡。

智游旗下的好订网（hotel. com）是全球领先的酒店住宿服务供应商，它通过自营的本地化网站和电话呼叫中心组成的网络提供预订服务。好订网为旅客提供了丰富的网络订房选择，包括全球多达 25.7 万家的单体酒店、大型连锁酒店以及自助式酒店。公司提供一站式的购买预订体验，酒店定价、设施和服务以及空房等信息应有尽有，还能够在客房销售告罄的情况下为旅客提供住宿服务。

2. 普利斯林

普利斯林（Priceline）是目前美国最大的在线旅游公司。在普利斯林的网站上，最直观的可选项目就是机票、酒店、租车、旅游保险。普利斯林属于典型的网络经纪，它为买卖双方提供了一个信息平台，以便交易，同时收取一定的佣金。普利斯林也提供传统的酒店预订服务，消费者可以根据图片、说明、地图和客户评论来选择他们想要的酒店，并且按照公布的价格付款。普利斯林所创立的“name your own price”（客户自我定价系统）十几年来一直独树一帜，被认为是网络时代营销模式的一场变革，而普利斯林公司则在发明并运用这一模式的过程中迅速成长。

普利斯林集团旗下的缤客（booking. com）是全世界最大的网上住宿预订公司。缤客公司总部位于荷兰阿姆斯特丹，在全球 60 多个国家设有 170 家分公司。有 1 万多名员工致力于服务登录缤客网站的客人和酒店合作伙伴，日均客房预订间数超过 90 万间。缤客网站及其 App 吸引了来自世界各地的休闲旅游和商务差旅用户。

3. 安可达

安可达（Agoda）是全球成长最快的在线订房平台之一，它提供 38 种语言界面，带给顾客数以万计的酒店订房选择。安可达是由两家资深的在线旅游公司在 2005 年创立的，2007 年被全球最大在线订房领导品牌普利斯林集团所并购。

安可达目前聘有超过 1 300 名的旅游专业人才，团队成员来自全球 20 多个国家和地区。在新加坡、曼谷、吉隆坡、东京、香港以及布达佩斯亦设有营运办事处。各地区专任的市场营运经理负责与该地区的安可达酒店伙伴维持紧密的合作关系，致力于研究制定更多低价优惠与促销方案，让消费者有最佳的订房选择。同时安可达通过消费者订贵退差价的低价保证制度来确保其持续保有竞争优势。

获奖无数的安可达可以给顾客快速、简便的在线订房体验。安可达的顾客还可向安可达提交住宿评价，每一份住宿评价都是由顾客在结束旅程后提交的，这就确保了评价的真实性。安可达还设有完善的顾客服务系统，全天候以多国语言为顾客提供最快速的服务。

其他热门的酒店预订网有 Airbnb、Ctrip、Elong 等。

资料来源：http：//www. hotels. cn；http：//www. booking. com/；http：//www. agoda. com.

参考文献

1. 宿荣江．酒店营销实务．3 版．北京：中国人民大学出版社，2016.

2. 刘大可．会展营销教程．3 版．北京：高等教育出版社，2019.

3. 刘松萍，李晓莉．会展营销与策划．4 版．北京：首都经济贸易大学出版社，2018.

4. 张丽君．酒店英语．2 版．北京：清华大学出版社，2018.

5. 肖璇，吴建华．酒店基础英语口语教程．广州：世界图书出版广东有限公司，2011.

6. 宿荣江，曹珊珊，周媛．会展实用英语．北京：中国人民大学出版社，2008.

7. 王迎新．酒店英语．3 版．北京：中国林业出版社，2016.

8. Grahame T. Bilbow，John Sutton. 朗文现代酒店业英语．管燕红，译．北京：外语教学与研究出版社，2005.

9. BOONE LOUIS，DAVID KURTZ. Marketing. South-Western，Thomson Learning，United States of America，2007.

10. FARRALL，CATE & MARIANN LINDSLEY. Professional English in use marketing. Cambridge University，2008.

11. KERIN，ROGER & STEVEN HARTLEY，WILLIAM RUDELIUS. Marketing. McGraw-Hill Education，2016.